FINS

WOORDENSCHAT

THEMATISCHE WOORDENLIJST

NEDERLANDS FINS

De meest bruikbare woorden
Om uw woordenschat uit te breiden en
uw taalvaardigheid aan te scherpen

9000 woorden

Thematische woordenschat Nederlands-Fins - 9000 woorden

Door Andrey Taranov

Woordenlijsten van T&P Books zijn bedoeld om u woorden van een vreemde taal te helpen leren, onthouden, en bestudering. Dit woordenboek is ingedeeld in thema's en behandelt alle belangrijk terreinen van het dagelijkse leven, bedrijven, wetenschap, cultuur, etc.

Het proces van het leren van woorden met behulp van de op thema's gebaseerde aanpak van T&P Books biedt u de volgende voordelen:

- Correct gegroepeerde informatie is bepalend voor succes bij opeenvolgende stadia van het leren van woorden
- De beschikbaarheid van woorden die van dezelfde stam zijn maakt het mogelijk om woordgroepen te onthouden (in plaats van losse woorden)
- Kleine groepen van woorden faciliteren het proces van het aanmaken van associatieve verbindingen, die nodig zijn bij het consolideren van de woordenschat
- Het niveau van talenkennis kan worden ingeschat door het aantal geleerde woorden

T&P Books Publishing
www.tpbooks.com

ISBN: 978-1-78492-291-7

Dit boek is ook beschikbaar in e-boek formaat.
Gelieve www.tpbooks.com te bezoeken of de belangrijkste online boekwinkels.

FINSE WOORDENSCHAT
nieuwe woorden leren

T&P Books woordenlijsten zijn bedoeld om u te helpen vreemde woorden te leren, te onthouden, en te bestuderen. De woordenschat bevat meer dan 9000 veel gebruikte woorden die thematisch geordend zijn.

- De woordenlijst bevat de meest gebruikte woorden
- Aanbevolen als aanvulling bij welke taalcursus dan ook
- Voldoet aan de behoeften van de beginnende en gevorderde student in vreemde talen
- Geschikt voor dagelijks gebruik, bestudering en zelftestactiviteiten
- Maakt het mogelijk om uw woordenschat te evalueren

Bijzondere kenmerken van de woordenschat

- De woorden zijn gerangschikt naar hun betekenis, niet volgens alfabet
- De woorden worden weergegeven in drie kolommen om bestudering en zelftesten te vergemakkelijken
- Woorden in groepen worden verdeeld in kleine blokken om het leerproces te vergemakkelijken
- De woordenschat biedt een handige en eenvoudige beschrijving van elk buitenlands woord

De woordenschat bevat 256 onderwerpen zoals:

Basisconcepten, getallen, kleuren, maanden, seizoenen, meeteenheden, kleding en accessoires, eten & voeding, restaurant, familieleden, verwanten, karakter, gevoelens, emoties, ziekten, stad, dorp, bezienswaardigheden, winkelen, geld, huis, thuis, kantoor, werken op kantoor, import & export, marketing, werk zoeken, sport, onderwijs, computer, internet, gereedschap, natuur, landen, nationaliteiten en meer ...

INHOUDSOPGAVE

UITSPRAAKGIDS

T&P fonetisch alfabet	Fins voorbeeld	Nederlands voorbeeld
[·]	**juomalasi** [juoma·lasi]	hoge punt
[:]	**aalto** [a:lto]	lange klinker

Klinkers

[a]	**hakata** [hakata]	acht
[e]	**ensi** [ensi]	delen, spreken
[i]	**musiikki** [musi:kki]	bidden, tint
[o]	**filosofi** [filosofi]	overeenkomst
[u]	**peruna** [peruna]	hoed, doe
[ø]	**keittiö** [kejttiø]	neus, beu
[æ]	**määrä** [mæ:ræ]	Nederlands Nedersaksisch - dät, Engels - cat
[y]	**Bryssel** [bryssel]	fuut, uur

Medeklinkers

[b]	**banaani** [bana:ni]	hebben
[d]	**odottaa** [odotta:]	Dank u, honderd
[ʤ]	**Kambodža** [kambodʒa]	jeans, jungle
[f]	**farkut** [farkut]	feestdag, informeren
[g]	**jooga** [jo:ga]	goal, tango
[j]	**suojatie** [suojatæ]	New York, januari
[h]	**ohra** [ohra]	het, herhalen
[ɦ]	**jauhot** [jauɦot]	hitte, hypnose
[k]	**nokkia** [nokkia]	kennen, kleur
[l]	**leveä** [leʋeæ]	delen, luchter
[m]	**moottori** [mo:ttori]	morgen, etmaal
[n]	**nainen** [najnen]	nemen, zonder
[ŋ]	**ankkuri** [aŋkkuri]	optelling, jongeman
[p]	**pelko** [pelko]	parallel, koper
[r]	**raketti** [raketti]	roepen, breken
[s]	**sarastus** [sarastus]	spreken, kosten
[t]	**tattari** [tattari]	tomaat, taart
[ʋ]	**luvata** [luʋata]	als in Noord-Nederlands - water
[ʃ]	**šakki** [ʃakki]	shampoo, machine
[ʧ]	**Chile** [ʧile]	Tsjechië, cello
[z]	**kazakki** [kazakki]	zeven, zesde

AFKORTINGEN gebruikt in de woordenschat

Nederlandse afkortingen

abn	- als bijvoeglijk naamwoord
bijv.	- bijvoorbeeld
bn	- bijvoeglijk naamwoord
bw	- bijwoord
enk.	- enkelvoud
enz.	- enzovoort
form.	- formele taal
inform.	- informele taal
mann.	- mannelijk
mil.	- militair
mv.	- meervoud
on.ww.	- onovergankelijk werkwoord
ontelb.	- ontelbaar
ov.	- over
ov.ww.	- overgankelijk werkwoord
telb.	- telbaar
vn	- voornaamwoord
vrouw.	- vrouwelijk
vw	- voegwoord
vz	- voorzetsel
wisk.	- wiskunde
ww	- werkwoord

Nederlandse artikelen

de	- gemeenschappelijk geslacht
de/het	- gemeenschappelijk geslacht, onzijdig
het	- onzijdig

BASISBEGRIPPEN

Basisbegrippen Deel 1

1. Voornaamwoorden

ik	**minä**	[minæ]
jij, je	**sinä**	[sinæ]
hij	**hän**	[hæn]
zij, ze	**hän**	[hæn]
het	**se**	[se]
wij, we	**me**	[me]
jullie	**te**	[te]
zij, ze	**he**	[he]

2. Begroetingen. Begroetingen. Afscheid

Hallo! Dag!	**Hei!**	[hej]
Hallo!	**Hei!**	[hej]
Goedemorgen!	**Hyvää huomenta!**	[hyʋæ: huomentɑ]
Goedemiddag!	**Hyvää päivää!**	[hyʋæ: pæjʋæ:]
Goedenavond!	**Hyvää iltaa!**	[hyʋæ: iltɑ:]
gedag zeggen (groeten)	**tervehtiä**	[terʋehtiæ]
Hoi!	**Moi!**	[moj]
groeten (het)	**tervehdys**	[terʋehdys]
verwelkomen (ww)	**tervehtiä**	[terʋehtiæ]
Hoe gaat het?	**Mitä kuuluu?**	[mitæ ku:lu:]
Is er nog nieuws?	**Mitä on uutta?**	[mitæ on u:ttɑ]
Dag! Tot ziens!	**Näkemiin!**	[nækemi:n]
Tot snel! Tot ziens!	**Pikaisiin näkemiin!**	[pikɑjsi:n nækemi:n]
Vaarwel!	**Hyvästi!**	[hyʋæsti]
afscheid nemen (ww)	**hyvästellä**	[hyʋæstellæ]
Tot kijk!	**Hei hei!**	[hej hej]
Dank u!	**Kiitos!**	[ki:tos]
Dank u wel!	**Paljon kiitoksia!**	[pɑljon ki:toksiɑ]
Graag gedaan	**Ole hyvä**	[ole hyʋæ]
Geen dank!	**Ei kestä kiittää**	[ej kestæ ki:ttæ:]
Geen moeite.	**Ei kestä**	[ej kestæ]
Excuseer me, ...	**Anteeksi!**	[ɑnte:ksi]
excuseren (verontschuldigen)	**antaa anteeksi**	[ɑntɑ: ɑnte:ksi]
zich verontschuldigen	**pyytää anteeksi**	[py:tæ: ɑnte:ksi]

Mijn excuses.	**Pyydän anteeksi**	[py:dæn ante:ksi]
Het spijt me!	**Anteeksi!**	[ante:ksi]
vergeven (ww)	**antaa anteeksi**	[anta: ante:ksi]
alsjeblieft	**ole hyvä**	[ole hyʋæ]
Vergeet het niet!	**Älkää unohtako!**	[ælkæ: unohtako]
Natuurlijk!	**Tietysti!**	[tietysti]
Natuurlijk niet!	**Eipä tietenkään!**	[ejpæ tieteŋkæ:n]
Akkoord!	**Olen samaa mieltä!**	[olen sama: mieltæ]
Zo is het genoeg!	**Riittää!**	[ri:ttæ:]

3. Hoe aan te spreken

meneer	**Herra**	[herra]
mevrouw	**Rouva**	[rouʋa]
juffrouw	**Neiti**	[nejti]
jongeman	**Nuori mies**	[nuorimies]
jongen	**Poika**	[pojka]
meisje	**Tyttö**	[tyttø]

4. Kardinale getallen. Deel 1

nul	**nolla**	[nolla]
een	**yksi**	[yksi]
twee	**kaksi**	[kaksi]
drie	**kolme**	[kolme]
vier	**neljä**	[neljæ]
vijf	**viisi**	[ʋi:si]
zes	**kuusi**	[ku:si]
zeven	**seitsemän**	[sejtsemæn]
acht	**kahdeksan**	[kahdeksan]
negen	**yhdeksän**	[yhdeksæn]
tien	**kymmenen**	[kymmenen]
elf	**yksitoista**	[yksi·tojsta]
twaalf	**kaksitoista**	[kaksi·tojsta]
dertien	**kolmetoista**	[kolme·tojsta]
veertien	**neljätoista**	[neljæ·tojsta]
vijftien	**viisitoista**	[ʋi:si·tojsta]
zestien	**kuusitoista**	[ku:si·tojsta]
zeventien	**seitsemäntoista**	[sejtsemæn·tojsta]
achttien	**kahdeksantoista**	[kahdeksan·tojsta]
negentien	**yhdeksäntoista**	[yhdeksæn·tojsta]
twintig	**kaksikymmentä**	[kaksi·kymmentæ]
eenentwintig	**kaksikymmentäyksi**	[kaksi·kymmentæ·yksi]
tweeëntwintig	**kaksikymmentäkaksi**	[kaksi·kymmentæ·kaksi]
drieëntwintig	**kaksikymmentäkolme**	[kaksi·kymmentæ·kolme]
dertig	**kolmekymmentä**	[kolme·kymmentæ]
eenendertig	**kolmekymmentäyksi**	[kolme·kymmentæ·yksi]

tweeëndertig	**kolmekymmentäkaksi**	[kolme·kymmentæ·kaksi]
drieëndertig	**kolmekymmentäkolme**	[kolme·kymmentæ·kolme]
veertig	**neljäkymmentä**	[neljæ·kymmentæ]
eenenveertig	**neljäkymmentäyksi**	[neljæ·kymmentæ·yksi]
tweeënveertig	**neljäkymmentäkaksi**	[neljæ·kymmentæ·kaksi]
drieënveertig	**neljäkymmentäkolme**	[neljæ·kymmentæ·kolme]
vijftig	**viisikymmentä**	[ʋi:si·kymmentæ]
eenenvijftig	**viisikymmentäyksi**	[ʋi:si·kymmentæ·yksi]
tweeënvijftig	**viisikymmentäkaksi**	[ʋi:si·kymmentæ·kaksi]
drieënvijftig	**viisikymmentäkolme**	[ʋi:si·kymmentæ·kolme]
zestig	**kuusikymmentä**	[ku:si·kymmentæ]
eenenzestig	**kuusikymmentäyksi**	[ku:si·kymmentæ·yksi]
tweeënzestig	**kuusikymmentäkaksi**	[ku:si·kymmentæ·kaksi]
drieënzestig	**kuusikymmentäkolme**	[ku:si·kymmentæ·kolme]
zeventig	**seitsemänkymmentä**	[sejtsemæn·kymmentæ]
eenenzeventig	**seitsemänkymmentäyksi**	[sejtsemæn·kymmentæ·yksi]
tweeënzeventig	**seitsemänkymmentä-kaksi**	[sejtsemæn·kymmentæ-kaksi]
drieënzeventig	**seitsemänkymmentä-kolme**	[sejtsemæn·kymmentæ kolme]
tachtig	**kahdeksankymmentä**	[kahdeksan·kymmentæ]
eenentachtig	**kahdeksankymmentäyksi**	[kahdeksan·kymmentæ·yksi]
tweeëntachtig	**kahdeksankymmentä-kaksi**	[kahdeksan·kymmentæ kaksi]
drieëntachtig	**kahdeksankymmentä-kolme**	[kahdeksan·kymmentæ kolme]
negentig	**yhdeksänkymmentä**	[yhdeksæn·kymmentæ]
eenennegentig	**yhdeksänkymmentäyksi**	[yhdeksæn·kymmentæ·yksi]
tweeënnegentig	**yhdeksänkymmentäkaksi**	[yhdeksæn·kymmentæ·kaksi]
drieënnegentig	**yhdeksänkymmentäkolme**	[yhdeksæn·kymmentæ kolme]

5. Kardinale getallen. Deel 2

honderd	**sata**	[sata]
tweehonderd	**kaksisataa**	[kaksi·sata:]
driehonderd	**kolmesataa**	[kolme·sata:]
vierhonderd	**neljäsataa**	[neljæ·sata:]
vijfhonderd	**viisisataa**	[ʋi:si·sata:]
zeshonderd	**kuusisataa**	[ku:si·sata:]
zevenhonderd	**seitsemänsataa**	[sejtsemæn·sata:]
achthonderd	**kahdeksansataa**	[kahdeksan·sata:]
negenhonderd	**yhdeksänsataa**	[yhdeksæn·sata:]
duizend	**tuhat**	[tuɦat]
tweeduizend	**kaksituhatta**	[kaksi·tuɦatta]
drieduizend	**kolmetuhatta**	[kolme·tuɦatta]
tienduizend	**kymmenentuhatta**	[kymmenen·tuɦatta]

honderdduizend	**satatuhatta**	[sata·tuɦatta]
miljoen (het)	**miljoona**	[miljo:na]
miljard (het)	**miljardi**	[miljardi]

6. Ordinale getallen

eerste (bn)	**ensimmäinen**	[ensimmæjnen]
tweede (bn)	**toinen**	[tojnen]
derde (bn)	**kolmas**	[kolmas]
vierde (bn)	**neljäs**	[neljæs]
vijfde (bn)	**viides**	[ʋi:des]
zesde (bn)	**kuudes**	[ku:des]
zevende (bn)	**seitsemäs**	[sejtsemæs]
achtste (bn)	**kahdeksas**	[kahdeksas]
negende (bn)	**yhdeksäs**	[yhdeksæs]
tiende (bn)	**kymmenes**	[kymmenes]

7. Getallen. Breuken

breukgetal (het)	**murtoluku**	[murto·luku]
half	**puolet**	[puolet]
een derde	**kolmasosa**	[kolmasosa]
kwart	**neljäsosa**	[neljæsosa]
een achtste	**kahdeksasosa**	[kahdeksasosa]
een tiende	**kymmenesosa**	[kymmenesosa]
twee derde	**kaksi kolmasosaa**	[kaksi kolmasosa:]
driekwart	**kolme neljäsosaa**	[kolme neljæsosa:]

8. Getallen. Eenvoudige berekeningen

aftrekking (de)	**vähennyslasku**	[ʋæɦennys·lasku]
aftrekken (ww)	**vähentää**	[ʋæɦentæ:]
deling (de)	**jako**	[jako]
delen (ww)	**jakaa**	[jaka:]
optelling (de)	**yhteenlasku**	[yhte:n·lasku]
erbij optellen (bij elkaar voegen)	**laskea yhteen**	[laskea yhte:n]
optellen (ww)	**lisätä**	[lisætæ]
vermenigvuldiging (de)	**kertolasku**	[kerto·lasku]
vermenigvuldigen (ww)	**kertoa**	[kertoa]

9. Getallen. Diversen

cijfer (het)	**numero**	[numero]
nummer (het)	**luku**	[luku]

telwoord (het)	**lukusana**	[luku·sana]
minteken (het)	**miinus**	[mi:nus]
plusteken (het)	**plusmerkki**	[plus·merkki]
formule (de)	**kaava**	[ka:ʋa]
berekening (de)	**laskenta**	[laskenta]
tellen (ww)	**laskea**	[laskea]
bijrekenen (ww)	**laskea**	[laskea]
vergelijken (ww)	**verrata**	[ʋerrata]
Hoeveel? (ontelb.)	**Kuinka paljon?**	[kujŋka paljon]
Hoeveel? (telb.)	**Kuinka monta?**	[kuiŋka monta]
som (de), totaal (het)	**summa**	[summa]
uitkomst (de)	**tulos**	[tulos]
rest (de)	**jäännös**	[jæ:nnøs]
enkele (bijv. ~ minuten)	**muutama**	[mu:tama]
weinig (bw)	**vähän**	[ʋæɦæn]
weinig (telb.)	**vähän**	[ʋæɦæn]
een beetje (ontelb.)	**vähän**	[ʋæɦæn]
restant (het)	**loput**	[loput]
anderhalf	**puolitoista**	[puoli·tojsta]
dozijn (het)	**tusina**	[tusina]
middendoor (bw)	**kahtia**	[kahtia]
even (bw)	**tasan**	[tasan]
helft (de)	**puoli**	[puoli]
keer (de)	**kerta**	[kerta]

10. De belangrijkste werkwoorden. Deel 1

aanbevelen (ww)	**suositella**	[suositella]
aandringen (ww)	**vaatia**	[ʋa:tia]
aankomen (per auto, enz.)	**saapua**	[sa:pua]
aanraken (ww)	**koskettaa**	[kosketta:]
adviseren (ww)	**neuvoa**	[neuʋoa]
afdalen (on.ww.)	**laskeutua**	[laskeutua]
afslaan (naar rechts ~)	**kääntää**	[kæ:ntæ:]
antwoorden (ww)	**vastata**	[ʋastata]
bang zijn (ww)	**pelätä**	[pelætæ]
bedreigen (bijv. met een pistool)	**uhata**	[uɦata]
bedriegen (ww)	**pettää**	[pettæ:]
beëindigen (ww)	**lopettaa**	[lopetta:]
beginnen (ww)	**alkaa**	[alka:]
begrijpen (ww)	**ymmärtää**	[ymmærtæ:]
beheren (managen)	**johtaa**	[johta:]
beledigen (met scheldwoorden)	**loukata**	[loukata]
beloven (ww)	**luvata**	[luʋata]

bereiden (koken)	**laittaa**	[lajtta:]
bespreken (spreken over)	**käsitellä**	[kæsitellæ]
bestellen (eten ~)	**tilata**	[tilata]
bestraffen (een stout kind ~)	**rangaista**	[raŋajsta]
betalen (ww)	**maksaa**	[maksa:]
betekenen (beduiden)	**tarkoittaa, merkitä**	[tarkojtta:], [merkitæ]
betreuren (ww)	**katua**	[katua]
bevallen (prettig vinden)	**pitää**	[pitæ:]
bevelen (mil.)	**käskeä**	[kæskeæ]
bevrijden (stad, enz.)	**vapauttaa**	[ʋapautta:]
bewaren (ww)	**pitää, säilyttää**	[pitæ:], [sæjlyttæ:]
bezitten (ww)	**omistaa**	[omista:]
bidden (praten met God)	**rukoilla**	[rukojlla]
binnengaan (een kamer ~)	**tulla sisään**	[tulla sisæ:n]
breken (ww)	**rikkoa**	[rikkoa]
controleren (ww)	**tarkastaa**	[tarkasta:]
creëren (ww)	**luoda**	[luoda]
deelnemen (ww)	**osallistua**	[osallistua]
denken (ww)	**ajatella**	[ajatella]
doden (ww)	**murhata**	[murhata]
doen (ww)	**tehdä**	[tehdæ]
dorst hebben (ww)	**minulla on jano**	[minulla on jano]

11. De belangrijkste werkwoorden. Deel 2

een hint geven	**vihjata**	[ʋihjata]
eisen (met klem vragen)	**vaatia**	[ʋa:tia]
excuseren (vergeven)	**antaa anteeksi**	[anta: ante:ksi]
existeren (bestaan)	**olla olemassa**	[olla olemassa]
gaan (te voet)	**mennä**	[mennæ]
gaan zitten (ww)	**istua, istuutua**	[istua], [istu:tua]
gaan zwemmen	**uida**	[ujda]
geven (ww)	**antaa**	[anta:]
glimlachen (ww)	**hymyillä**	[hymyjllæ]
goed raden (ww)	**arvata**	[arʋata]
grappen maken (ww)	**vitsailla**	[ʋitsajlla]
graven (ww)	**kaivaa**	[kajʋa:]
hebben (ww)	**omistaa**	[omista:]
helpen (ww)	**auttaa**	[autta:]
herhalen (opnieuw zeggen)	**toistaa**	[tojsta:]
honger hebben (ww)	**minulla on nälkä**	[minulla on nælkæ]
hopen (ww)	**toivoa**	[tojʋoa]
horen (waarnemen met het oor)	**kuulla**	[ku:lla]
huilen (wenen)	**itkeä**	[itkeæ]
huren (huis, kamer)	**vuokrata**	[ʋuokrata]

informeren (informatie geven)	**tiedottaa**	[tiedotta:]
instemmen (akkoord gaan)	**suostua**	[suostua]
jagen (ww)	**metsästää**	[metsæstæ:]
kennen (kennis hebben van iemand)	**tuntea**	[tuntea]
kiezen (ww)	**valita**	[ʋalita]
klagen (ww)	**valittaa**	[ʋalitta:]
kosten (ww)	**maksaa**	[maksa:]
kunnen (ww)	**voida**	[ʋojda]
lachen (ww)	**nauraa**	[naura:]
laten vallen (ww)	**pudottaa**	[pudotta:]
lezen (ww)	**lukea**	[lukea]
liefhebben (ww)	**rakastaa**	[rakasta:]
lunchen (ww)	**syödä lounasta**	[syødæ lounasta]
nemen (ww)	**ottaa**	[otta:]
nodig zijn (ww)	**tarvita**	[tarʋita]

12. De belangrijkste werkwoorden. Deel 3

onderschatten (ww)	**aliarvioida**	[aliarʋiojda]
ondertekenen (ww)	**allekirjoittaa**	[allekirjoitta:]
ontbijten (ww)	**syödä aamiaista**	[syødæ a:miajsta]
openen (ww)	**avata**	[aʋata]
ophouden (ww)	**lakata**	[lakata]
opmerken (zien)	**huomata**	[huomata]
opscheppen (ww)	**kerskua**	[kerskua]
opschrijven (ww)	**kirjoittaa muistiin**	[kirjoitta: mujsti:n]
plannen (ww)	**suunnitella**	[su:nnitella]
prefereren (verkiezen)	**pitää enemmän**	[pitæ: enemmæn]
proberen (trachten)	**koettaa**	[koetta:]
redden (ww)	**pelastaa**	[pelasta:]
rekenen op ...	**luottaa**	[luotta:]
rennen (ww)	**juosta**	[juosta]
reserveren (een hotelkamer ~)	**varata**	[ʋarata]
roepen (om hulp)	**kutsua**	[kutsua]
schieten (ww)	**ampua**	[ampua]
schreeuwen (ww)	**huutaa**	[hu:ta:]
schrijven (ww)	**kirjoittaa**	[kirjoitta:]
souperen (ww)	**illastaa**	[illasta:]
spelen (kinderen)	**leikkiä**	[lejkkiæ]
spreken (ww)	**keskustella**	[keskustella]
stelen (ww)	**varastaa**	[ʋarasta:]
stoppen (pauzeren)	**pysähtyä**	[pysæhtyæ]
studeren (Nederlands ~)	**oppia**	[oppia]
sturen (zenden)	**lähettää**	[læɦettæ:]
tellen (optellen)	**laskea**	[laskea]
toebehoren aan ...	**kuulua**	[ku:lua]

toestaan (ww)	**antaa lupa**	[anta: lupa]
tonen (ww)	**näyttää**	[næyttæ:]
twijfelen (onzeker zijn)	**epäillä**	[epæjllæ]
uitgaan (ww)	**mennä, tulla ulos**	[mennæ], [tulla ulos]
uitnodigen (ww)	**kutsua**	[kutsua]
uitspreken (ww)	**lausua**	[lausua]
uitvaren tegen (ww)	**haukkua**	[haukkua]

13. De belangrijkste werkwoorden. Deel 4

vallen (ww)	**kaatua**	[ka:tua]
vangen (ww)	**ottaa kiinni**	[otta: ki:nni]
veranderen (anders maken)	**muuttaa**	[mu:tta:]
verbaasd zijn (ww)	**ihmetellä**	[ihmetellæ]
verbergen (ww)	**piilotella**	[pi:lotella]
verdedigen (je land ~)	**puolustaa**	[puolusta:]
verenigen (ww)	**yhdistää**	[yhdistæ:]
vergelijken (ww)	**verrata**	[ʋerrata]
vergeten (ww)	**unohtaa**	[unohta:]
vergeven (ww)	**antaa anteeksi**	[anta: ante:ksi]
verklaren (uitleggen)	**selittää**	[selittæ:]
verkopen (per stuk ~)	**myydä**	[my:dæ]
vermelden (praten over)	**mainita**	[majnita]
versieren (decoreren)	**koristaa**	[korista:]
vertalen (ww)	**kääntää**	[kæ:ntæ:]
vertrouwen (ww)	**luottaa**	[luotta:]
vervolgen (ww)	**jatkaa**	[jatka:]
verwarren (met elkaar ~)	**sekoittaa**	[sekojtta:]
verzoeken (ww)	**pyytää**	[py:tæ:]
verzuimen (school, enz.)	**olla poissa**	[olla pojssa]
vinden (ww)	**löytää**	[løytæ:]
vliegen (ww)	**lentää**	[lentæ:]
volgen (ww)	**seurata**	[seurata]
voorstellen (ww)	**ehdottaa**	[ehdotta:]
voorzien (verwachten)	**odottaa**	[odotta:]
vragen (ww)	**kysyä**	[kysyæ]
waarnemen (ww)	**tarkkailla**	[tarkkajlla]
waarschuwen (ww)	**varoittaa**	[ʋarojtta:]
wachten (ww)	**odottaa**	[odotta:]
weerspreken (ww)	**vastustaa**	[ʋastusta:]
weigeren (ww)	**kieltäytyä**	[kæltæytyæ]
werken (ww)	**työskennellä**	[tyøskennellæ]
weten (ww)	**tietää**	[tietæ:]
willen (verlangen)	**haluta**	[haluta]
zeggen (ww)	**sanoa**	[sanoa]
zich haasten (ww)	**pitää kiirettä**	[pitæ: ki:rettæ]
zich interesseren voor ...	**kiinnostua**	[ki:nnostua]

zich vergissen (ww)	**erehtyä**	[erehtyæ]
zich verontschuldigen	**pyytää anteeksi**	[py:tæ: ante:ksi]
zien (ww)	**nähdä**	[næhdæ]
zijn (ww)	**olla**	[olla]
zoeken (ww)	**etsiä**	[etsiæ]
zwemmen (ww)	**uida**	[ujda]
zwijgen (ww)	**olla vaiti**	[olla ʋajti]

14. Kleuren

kleur (de)	**väri**	[ʋæri]
tint (de)	**sävy, värisävy**	[sæʋy], [ʋæri·sæʋy]
kleurnuance (de)	**värisävy**	[ʋæri·sæʋy]
regenboog (de)	**sateenkaari**	[sate:n·ka:ri]
wit (bn)	**valkoinen**	[ʋalkojnen]
zwart (bn)	**musta**	[musta]
grijs (bn)	**harmaa**	[harma:]
groen (bn)	**vihreä**	[ʋihreæ]
geel (bn)	**keltainen**	[keltajnen]
rood (bn)	**punainen**	[punajnen]
blauw (bn)	**sininen**	[sininen]
lichtblauw (bn)	**vaaleansininen**	[ʋa:lean·sininen]
roze (bn)	**vaaleanpunainen**	[ʋa:lean·punajnen]
oranje (bn)	**oranssi**	[oranssi]
violet (bn)	**violetti**	[ʋioletti]
bruin (bn)	**ruskea**	[ruskea]
goud (bn)	**kultainen**	[kultajnen]
zilverkleurig (bn)	**hopeinen**	[hopejnen]
beige (bn)	**beige**	[bejge]
roomkleurig (bn)	**kermanvärinen**	[kerman·ʋærinen]
turkoois (bn)	**turkoosi**	[turko:si]
kersrood (bn)	**kirsikanpunainen**	[kirsikan·punajnen]
lila (bn)	**sinipunainen**	[sini·punajnen]
karmijnrood (bn)	**karmiininpunainen**	[karmi:nen·punajnen]
licht (bn)	**vaalea**	[ʋa:lea]
donker (bn)	**tumma**	[tumma]
fel (bn)	**kirkas**	[kirkas]
kleur-, kleurig (bn)	**väri-**	[ʋæri]
kleuren- (abn)	**väri-**	[ʋæri]
zwart-wit (bn)	**mustavalkoinen**	[musta·ʋalkojnen]
eenkleurig (bn)	**yksivärinen**	[yksi·ʋærinen]
veelkleurig (bn)	**erivärinen**	[eriʋærinen]

15. Vragen

Wie?	**Kuka?**	[kuka]
Wat?	**Mikä?**	[mikæ]
Waar?	**Missä?**	[missæ]
Waarheen?	**Mihin?**	[mihin]
Waarvandaan?	**Mistä?**	[mistæ]
Wanneer?	**Milloin?**	[millojn]
Waarom?	**Mitä varten?**	[mitæ ʋarten]
Waarom?	**Miksi?**	[miksi]
Waarvoor dan ook?	**Minkä vuoksi?**	[miŋkæ ʋuoksi]
Hoe?	**Miten?**	[miten]
Wat voor …?	**Millainen?**	[millajnen]
Welk?	**Mikä?**	[mikæ]
Aan wie?	**Kenelle?**	[kenelle]
Over wie?	**Kenestä?**	[kenestæ]
Waarover?	**Mistä?**	[mistæ]
Met wie?	**Kenen kanssa?**	[kenen kanssa]
Hoeveel? (telb.)	**Kuinka monta?**	[kuiŋka monta]
Van wie? (mann.)	**Kenen?**	[kenen]

16. Voorzetsels

met (bijv. ~ beleg)	**kanssa**	[kanssa]
zonder (~ accent)	**ilman**	[ilman]
naar (in de richting van)	**… ssa, … ssä**	[ssa], [ssæ]
over (praten ~)	**… sta, … stä**	[sta], [stæ]
voor (in tijd)	**ennen**	[ennen]
voor (aan de voorkant)	**edessä**	[edessæ]
onder (lager dan)	**alla**	[alla]
boven (hoger dan)	**yllä**	[yllæ]
op (bovenop)	**päällä**	[pæ:llæ]
van (uit, afkomstig van)	**… sta, … stä**	[sta], [stæ]
van (gemaakt van)	**… sta, … stä**	[sta], [stæ]
over (bijv. ~ een uur)	**päästä**	[pæ:stæ]
over (over de bovenkant)	**yli**	[yli]

17. Functiewoorden. Bijwoorden. Deel 1

Waar?	**Missä?**	[missæ]
hier (bw)	**täällä**	[tæ:llæ]
daar (bw)	**siellä**	[siellæ]
ergens (bw)	**jossain**	[jossajn]
nergens (bw)	**ei missään**	[ej missæ:n]
bij … (in de buurt)	**luona**	[luona]

bij het raam	**ikkunan vieressä**	[ikkunan ʋæressæ]
Waarheen?	**Mihin?**	[mihin]
hierheen (bw)	**tänne**	[tænne]
daarheen (bw)	**tuonne**	[tuonne]
hiervandaan (bw)	**täältä**	[tæ:ltæ]
daarvandaan (bw)	**sieltä**	[sieltæ]
dichtbij (bw)	**lähellä**	[læɦellæ]
ver (bw)	**kaukana**	[kaukana]
in de buurt (van ...)	**luona**	[luona]
dichtbij (bw)	**vieressä**	[ʋieressæ]
niet ver (bw)	**lähelle**	[læɦelle]
linker (bn)	**vasen**	[ʋasen]
links (bw)	**vasemmalla**	[ʋasemmalla]
linksaf, naar links (bw)	**vasemmalle**	[ʋasemmalle]
rechter (bn)	**oikea**	[ojkea]
rechts (bw)	**oikealla**	[ojkealla]
rechtsaf, naar rechts (bw)	**oikealle**	[ojkealle]
vooraan (bw)	**edessä**	[edessæ]
voorste (bn)	**etumainen**	[etumajnen]
vooruit (bw)	**eteenpäin**	[ete:npæjn]
achter (bw)	**takana**	[takana]
van achteren (bw)	**takaa**	[taka:]
achteruit (naar achteren)	**takaisin**	[takajsin]
midden (het)	**keskikohta**	[keski·kohta]
in het midden (bw)	**keskellä**	[keskellæ]
opzij (bw)	**sivulta**	[siʋulta]
overal (bw)	**kaikkialla**	[kajkkialla]
omheen (bw)	**ympärillä**	[ympærillæ]
binnenuit (bw)	**sisäpuolelta**	[sisæ·puolelta]
naar ergens (bw)	**jonnekin**	[jonnekin]
rechtdoor (bw)	**suoraan**	[suora:n]
terug (bijv. ~ komen)	**takaisin**	[takajsin]
ergens vandaan (bw)	**jostakin**	[jostakin]
ergens vandaan (en dit geld moet ~ komen)	**jostakin**	[jostakin]
ten eerste (bw)	**ensiksi**	[ensiksi]
ten tweede (bw)	**toiseksi**	[tojseksi]
ten derde (bw)	**kolmanneksi**	[kolmanneksi]
plotseling (bw)	**äkkiä**	[ækkiæ]
in het begin (bw)	**alussa**	[alussa]
voor de eerste keer (bw)	**ensi kerran**	[ensi kerran]
lang voor ... (bw)	**kauan ennen kuin**	[kauan ennen kuin]
opnieuw (bw)	**uudestaan**	[u:desta:n]
voor eeuwig (bw)	**pysyvästi**	[pysyʋæsti]

nooit (bw)	**ei koskaan**	[ej koskɑ:n]
weer (bw)	**taas**	[tɑ:s]
nu (bw)	**nyt**	[nyt]
vaak (bw)	**usein**	[usejn]
toen (bw)	**silloin**	[sillojn]
urgent (bw)	**kiireellisesti**	[ki:re:llisesti]
meestal (bw)	**tavallisesti**	[tɑʋɑllisesti]
trouwens, ... (tussen haakjes)	**muuten**	[mu:ten]
mogelijk (bw)	**ehkä**	[ehkæ]
waarschijnlijk (bw)	**todennäköisesti**	[toden·nækøjsesti]
misschien (bw)	**ehkä**	[ehkæ]
trouwens (bw)	**sitä paitsi, ...**	[sitæ pɑjtsi]
daarom ...	**siksi**	[siksi]
in weerwil van ...	**huolimatta**	[huolimɑttɑ]
dankzij ...	**avulla**	[ɑʋullɑ]
wat (vn)	**mikä**	[mikæ]
dat (vw)	**että**	[ettæ]
iets (vn)	**jokin**	[jokin]
iets	**jotakin**	[jotɑkin]
niets (vn)	**ei mitään**	[ej mitæ:n]
wie (~ is daar?)	**kuka**	[kukɑ]
iemand (een onbekende)	**joku**	[joku]
iemand (een bepaald persoon)	**joku**	[joku]
niemand (vn)	**ei kukaan**	[ej kukɑ:n]
nergens (bw)	**ei mihinkään**	[ej mihiŋkæ:n]
niemands (bn)	**ei kenenkään**	[ej keneŋkæ:n]
iemands (bn)	**jonkun**	[joŋkun]
zo (Ik ben ~ blij)	**niin**	[ni:n]
ook (evenals)	**myös**	[myøs]
alsook (eveneens)	**myös**	[myøs]

18. Functiewoorden. Bijwoorden. Deel 2

Waarom?	**Miksi?**	[miksi]
om een bepaalde reden	**jostain syystä**	[jostɑjn sy:stæ]
omdat ...	**koska**	[koskɑ]
voor een bepaald doel	**jonkin vuoksi**	[joŋkin ʋuoksi]
en (vw)	**ja**	[jɑ]
of (vw)	**tai**	[tɑj]
maar (vw)	**mutta**	[muttɑ]
voor (vz)	**varten**	[ʋɑrten]
te (~ veel mensen)	**liian**	[li:ɑn]
alleen (bw)	**vain**	[ʋɑjn]
precies (bw)	**tarkasti**	[tɑrkɑsti]
ongeveer (~ 10 kg)	**noin**	[nojn]

omstreeks (bw)	**likimäärin**	[likimæ:rin]
bij benadering (bn)	**likimääräinen**	[likimæ:ræjnen]
bijna (bw)	**melkein**	[melkejn]
rest (de)	**loput**	[loput]
elk (bn)	**joka**	[jokɑ]
om het even welk	**jokainen**	[jokɑjnen]
veel (grote hoeveelheid)	**paljon**	[pɑljon]
veel mensen	**monet**	[monet]
iedereen (alle personen)	**kaikki**	[kɑjkki]
in ruil voor ...	**sen vastineeksi**	[sen ʋɑstine:ksi]
in ruil (bw)	**sijaan**	[sijɑ:n]
met de hand (bw)	**käsin**	[kæsin]
onwaarschijnlijk (bw)	**tuskin**	[tuskin]
waarschijnlijk (bw)	**varmaan**	[ʋɑrmɑ:n]
met opzet (bw)	**tahallaan**	[tɑɦɑllɑ:n]
toevallig (bw)	**sattumalta**	[sɑttumɑltɑ]
zeer (bw)	**erittäin**	[erittæjn]
bijvoorbeeld (bw)	**esimerkiksi**	[esimerkiksi]
tussen (~ twee steden)	**välillä**	[ʋælillæ]
tussen (te midden van)	**keskuudessa**	[kesku:dessɑ]
zoveel (bw)	**niin monta, niin paljon**	[ni:n montɑ], [ni:n pɑljon]
vooral (bw)	**erikoisesti**	[erikojsesti]

Basisbegrippen Deel 2

19. Tegenovergestelden

rijk (bn)	**rikas**	[rikas]
arm (bn)	**köyhä**	[køyɦæ]
ziek (bn)	**sairas**	[sajras]
gezond (bn)	**terve**	[terʋe]
groot (bn)	**iso**	[iso]
klein (bn)	**pieni**	[pæni]
snel (bw)	**nopeasti**	[nopeasti]
langzaam (bw)	**hitaasti**	[hita:sti]
snel (bn)	**nopea**	[nopea]
langzaam (bn)	**hidas**	[hidas]
vrolijk (bn)	**iloinen**	[ilojnen]
treurig (bn)	**surullinen**	[surullinen]
samen (bw)	**yhdessä**	[yhdessæ]
apart (bw)	**erikseen**	[erikse:n]
hardop (~ lezen)	**ääneen**	[æ:ne:n]
stil (~ lezen)	**itsekseen**	[itsekse:n]
hoog (bn)	**korkea**	[korkea]
laag (bn)	**matala**	[matala]
diep (bn)	**syvä**	[syʋæ]
ondiep (bn)	**matala**	[matala]
ja	**kyllä**	[kyllæ]
nee	**ei**	[ej]
ver (bn)	**kaukainen**	[kaukajnen]
dicht (bn)	**läheinen**	[læɦejnen]
ver (bw)	**kaukana**	[kaukana]
dichtbij (bw)	**vieressä**	[ʋieressæ]
lang (bn)	**pitkä**	[pitkæ]
kort (bn)	**lyhyt**	[lyɦyt]
vriendelijk (goedhartig)	**hyvä**	[hyʋæ]
kwaad (bn)	**vihainen**	[ʋiɦajnen]
gehuwd (mann.)	**naimisissa**	[najmisissa]

ongehuwd (mann.)	**naimaton**	[najmaton]
verbieden (ww)	**kieltää**	[kjeltæ:]
toestaan (ww)	**antaa lupa**	[anta: lupa]
einde (het)	**loppu**	[loppu]
begin (het)	**alku**	[alku]
linker (bn)	**vasen**	[ʋasen]
rechter (bn)	**oikea**	[ojkea]
eerste (bn)	**ensimmäinen**	[ensimmæjnen]
laatste (bn)	**viimeinen**	[ʋi:mejnen]
misdaad (de)	**rikos**	[rikos]
bestraffing (de)	**rangaistus**	[raŋajstus]
bevelen (ww)	**käskeä**	[kæskeæ]
gehoorzamen (ww)	**alistua**	[alistua]
recht (bn)	**suora**	[suora]
krom (bn)	**käyrä**	[kæyræ]
paradijs (het)	**paratiisi**	[parati:si]
hel (de)	**helvetti**	[helʋetti]
geboren worden (ww)	**syntyä**	[syntyæ]
sterven (ww)	**kuolla**	[kuolla]
sterk (bn)	**voimakas**	[ʋojmakas]
zwak (bn)	**heikko**	[hejkko]
oud (bn)	**vanha**	[ʋanha]
jong (bn)	**nuori**	[nuori]
oud (bn)	**vanha**	[ʋanha]
nieuw (bn)	**uusi**	[u:si]
hard (bn)	**kova**	[koʋa]
zacht (bn)	**pehmeä**	[pehmeæ]
warm (bn)	**lämmin**	[læmmin]
koud (bn)	**kylmä**	[kylmæ]
dik (bn)	**lihava**	[liɦaʋa]
dun (bn)	**laiha**	[lajha]
smal (bn)	**kapea**	[kapeæ]
breed (bn)	**leveä**	[leʋeæ]
goed (bn)	**hyvä**	[hyʋæ]
slecht (bn)	**huono**	[huono]
moedig (bn)	**rohkea**	[rohkea]
laf (bn)	**pelkurimainen**	[pelkurimajnen]

20. Dagen van de week

maandag (de)	**maanantai**	[ma:nantaj]
dinsdag (de)	**tiistai**	[ti:staj]
woensdag (de)	**keskiviikko**	[keskiʋi:kko]
donderdag (de)	**torstai**	[torstaj]
vrijdag (de)	**perjantai**	[perjantaj]
zaterdag (de)	**lauantai**	[lauantaj]
zondag (de)	**sunnuntai**	[sunnuntaj]
vandaag (bw)	**tänään**	[tænæ:n]
morgen (bw)	**huomenna**	[huomenna]
overmorgen (bw)	**ylihuomenna**	[ylihuomenna]
gisteren (bw)	**eilen**	[ejlen]
eergisteren (bw)	**toissa päivänä**	[tojssa pæjʋænæ]
dag (de)	**päivä**	[pæjʋæ]
werkdag (de)	**työpäivä**	[tyø·pæjʋæ]
feestdag (de)	**juhlapäivä**	[juhla·pæjʋæ]
verlofdag (de)	**vapaapäivä**	[ʋapa:pæjʋæ]
weekend (het)	**viikonloppu**	[ʋi:kon·loppu]
de hele dag (bw)	**koko päivän**	[koko pæjʋæn]
de volgende dag (bw)	**ensi päivänä**	[ensi pæjʋænæ]
twee dagen geleden	**kaksi päivää sitten**	[kaksi pæjʋæ: sitten]
aan de vooravond (bw)	**aattona**	[a:ttona]
dag-, dagelijks (bn)	**päivittäinen**	[pæjʋittæjnen]
elke dag (bw)	**joka päivä**	[joka pæjʋæ]
week (de)	**viikko**	[ʋi:kko]
vorige week (bw)	**viime viikolla**	[ʋi:me ʋi:kolla]
volgende week (bw)	**ensi viikolla**	[ensi ʋi:kolla]
wekelijks (bn)	**viikoittainen**	[ʋi:kojttajnen]
elke week (bw)	**joka viikko**	[joka ʋi:kko]
twee keer per week	**kaksi kertaa viikossa**	[kaksi kerta: ʋi:kossa]
elke dinsdag	**joka tiistai**	[joka ti:staj]

21. Uren. Dag en nacht

morgen (de)	**aamu**	[a:mu]
's morgens (bw)	**aamulla**	[a:mulla]
middag (de)	**puolipäivä**	[puoli·pæjʋæ]
's middags (bw)	**iltapäivällä**	[ilta·pæjʋællæ]
avond (de)	**ilta**	[ilta]
's avonds (bw)	**illalla**	[illalla]
nacht (de)	**yö**	[yø]
's nachts (bw)	**yöllä**	[yøllæ]
middernacht (de)	**puoliyö**	[puoli·yø]
seconde (de)	**sekunti**	[sekunti]
minuut (de)	**minuutti**	[minu:tti]
uur (het)	**tunti**	[tunti]

halfuur (het)	**puoli tuntia**	[puoli tuntia]
kwartier (het)	**vartti**	[uartti]
vijftien minuten	**viisitoista minuuttia**	[ui:si·tojsta minu:ttia]
etmaal (het)	**vuorokausi**	[uuoro·kausi]
zonsopgang (de)	**auringonnousu**	[auriŋon·nousu]
dageraad (de)	**sarastus**	[sarastus]
vroege morgen (de)	**varhainen aamu**	[uarhajnen a:mu]
zonsondergang (de)	**auringonlasku**	[auriŋon·lasku]
's morgens vroeg (bw)	**aamulla aikaisin**	[a:mulla ajkajsin]
vanmorgen (bw)	**tänä aamuna**	[tænæ a:muna]
morgenochtend (bw)	**ensi aamuna**	[ensi a:muna]
vanmiddag (bw)	**tänä päivänä**	[tænæ pæjuænæ]
's middags (bw)	**iltapäivällä**	[ilta·pæjuællæ]
morgenmiddag (bw)	**huomisiltapäivällä**	[huomis·ilta·pæjuællæ]
vanavond (bw)	**tänä iltana**	[tænæ iltana]
morgenavond (bw)	**ensi iltana**	[ensi iltana]
klokslag drie uur	**tasan kolmelta**	[tasan kolmelta]
ongeveer vier uur	**noin neljältä**	[nojn neljæltæ]
tegen twaalf uur	**kahdentoista mennessä**	[kahdentojsta menessæ]
over twintig minuten	**kahdenkymmenen minuutin kuluttua**	[kahdeŋkymmenen minu:tin kuluttua]
over een uur	**tunnin kuluttua**	[tunnin kuluttua]
op tijd (bw)	**ajoissa**	[ajoissa]
kwart voor ...	**varttia vaille**	[uarttia uajlle]
binnen een uur	**tunnin kuluessa**	[tunnin kuluessa]
elk kwartier	**viidentoista minuutin välein**	[ui:den·tojsta minu:tin uælejn]
de klok rond	**ympäri vuorokauden**	[ympæri uuoro kauden]

22. Maanden. Seizoenen

januari (de)	**tammikuu**	[tammiku:]
februari (de)	**helmikuu**	[helmiku:]
maart (de)	**maaliskuu**	[ma:lisku:]
april (de)	**huhtikuu**	[huhtiku:]
mei (de)	**toukokuu**	[toukoku:]
juni (de)	**kesäkuu**	[kesæku:]
juli (de)	**heinäkuu**	[hejnæku:]
augustus (de)	**elokuu**	[eloku:]
september (de)	**syyskuu**	[sy:sku:]
oktober (de)	**lokakuu**	[lokaku:]
november (de)	**marraskuu**	[marrasku:]
december (de)	**joulukuu**	[jouluku:]
lente (de)	**kevät**	[keuæt]
in de lente (bw)	**keväällä**	[keuæ:llæ]

lente- (abn)	**keväinen**	[keʋæjnen]
zomer (de)	**kesä**	[kesæ]
in de zomer (bw)	**kesällä**	[kesællæ]
zomer-, zomers (bn)	**kesäinen**	[kesæjnen]
herfst (de)	**syksy**	[syksy]
in de herfst (bw)	**syksyllä**	[syksyllæ]
herfst- (abn)	**syksyinen**	[syksyjnen]
winter (de)	**talvi**	[tɑlʋi]
in de winter (bw)	**talvella**	[tɑlʋellɑ]
winter- (abn)	**talvinen**	[tɑlʋinen]
maand (de)	**kuukausi**	[ku:kɑusi]
deze maand (bw)	**tässä kuussa**	[tæssæ ku:ssɑ]
volgende maand (bw)	**ensi kuussa**	[ensi ku:ssɑ]
vorige maand (bw)	**viime kuussa**	[ʋi:me ku:ssɑ]
een maand geleden (bw)	**kuukausi sitten**	[ku:kɑusi sitten]
over een maand (bw)	**kuukauden kuluttua**	[ku:kɑuden kuluttuɑ]
over twee maanden (bw)	**kahden kuukauden kuluttua**	[kɑhden ku:kɑuden kuluttuɑ]
de hele maand (bw)	**koko kuukauden**	[koko ku:kɑuden]
een volle maand (bw)	**koko kuukauden**	[koko ku:kɑuden]
maand-, maandelijks (bn)	**kuukautinen**	[ku:kɑutinen]
maandelijks (bw)	**kuukausittain**	[ku:kɑusittɑjn]
elke maand (bw)	**joka kuukausi**	[jokɑ ku:kɑusi]
twee keer per maand	**kaksi kertaa kuukaudessa**	[kɑksi kertɑ: ku:kɑudessɑ]
jaar (het)	**vuosi**	[ʋuosi]
dit jaar (bw)	**tänä vuonna**	[tænæ ʋuonnɑ]
volgend jaar (bw)	**ensi vuonna**	[ensi ʋuonnɑ]
vorig jaar (bw)	**viime vuonna**	[ʋi:me ʋuonnɑ]
een jaar geleden (bw)	**vuosi sitten**	[ʋuosi sitten]
over een jaar	**vuoden kuluttua**	[ʋuoden kuluttuɑ]
over twee jaar	**kahden vuoden kuluttua**	[kɑhden ʋuoden kuluttuɑ]
het hele jaar	**koko vuoden**	[koko ʋuoden]
een vol jaar	**koko vuoden**	[koko ʋuoden]
elk jaar	**joka vuosi**	[jokɑ ʋuosi]
jaar-, jaarlijks (bn)	**vuosittainen**	[ʋuosittɑjnen]
jaarlijks (bw)	**vuosittain**	[ʋuosittɑjn]
4 keer per jaar	**neljä kertaa vuodessa**	[neljæ kertɑ: ʋuodessɑ]
datum (de)	**päivämäärä**	[pæjʋæ·mæ:ræ]
datum (de)	**päivämäärä**	[pæjʋæ·mæ:ræ]
kalender (de)	**kalenteri**	[kɑlenteri]
een half jaar	**puoli vuotta**	[puoli ʋuottɑ]
zes maanden	**vuosipuolisko**	[ʋuosi·puolisko]
seizoen (bijv. lente, zomer)	**vuodenaika**	[ʋuoden·ɑjkɑ]
eeuw (de)	**vuosisata**	[ʋuosi·sɑtɑ]

23. Tijd. Diversen

tijd (de)	**aika**	[ɑjkɑ]
ogenblik (het)	**tuokio**	[tuokio]
moment (het)	**hetki**	[hetki]
ogenblikkelijk (bn)	**hetkellinen**	[hetkellinen]
tijdsbestek (het)	**aikaväli**	[ɑjkɑ·ʋæli]
leven (het)	**elämä**	[elæmæ]
eeuwigheid (de)	**ikuisuus**	[ikujsu:s]
epoche (de), tijdperk (het)	**epookki, aikakausi**	[epo:kki], [ɑjkɑ·kɑusi]
era (de), tijdperk (het)	**ajanjakso**	[ɑjɑn·jɑkso]
cyclus (de)	**jakso**	[jɑkso]
periode (de)	**vaihe**	[ʋɑjhe]
termijn (vastgestelde periode)	**määräaika**	[mæ:ræ·ɑjkɑ]
toekomst (de)	**tulevaisuus**	[tuleʋɑjsu:s]
toekomstig (bn)	**ensi**	[ensi]
de volgende keer	**ensi kerralla**	[ensi kerrɑllɑ]
verleden (het)	**menneisyys**	[mennejsy:s]
vorig (bn)	**viime**	[ʋi:me]
de vorige keer	**viimeksi**	[ʋi:meksi]
later (bw)	**myöhemmin**	[myøhemmin]
na (~ het diner)	**jälkeenpäin**	[jælke:npæjn]
tegenwoordig (bw)	**nykyään**	[nykyæ:n]
nu (bw)	**nyt**	[nyt]
onmiddellijk (bw)	**heti**	[heti]
snel (bw)	**kohta**	[kohtɑ]
bij voorbaat (bw)	**ennakolta**	[ennɑkoltɑ]
lang geleden (bw)	**kauan sitten**	[kɑuɑn sitten]
kort geleden (bw)	**äskettäin**	[æskettæjn]
noodlot (het)	**kohtalo**	[kohtɑlo]
herinneringen (mv.)	**muisto**	[mujsto]
archief (het)	**arkisto**	[ɑrkisto]
tijdens ... (ten tijde van)	**aikana**	[ɑjkɑnɑ]
lang (bw)	**kauan**	[kɑuɑn]
niet lang (bw)	**vähän aikaa**	[ʋæhæn ɑjkɑ:]
vroeg (bijv. ~ in de ochtend)	**varhain**	[ʋɑrhɑjn]
laat (bw)	**myöhään**	[myøhæ:n]
voor altijd (bw)	**ainiaaksi**	[ɑjniɑ:ksi]
beginnen (ww)	**aloittaa**	[ɑlojttɑ:]
uitstellen (ww)	**siirtää**	[si:rtæ:]
tegelijkertijd (bw)	**samanaikaisesti**	[sɑmɑn·ɑjkɑjsesti]
voortdurend (bw)	**alituisesti**	[ɑlitujsesti]
voortdurend	**jatkuva**	[jɑtkuʋɑ]
tijdelijk (bn)	**väliaikainen**	[ʋæli·ɑjkɑjnen]
soms (bw)	**joskus**	[joskus]
zelden (bw)	**harvoin**	[hɑrʋojn]
vaak (bw)	**usein**	[usejn]

24. Lijnen en vormen

vierkant (het)	**neliö**	[neliø]
vierkant (bn)	**neliö-, neliömäinen**	[neliø], [neliømæjnen]
cirkel (de)	**ympyrä**	[ympyræ]
rond (bn)	**pyöreä**	[pyøreæ]
driehoek (de)	**kolmio**	[kolmio]
driehoekig (bn)	**kolmikulmainen**	[kolmi·kulmajnen]
ovaal (het)	**ovaali, soikio**	[oʋɑ:li], [sojkio]
ovaal (bn)	**soikea**	[sojkeɑ]
rechthoek (de)	**suorakulmio**	[suorɑ·kulmio]
rechthoekig (bn)	**suorakulmainen**	[suorɑkulmɑjnen]
piramide (de)	**pyramidi**	[pyrɑmidi]
ruit (de)	**vinoneliö**	[ʋino·neliø]
trapezium (het)	**trapetsi**	[trɑpetsi]
kubus (de)	**kuutio**	[ku:tio]
prisma (het)	**prisma**	[prismɑ]
omtrek (de)	**kehä**	[kehæ]
bol, sfeer (de)	**pallo**	[pɑllo]
bal (de)	**pallo**	[pɑllo]
diameter (de)	**halkaisija**	[hɑlkɑjsijɑ]
straal (de)	**säde**	[sæde]
omtrek (~ van een cirkel)	**ympärysmitta**	[ympærys·mittæ]
middelpunt (het)	**keskus**	[keskus]
horizontaal (bn)	**vaakasuora**	[ʋɑ:kɑ·suorɑ]
verticaal (bn)	**pystysuora**	[pysty·suorɑ]
parallel (de)	**suuntainen suora**	[su:ntɑjnen suorɑ]
parallel (bn)	**yhdensuuntainen**	[yhden·su:ntɑjnen]
lijn (de)	**viiva**	[ʋi:ʋɑ]
streep (de)	**viiva, veto**	[ʋi:ʋɑ], [ʋeto]
rechte lijn (de)	**suora**	[suorɑ]
kromme (de)	**käyrä**	[kæyræ]
dun (bn)	**ohut**	[oɦut]
omlijning (de)	**ääriviivat**	[æ:ri·ʋi:ʋɑt]
snijpunt (het)	**leikkauskohta**	[lejkkɑus·kohtɑ]
rechte hoek (de)	**suora kulma**	[suorɑ kulmɑ]
segment (het)	**segmentti**	[segmentti]
sector (de)	**sektori**	[sektori]
zijde (de)	**sivu**	[siʋu]
hoek (de)	**kulma**	[kulmɑ]

25. Meeteenheden

gewicht (het)	**paino**	[pɑjno]
lengte (de)	**pituus**	[pitu:s]
breedte (de)	**leveys**	[leʋeys]
hoogte (de)	**korkeus**	[korkeus]

diepte (de)	**syvyys**	[syυy:s]
volume (het)	**tilavuus**	[tilaυu:s]
oppervlakte (de)	**pinta-ala**	[pinta·ala]
gram (het)	**gramma**	[gramma]
milligram (het)	**milligramma**	[milligramma]
kilogram (het)	**kilo**	[kilo]
ton (duizend kilo)	**tonni**	[tonni]
pond (het)	**pauna, naula**	[pauna], [naula]
ons (het)	**unssi**	[unssi]
meter (de)	**metri**	[metri]
millimeter (de)	**millimetri**	[millimetri]
centimeter (de)	**senttimetri**	[senttimetri]
kilometer (de)	**kilometri**	[kilometri]
mijl (de)	**peninkulma**	[penin·kulma]
duim (de)	**tuuma**	[tu:ma]
voet (de)	**jalka**	[jalka]
yard (de)	**jaardi**	[ja:rdi]
vierkante meter (de)	**neliömetri**	[neliø·metri]
hectare (de)	**hehtaari**	[hehta:ri]
liter (de)	**litra**	[litra]
graad (de)	**aste**	[aste]
volt (de)	**voltti**	[υoltti]
ampère (de)	**ampeeri**	[ampe:ri]
paardenkracht (de)	**hevosvoima**	[heυos·υojma]
hoeveelheid (de)	**määrä**	[mæ:ræ]
een beetje ...	**vähän**	[υæɦæn]
helft (de)	**puoli**	[puoli]
dozijn (het)	**tusina**	[tusina]
stuk (het)	**kappale**	[kappale]
afmeting (de)	**koko**	[koko]
schaal (bijv. ~ van 1 op 50)	**mittakaava**	[mitta·ka:υa]
minimaal (bn)	**minimaalinen**	[minima:linen]
minste (bn)	**pienin**	[pienin]
medium (bn)	**keskikokoinen**	[keskikokojnen]
maximaal (bn)	**maksimaalinen**	[maksima:linen]
grootste (bn)	**suurin**	[su:rin]

26. Containers

glazen pot (de)	**lasitölkki**	[lasi·tølkki]
blik (conserven~)	**purkki**	[purkki]
emmer (de)	**sanko**	[saŋko]
ton (bijv. regenton)	**tynnyri**	[tynnyri]
ronde waterbak (de)	**pesuvati**	[pesu·υati]
tank (bijv. watertank-70-ltr)	**säiliö**	[sæjliø]

heupfles (de)	**kenttäpullo**	[kenttæ·pullo]
jerrycan (de)	**jerrykannu**	[jerry·kannu]
tank (bijv. ketelwagen)	**säiliö**	[sæjliø]
beker (de)	**muki**	[muki]
kopje (het)	**kuppi**	[kuppi]
schoteltje (het)	**teevati**	[te:ʋati]
glas (het)	**juomalasi**	[juoma·lasi]
wijnglas (het)	**viinilasi**	[ʋi:ni·lasi]
pan (de)	**kasari, kattila**	[kasari], [kattila]
fles (de)	**pullo**	[pullo]
flessenhals (de)	**pullonkaula**	[pulloŋ·kaula]
karaf (de)	**karahvi**	[karahʋi]
kruik (de)	**kannu**	[kannu]
vat (het)	**astia**	[astia]
pot (de)	**ruukku**	[ru:kku]
vaas (de)	**vaasi, maljakko**	[ʋa:si], [maljakko]
flacon (de)	**pullo**	[pullo]
flesje (het)	**pieni pullo**	[pjeni pullo]
tube (bijv. ~ tandpasta)	**tuubi**	[tu:bi]
zak (bijv. ~ aardappelen)	**säkki**	[sækki]
tasje (het)	**säkki, pussi**	[sækki], [pussi]
pakje (~ sigaretten, enz.)	**aski**	[aski]
doos (de)	**laatikko**	[la:tikko]
kist (de)	**laatikko**	[la:tikko]
mand (de)	**kori**	[kori]

27. Materialen

materiaal (het)	**aine**	[ajne]
hout (het)	**puu**	[pu:]
houten (bn)	**puinen**	[pujnen]
glas (het)	**lasi**	[lasi]
glazen (bn)	**lasi-, lasinen**	[lasi], [lasinen]
steen (de)	**kivi**	[kiʋi]
stenen (bn)	**kivi-, kivinen**	[kiʋi], [kiʋinen]
plastic (het)	**muovi**	[muoʋi]
plastic (bn)	**muovi-, muovinen**	[muoʋi], [muoʋinen]
rubber (het)	**kumi**	[kumi]
rubber-, rubberen (bn)	**kumi-, kuminen**	[kumi], [kuminen]
stof (de)	**kangas**	[kaŋas]
van stof (bn)	**kankaasta**	[kaŋka:sta]
papier (het)	**paperi**	[paperi]
papieren (bn)	**paperi-, paperinen**	[paperi], [paperinen]

karton (het)	**pahvi, kartonki**	[pahʋi], [kartoŋki]
kartonnen (bn)	**pahvi-**	[pahʋi]
polyethyleen (het)	**polyetyleeni**	[polyetyle:ni]
cellofaan (het)	**sellofaani**	[sellofa:ni]
multiplex (het)	**vaneri**	[ʋaneri]
porselein (het)	**posliini**	[posli:ni]
porseleinen (bn)	**posliininen**	[posli:ninen]
klei (de)	**savi**	[saʋi]
klei-, van klei (bn)	**savi-**	[saʋi]
keramiek (de)	**keramiikka**	[kerami:kka]
keramieken (bn)	**keraaminen**	[kera:minen]

28. Metalen

metaal (het)	**metalli**	[metalli]
metalen (bn)	**metallinen**	[metallinen]
legering (de)	**seos**	[seos]
goud (het)	**kulta**	[kulta]
gouden (bn)	**kultainen**	[kultajnen]
zilver (het)	**hopea**	[hopea]
zilveren (bn)	**hopeinen**	[hopejnen]
ijzer (het)	**rauta**	[rauta]
ijzeren	**rauta-, rautainen**	[rauta], [rautajnen]
staal (het)	**teräs**	[teræs]
stalen (bn)	**teräs-, teräksinen**	[teræs], [terækSinen]
koper (het)	**kupari**	[kupari]
koperen (bn)	**kupari-, kuparinen**	[kupari-], [kuparinen]
aluminium (het)	**alumiini**	[alumi:ni]
aluminium (bn)	**alumiini-**	[alumi:ni]
brons (het)	**pronssi**	[pronssi]
bronzen (bn)	**pronssi-, pronssinen**	[pronssi], [pronssinen]
messing (het)	**messinki**	[messiŋki]
nikkel (het)	**nikkeli**	[nikkeli]
platina (het)	**platina**	[platina]
kwik (het)	**elohopea**	[elo·hopea]
tin (het)	**tina**	[tina]
lood (het)	**lyijy**	[lyjy]
zink (het)	**sinkki**	[siŋkki]

MENS

Mens. Het lichaam

29. Mensen. Basisbegrippen

mens (de)	**ihminen**	[ihminen]
man (de)	**mies**	[mies]
vrouw (de)	**nainen**	[nɑjnen]
kind (het)	**lapsi**	[lɑpsi]
meisje (het)	**tyttö**	[tyttø]
jongen (de)	**poika**	[pojkɑ]
tiener, adolescent (de)	**teini-ikäinen**	[tejni·ikæjnen]
oude man (de)	**vanhus**	[ʋɑnhus]
oude vrouw (de)	**eukko**	[eukko]

30. Menselijke anatomie

organisme (het)	**elimistö**	[elimistø]
hart (het)	**sydän**	[sydæn]
bloed (het)	**veri**	[ʋeri]
slagader (de)	**valtimo**	[ʋɑltimo]
ader (de)	**laskimo**	[lɑskimo]
hersenen (mv.)	**aivot**	[ɑjʋot]
zenuw (de)	**hermo**	[hermo]
zenuwen (mv.)	**hermot**	[hermot]
wervel (de)	**nikama**	[nikɑmɑ]
ruggengraat (de)	**selkäranka**	[selkæ·rɑŋkɑ]
maag (de)	**mahalaukku**	[mɑɦɑ·lɑukku]
darmen (mv.)	**suolisto**	[suolisto]
darm (de)	**suoli**	[suoli]
lever (de)	**maksa**	[mɑksɑ]
nier (de)	**munuainen**	[munuɑjnen]
been (deel van het skelet)	**luu**	[lu:]
skelet (het)	**luuranko**	[lu:rɑŋko]
rib (de)	**kylkiluu**	[kylki·lu:]
schedel (de)	**pääkallo**	[pæ:kɑllo]
spier (de)	**lihas**	[liɦɑs]
biceps (de)	**hauis**	[hɑujs]
triceps (de)	**ojentaja**	[ojentɑjɑ]
pees (de)	**jänne**	[jænne]
gewricht (het)	**nivel**	[niʋel]

longen (mv.)	**keuhkot**	[keuhkot]
geslachtsorganen (mv.)	**sukupuolielimet**	[sukupuoli·elimet]
huid (de)	**iho**	[iɦo]

31. Hoofd

hoofd (het)	**pää**	[pæ:]
gezicht (het)	**kasvot**	[kasʋot]
neus (de)	**nenä**	[nenæ]
mond (de)	**suu**	[su:]
oog (het)	**silmä**	[silmæ]
ogen (mv.)	**silmät**	[silmæt]
pupil (de)	**silmäterä**	[silmæ·teræ]
wenkbrauw (de)	**kulmakarva**	[kulma·karʋa]
wimper (de)	**ripsi**	[ripsi]
ooglid (het)	**silmäluomi**	[silmæ·luomi]
tong (de)	**kieli**	[kieli]
tand (de)	**hammas**	[hammas]
lippen (mv.)	**huulet**	[hu:let]
jukbeenderen (mv.)	**poskipäät**	[poski·pæ:t]
tandvlees (het)	**ien**	[ien]
gehemelte (het)	**kitalaki**	[kitalaki]
neusgaten (mv.)	**sieraimet**	[sierajmet]
kin (de)	**leuka**	[leuka]
kaak (de)	**leukaluu**	[leuka·lu:]
wang (de)	**poski**	[poski]
voorhoofd (het)	**otsa**	[otsa]
slaap (de)	**ohimo**	[oɦimo]
oor (het)	**korva**	[korʋa]
achterhoofd (het)	**niska**	[niska]
hals (de)	**kaula**	[kaula]
keel (de)	**kurkku**	[kurkku]
haren (mv.)	**hiukset**	[hiukset]
kapsel (het)	**kampaus**	[kampaus]
haarsnit (de)	**kampaus**	[kampaus]
pruik (de)	**tekotukka**	[teko·tukka]
snor (de)	**viikset**	[ʋi:kset]
baard (de)	**parta**	[parta]
dragen (een baard, enz.)	**pitää**	[pitæ:]
vlecht (de)	**letti**	[letti]
bakkebaarden (mv.)	**poskiparta**	[poski·parta]
ros (roodachtig, rossig)	**punatukkainen**	[puna·tukkajnen]
grijs (~ haar)	**harmaa**	[harma:]
kaal (bn)	**kalju**	[kalju]
kale plek (de)	**kaljuus**	[kalju:s]
paardenstaart (de)	**poninhäntä**	[ponin·hæntæ]
pony (de)	**otsatukka**	[otsa·tukka]

32. Menselijk lichaam

hand (de)	**käsi**	[kæsi]
arm (de)	**käsivarsi**	[kæsi·ʋarssi]
vinger (de)	**sormi**	[sormi]
teen (de)	**varvas**	[ʋarʋas]
duim (de)	**peukalo**	[peukalo]
pink (de)	**pikkusormi**	[pikku·sormi]
nagel (de)	**kynsi**	[kynsi]
vuist (de)	**nyrkki**	[nyrkki]
handpalm (de)	**kämmen**	[kæmmen]
pols (de)	**ranne**	[ranne]
voorarm (de)	**kyynärvarsi**	[ky:nær·ʋarsi]
elleboog (de)	**kyynärpää**	[ky:nær·pæ:]
schouder (de)	**hartia**	[hartia]
been (rechter ~)	**jalka**	[jalka]
voet (de)	**jalkaterä**	[jalka·teræ]
knie (de)	**polvi**	[polʋi]
kuit (de)	**pohje**	[pohje]
heup (de)	**reisi**	[rejsi]
hiel (de)	**kantapää**	[kantapæ:]
lichaam (het)	**vartalo**	[ʋartalo]
buik (de)	**maha**	[maɦa]
borst (de)	**rinta**	[rinta]
borst (de)	**rinnat**	[rinnat]
zijde (de)	**kylki**	[kylki]
rug (de)	**selkä**	[selkæ]
lage rug (de)	**ristiselkä**	[risti·selkæ]
taille (de)	**vyötärö**	[ʋyøtærø]
navel (de)	**napa**	[napa]
billen (mv.)	**pakarat**	[pakarat]
achterwerk (het)	**takapuoli**	[taka·puoli]
huidvlek (de)	**luomi**	[luomi]
moedervlek (de)	**syntymämerkki**	[syntymæ·merkki]
tatoeage (de)	**tatuointi**	[tatuojnti]
litteken (het)	**arpi**	[arpi]

Kleding en accessoires

33. Bovenkleding. Jassen

kleren (mv.)	**vaatteet**	[ʋɑ:tte:t]
bovenkleding (de)	**päällysvaatteet**	[pæ:llys·ʋɑ:tte:t]
winterkleding (de)	**talvivaatteet**	[tɑlʋi·ʋɑ:tte:t]
jas (de)	**takki**	[tɑkki]
bontjas (de)	**turkki**	[turkki]
bontjasje (het)	**puoliturkki**	[puoli·turkki]
donzen jas (de)	**untuvatakki**	[untuʋɑ·tɑkki]
jasje (bijv. een leren ~)	**takki**	[tɑkki]
regenjas (de)	**sadetakki**	[sɑde·tɑkki]
waterdicht (bn)	**vedenpitävä**	[ʋeden·pitæʋæ]

34. Heren & dames kleding

overhemd (het)	**paita**	[pɑjtɑ]
broek (de)	**housut**	[housut]
jeans (de)	**farkut**	[fɑrkut]
colbert (de)	**pikkutakki**	[pikku·tɑkki]
kostuum (het)	**puku**	[puku]
jurk (de)	**leninki**	[leniŋki]
rok (de)	**hame**	[hɑme]
blouse (de)	**pusero**	[pusero]
wollen vest (de)	**villapusero**	[ʋillɑ·pusero]
blazer (kort jasje)	**jakku**	[jɑkku]
T-shirt (het)	**T-paita**	[te·pɑjtɑ]
shorts (mv.)	**shortsit, sortsit**	[sortsit]
trainingspak (het)	**urheilupuku**	[urhejlu·puku]
badjas (de)	**kylpytakki**	[kylpy·tɑkki]
pyjama (de)	**pyjama**	[pyjɑmɑ]
sweater (de)	**villapaita**	[ʋillɑ·pɑjtɑ]
pullover (de)	**neulepusero**	[neule·pusero]
gilet (het)	**liivi**	[li:ʋi]
rokkostuum (het)	**frakki**	[frɑkki]
smoking (de)	**smokki**	[smokki]
uniform (het)	**univormu**	[uniʋormu]
werkkleding (de)	**työvaatteet**	[tyø·ʋɑ:tte:t]
overall (de)	**haalari**	[hɑ:lɑri]
doktersjas (de)	**lääkärintakki**	[læ:kærin·tɑkki]

35. Kleding. Ondergoed

ondergoed (het)	**alusvaatteet**	[ɑlus·ʋɑ:tte:t]
herenslip (de)	**bokserit**	[bokserit]
slipjes (mv.)	**pikkuhousut**	[pikku·housut]
onderhemd (het)	**aluspaita**	[ɑlus·pɑjtɑ]
sokken (mv.)	**sukat**	[sukɑt]
nachthemd (het)	**yöpuku**	[yøpuku]
beha (de)	**rintaliivit**	[rintɑ·li:ʋit]
kniekousen (mv.)	**polvisukat**	[polʋi·sukɑt]
panty (de)	**sukkahousut**	[sukkɑ·housut]
nylonkousen (mv.)	**sukat**	[sukɑt]
badpak (het)	**uimapuku**	[ujmɑ·puku]

36. Hoofddeksels

hoed (de)	**hattu**	[hɑttu]
deukhoed (de)	**fedora-hattu**	[fedorɑ·hɑttu]
honkbalpet (de)	**lippalakki**	[lippɑ·lɑkki]
kleppet (de)	**lakki**	[lɑkki]
baret (de)	**baskeri**	[bɑskeri]
kap (de)	**huppu**	[huppu]
panamahoed (de)	**panamahattu**	[pɑnɑmɑ·hɑttu]
gebreide muts (de)	**pipo**	[pipo]
hoofddoek (de)	**huivi**	[huiʋi]
dameshoed (de)	**naisten hattu**	[nɑjsten hɑttu]
veiligheidshelm (de)	**suojakypärä**	[suojɑ·kypæræ]
veldmuts (de)	**suikka**	[suikkɑ]
helm, valhelm (de)	**kypärä**	[kypæræ]
bolhoed (de)	**knalli**	[knɑlli]
hoge hoed (de)	**silinterihattu**	[silinteri·hɑttu]

37. Schoeisel

schoeisel (het)	**jalkineet**	[jɑlkine:t]
schoenen (mv.)	**varsikengät**	[ʋɑrsikeŋæt]
vrouwenschoenen (mv.)	**naisten kengät**	[nɑjsten keŋæt]
laarzen (mv.)	**saappaat**	[sɑ:ppɑ:t]
pantoffels (mv.)	**tossut**	[tossut]
sportschoenen (mv.)	**lenkkitossut**	[leŋkki·tossut]
sneakers (mv.)	**lenkkarit**	[leŋkkɑrit]
sandalen (mv.)	**sandaalit**	[sɑndɑ:lit]
schoenlapper (de)	**suutari**	[su:tɑri]
hiel (de)	**korko**	[korko]

paar (een ~ schoenen)	**pari**	[pari]
veter (de)	**nauha**	[nauha]
rijgen (schoenen ~)	**sitoa kengännauhat**	[sitoa keŋænnauhat]
schoenlepel (de)	**kenkälusikka**	[keŋkæ·lusikka]
schoensmeer (de/het)	**kenkävoide**	[keŋkæ·ʋojde]

38. Textiel. Weefsel

katoen (de/het)	**puuvilla**	[pu:ʋilla]
katoenen (bn)	**puuvilla-**	[pu:ʋilla]
vlas (het)	**pellava**	[pellaʋa]
vlas-, van vlas (bn)	**pellava-**	[pellaʋa]
zijde (de)	**silkki**	[silkki]
zijden (bn)	**silkki-, silkkinen**	[silkki], [silkkinen]
wol (de)	**villa**	[ʋilla]
wollen (bn)	**villa-, villainen**	[ʋilla], [ʋillajnen]
fluweel (het)	**sametti**	[sametti]
suède (de)	**säämiskä**	[sæ:miskæ]
ribfluweel (het)	**vakosametti**	[ʋako·sametti]
nylon (de/het)	**nailon**	[najlon]
nylon-, van nylon (bn)	**nailon-**	[najlon]
polyester (het)	**polyesteri**	[polyesteri]
polyester- (abn)	**polyesterinen**	[polyesterinen]
leer (het)	**nahka**	[nahka]
leren (van leer gemaak)	**nahkainen**	[nahkajnen]
bont (het)	**turkki, turkis**	[turkki], [turkis]
bont- (abn)	**turkis-**	[turkis]

39. Persoonlijke accessoires

handschoenen (mv.)	**käsineet**	[kæsine:t]
wanten (mv.)	**lapaset**	[lapaset]
sjaal (fleece ~)	**kaulaliina**	[kaula·li:na]
bril (de)	**silmälasit**	[silmæ·lasit]
brilmontuur (het)	**kehys**	[kehys]
paraplu (de)	**sateenvarjo**	[sate:n·ʋarjo]
wandelstok (de)	**kävelykeppi**	[kæʋely·keppi]
haarborstel (de)	**hiusharja**	[hius·harja]
waaier (de)	**viuhka**	[ʋiuhka]
das (de)	**solmio**	[solmio]
strikje (het)	**rusetti**	[rusetti]
bretels (mv.)	**henkselit**	[heŋkselit]
zakdoek (de)	**nenäliina**	[nenæ·li:na]
kam (de)	**kampa**	[kampa]
haarspeldje (het)	**hiussolki**	[hius·solki]

schuifspeldje (het)	**hiusneula**	[hius·neula]
gesp (de)	**solki**	[solki]
broekriem (de)	**vyö**	[ʋyø]
draagriem (de)	**hihna**	[hihna]
handtas (de)	**laukku**	[laukku]
damestas (de)	**käsilaukku**	[kæsi·laukku]
rugzak (de)	**reppu**	[reppu]

40. Kleding. Diversen

mode (de)	**muoti**	[muoti]
de mode (bn)	**muodikas**	[muodikas]
kledingstilist (de)	**mallisuunnittelija**	[malli·su:nnittelija]
kraag (de)	**kaulus**	[kaulus]
zak (de)	**tasku**	[tasku]
zak- (abn)	**tasku-**	[tasku]
mouw (de)	**hiha**	[hiɦa]
lusje (het)	**raksi**	[raksi]
gulp (de)	**halkio**	[halkio]
rits (de)	**vetoketju**	[ʋeto·ketju]
sluiting (de)	**kiinnitin**	[ki:nnitin]
knoop (de)	**nappi**	[nappi]
knoopsgat (het)	**napinläpi**	[napin·læpi]
losraken (bijv. knopen)	**irrota**	[irrota]
naaien (kleren, enz.)	**ommella**	[ommella]
borduren (ww)	**kirjoa**	[kirjoa]
borduursel (het)	**kirjonta**	[kirjonta]
naald (de)	**neula**	[neula]
draad (de)	**lanka**	[laŋka]
naad (de)	**sauma**	[sauma]
vies worden (ww)	**tahraantua**	[tahra:ntua]
vlek (de)	**tahra**	[tahra]
gekreukt raken (ov. kleren)	**rypistyä**	[rypistyæ]
scheuren (ov.ww.)	**repiä**	[repiæ]
mot (de)	**koi**	[koj]

41. Persoonlijke verzorging. Schoonheidsmiddelen

tandpasta (de)	**hammastahna**	[hammas·tahna]
tandenborstel (de)	**hammasharja**	[hammas·harja]
tanden poetsen (ww)	**harjata hampaita**	[harjata hampajta]
scheermes (het)	**partahöylä**	[parta·ɦøylæ]
scheerschuim (het)	**partavaahdoke**	[parta·ʋa:hdoke]
zich scheren (ww)	**ajaa parta**	[aja: parta]
zeep (de)	**saippua**	[sajppua]

shampoo (de)	**sampoo**	[sampo:]
schaar (de)	**sakset**	[sakset]
nagelvijl (de)	**kynsiviila**	[kynsi·ʋi:la]
nagelknipper (de)	**kynsileikkuri**	[kynsi·lejkkuri]
pincet (het)	**pinsetit**	[pinsetit]
cosmetica (mv.)	**meikki**	[mejkki]
masker (het)	**kasvonaamio**	[kasʋo·na:mio]
manicure (de)	**manikyyri**	[maniky:ri]
manicure doen	**hoitaa kynsiä**	[hojta: kynsiæ]
pedicure (de)	**jalkahoito**	[jalka·hojto]
cosmetica tasje (het)	**meikkipussi**	[mejkki·pussi]
poeder (de/het)	**puuteri**	[pu:teri]
poederdoos (de)	**puuterirasia**	[pu:teri·rasia]
rouge (de)	**poskipuna**	[poski·puna]
parfum (de/het)	**parfyymi**	[parfy:mi]
eau de toilet (de)	**eau de toilette, hajuvesi**	[o·de·tualet], [haju·ʋesi]
lotion (de)	**kasvovesi**	[kasʋo·ʋesi]
eau de cologne (de)	**kölninvesi**	[kølnin·ʋesi]
oogschaduw (de)	**luomiväri**	[luomi·ʋæri]
oogpotlood (het)	**rajauskynä**	[rajaus·kynæ]
mascara (de)	**ripsiväri**	[ripsi·ʋæri]
lippenstift (de)	**huulipuna**	[hu:li·puna]
nagellak (de)	**kynsilakka**	[kynsi·lakka]
haarlak (de)	**hiuslakka**	[hius·lakka]
deodorant (de)	**deodorantti**	[deodorantti]
crème (de)	**voide**	[ʋojde]
gezichtscrème (de)	**kasvovoide**	[kasʋo·ʋojde]
handcrème (de)	**käsivoide**	[kæsi·ʋojde]
antirimpelcrème (de)	**ryppyvoide**	[ryppy·ʋojde]
dagcrème (de)	**päivävoide**	[pæjʋæ·ʋojde]
nachtcrème (de)	**yövoide**	[yø·ʋojde]
dag- (abn)	**päivä-**	[pæjʋæ]
nacht- (abn)	**yö-**	[yø]
tampon (de)	**tamponi**	[tamponi]
toiletpapier (het)	**vessapaperi**	[ʋessa·paperi]
föhn (de)	**hiustenkuivaaja**	[hiusteŋ·kujʋa:ja]

42. Juwelen

sieraden (mv.)	**korut**	[korut]
edel (bijv. ~ stenen)	**jalo-**	[jalo]
keurmerk (het)	**tarkastusleimaus**	[tarkastus·lejmaus]
ring (de)	**sormus**	[sormus]
trouwring (de)	**vihkisormus**	[ʋihki·sormus]
armband (de)	**rannerengas**	[ranne·reŋas]
oorringen (mv.)	**korvakorut**	[korʋa·korut]

halssnoer (het)	**kaulakoru**	[kaula·koru]
kroon (de)	**kruunu**	[kru:nu]
kralen snoer (het)	**helmet**	[helmet]
diamant (de)	**timantti**	[timantti]
smaragd (de)	**smaragdi**	[smaragdi]
robijn (de)	**rubiini**	[rubi:ni]
saffier (de)	**safiiri**	[safi:ri]
parel (de)	**helmet**	[helmet]
barnsteen (de)	**meripihka**	[meri·pihka]

43. Horloges. Klokken

polshorloge (het)	**rannekello**	[ranne·kello]
wijzerplaat (de)	**kellotaulu**	[kello·taulu]
wijzer (de)	**osoitin**	[osojtin]
metalen horlogeband (de)	**metalliranneke**	[metalli·ranneke]
horlogebandje (het)	**ranneke**	[ranneke]
batterij (de)	**paristo**	[paristo]
leeg zijn (ww)	**olla tyhjä**	[olla tyhjæ]
batterij vervangen	**vaihtaa paristo**	[ʋajhta: paristo]
voorlopen (ww)	**edistää**	[edistæ:]
achterlopen (ww)	**jätättää**	[jætættæ:]
wandklok (de)	**seinäkello**	[sejnæ·kello]
zandloper (de)	**tiimalasi**	[ti:malasi]
zonnewijzer (de)	**aurinkokello**	[auriŋko·kello]
wekker (de)	**herätyskello**	[herætys·kello]
horlogemaker (de)	**kelloseppä**	[kello·seppæ]
repareren (ww)	**korjata**	[korjata]

Voedsel. Voeding

44. Voedsel

vlees (het)	**liha**	[liɦɑ]
kip (de)	**kana**	[kɑnɑ]
kuiken (het)	**kananpoika**	[kɑnɑn·pojkɑ]
eend (de)	**ankka**	[ɑŋkkɑ]
gans (de)	**hanhi**	[hɑnhi]
wild (het)	**riista**	[ri:stɑ]
kalkoen (de)	**kalkkuna**	[kɑlkkunɑ]
varkensvlees (het)	**sianliha**	[siɑn·liɦɑ]
kalfsvlees (het)	**vasikanliha**	[ʋɑsikɑn·liɦɑ]
schapenvlees (het)	**lampaanliha**	[lɑmpɑ:n·liɦɑ]
rundvlees (het)	**naudanliha**	[nɑudɑn·liɦɑ]
konijnenvlees (het)	**kaniini**	[kɑni:ni]
worst (de)	**makkara**	[mɑkkɑrɑ]
saucijs (de)	**nakki**	[nɑkki]
spek (het)	**pekoni**	[pekoni]
ham (de)	**kinkku**	[kiŋkku]
gerookte achterham (de)	**savustettu kinkku**	[sɑʋustettu kiŋkku]
paté (de)	**patee**	[pɑte:]
lever (de)	**maksa**	[mɑksɑ]
gehakt (het)	**jauheliha**	[jɑuɦe·liɦɑ]
tong (de)	**kieli**	[kieli]
ei (het)	**muna**	[munɑ]
eieren (mv.)	**munat**	[munɑt]
eiwit (het)	**valkuainen**	[ʋɑlku·ɑjnen]
eigeel (het)	**keltuainen**	[keltuɑjnen]
vis (de)	**kala**	[kɑlɑ]
zeevruchten (mv.)	**meren antimet**	[meren ɑntimet]
schaaldieren (mv.)	**äyriäiset**	[æyriæjset]
kaviaar (de)	**kaviaari**	[kɑʋiɑ:ri]
krab (de)	**kuningasrapu**	[kuniŋɑs·rɑpu]
garnaal (de)	**katkarapu**	[kɑtkɑrɑpu]
oester (de)	**osteri**	[osteri]
langoest (de)	**langusti**	[lɑŋusti]
octopus (de)	**meritursas**	[meri·tursɑs]
inktvis (de)	**kalmari**	[kɑlmɑri]
steur (de)	**sampi**	[sɑmpi]
zalm (de)	**lohi**	[loɦi]
heilbot (de)	**pallas**	[pɑllɑs]
kabeljauw (de)	**turska**	[turskɑ]

makreel (de)	**makrilli**	[makrilli]
tonijn (de)	**tonnikala**	[tonnikala]
paling (de)	**ankerias**	[aŋkerias]
forel (de)	**taimen**	[tajmen]
sardine (de)	**sardiini**	[sardi:ni]
snoek (de)	**hauki**	[hauki]
haring (de)	**silli**	[silli]
brood (het)	**leipä**	[lejpæ]
kaas (de)	**juusto**	[ju:sto]
suiker (de)	**sokeri**	[sokeri]
zout (het)	**suola**	[suola]
rijst (de)	**riisi**	[ri:si]
pasta (de)	**pasta, makaroni**	[pasta], [makaroni]
noedels (mv.)	**nuudeli**	[nu:deli]
boter (de)	**voi**	[ʋoj]
plantaardige olie (de)	**kasviöljy**	[kasʋi·øljy]
zonnebloemolie (de)	**auringonkukkaöljy**	[auriŋon·kukka·øljy]
margarine (de)	**margariini**	[margari:ni]
olijven (mv.)	**oliivit**	[oli:ʋit]
olijfolie (de)	**oliiviöljy**	[oli:ʋi·øljy]
melk (de)	**maito**	[majto]
gecondenseerde melk (de)	**maitotiiviste**	[majto·ti:ʋiste]
yoghurt (de)	**jogurtti**	[jogurtti]
zure room (de)	**hapankerma**	[hapan·kerma]
room (de)	**kerma**	[kerma]
mayonaise (de)	**majoneesi**	[majone:si]
crème (de)	**kreemi**	[kre:mi]
graan (het)	**suurimot**	[su:rimot]
meel (het), bloem (de)	**jauhot**	[jauɦot]
conserven (mv.)	**säilyke**	[sæjlyke]
maïsvlokken (mv.)	**maissimurot**	[majssi·murot]
honing (de)	**hunaja**	[hunaja]
jam (de)	**hillo**	[hillo]
kauwgom (de)	**purukumi**	[puru·kumi]

45. Drankjes

water (het)	**vesi**	[ʋesi]
drinkwater (het)	**juomavesi**	[juoma·ʋesi]
mineraalwater (het)	**kivennäisvesi**	[kiʋennæjs·ʋesi]
zonder gas	**ilman hiilihappoa**	[ilman hi:li·happoa]
koolzuurhoudend (bn)	**hiilihappovettä**	[hi:li·happoʋetta]
bruisend (bn)	**hiilihappoinen**	[hi:li·happojnen]
ijs (het)	**jää**	[jæ:]

met ijs	**jään kanssa**	[jæ:n kanssa]
alcohol vrij (bn)	**alkoholiton**	[alkoɦoliton]
alcohol vrije drank (de)	**alkoholiton juoma**	[alkoɦoliton juoma]
frisdrank (de)	**virvoitusjuoma**	[ʋirʋojtus·juoma]
limonade (de)	**limonadi**	[limonadi]
alcoholische dranken (mv.)	**alkoholijuomat**	[alkoɦoli·juomat]
wijn (de)	**viini**	[ʋi:ni]
witte wijn (de)	**valkoviini**	[ʋalko·ʋi:ni]
rode wijn (de)	**punaviini**	[puna·ʋi:ni]
likeur (de)	**likööri**	[likø:ri]
champagne (de)	**samppanja**	[samppanja]
vermout (de)	**vermutti**	[ʋermutti]
whisky (de)	**viski**	[ʋiski]
wodka (de)	**votka, vodka**	[ʋotka], [ʋodka]
gin (de)	**gini**	[gini]
cognac (de)	**konjakki**	[konjakki]
rum (de)	**rommi**	[rommi]
koffie (de)	**kahvi**	[kahʋi]
zwarte koffie (de)	**musta kahvi**	[musta kahʋi]
koffie (de) met melk	**maitokahvi**	[majto·kahʋi]
cappuccino (de)	**cappuccino**	[kaputʃi:no]
oploskoffie (de)	**murukahvi**	[muru·kahʋi]
melk (de)	**maito**	[majto]
cocktail (de)	**cocktail**	[koktejl]
milkshake (de)	**pirtelö**	[pirtelø]
sap (het)	**mehu**	[meɦu]
tomatensap (het)	**tomaattimehu**	[toma:tti·meɦu]
sinaasappelsap (het)	**appelsiinimehu**	[appelsi:ni·meɦu]
vers geperst sap (het)	**tuoremehu**	[tuore·meɦu]
bier (het)	**olut**	[olut]
licht bier (het)	**vaalea olut**	[ʋa:lea olut]
donker bier (het)	**tumma olut**	[tumma olut]
thee (de)	**tee**	[te:]
zwarte thee (de)	**musta tee**	[musta te:]
groene thee (de)	**vihreä tee**	[ʋihreæ te:]

46. Groenten

groenten (mv.)	**vihannekset**	[ʋiɦannekset]
verse kruiden (mv.)	**lehtikasvikset**	[lehti·kasʋikset]
tomaat (de)	**tomaatti**	[toma:tti]
augurk (de)	**kurkku**	[kurkku]
wortel (de)	**porkkana**	[porkkana]
aardappel (de)	**peruna**	[peruna]
ui (de)	**sipuli**	[sipuli]

knoflook (de)	**valkosipuli**	[ʋalko·sipuli]
kool (de)	**kaali**	[kɑ:li]
bloemkool (de)	**kukkakaali**	[kukkɑ·kɑ:li]
spruitkool (de)	**brysselinkaali**	[brysseliŋ·kɑ:li]
broccoli (de)	**parsakaali**	[pɑrsɑ·kɑ:li]
rode biet (de)	**punajuuri**	[punɑ·ju:ri]
aubergine (de)	**munakoiso**	[munɑ·kojso]
courgette (de)	**kesäkurpitsa**	[kesæ·kurpitsɑ]
pompoen (de)	**kurpitsa**	[kurpitsɑ]
raap (de)	**nauris**	[nɑuris]
peterselie (de)	**persilja**	[persiljɑ]
dille (de)	**tilli**	[tilli]
sla (de)	**lehtisalaatti**	[lehti·salɑ:tti]
selderij (de)	**selleri**	[selleri]
asperge (de)	**parsa**	[pɑrsɑ]
spinazie (de)	**pinaatti**	[pinɑ:tti]
erwt (de)	**herne**	[herne]
bonen (mv.)	**pavut**	[pɑʋut]
maïs (de)	**maissi**	[mɑjssi]
nierboon (de)	**pavut**	[pɑʋut]
peper (de)	**paprika**	[pɑprikɑ]
radijs (de)	**retiisi**	[reti:si]
artisjok (de)	**artisokka**	[ɑrtisokkɑ]

47. Vruchten. Noten

vrucht (de)	**hedelmä**	[hedelmæ]
appel (de)	**omena**	[omenɑ]
peer (de)	**päärynä**	[pæ:rynæ]
citroen (de)	**sitruuna**	[sitru:nɑ]
sinaasappel (de)	**appelsiini**	[ɑppelsi:ni]
aardbei (de)	**mansikka**	[mɑnsikkɑ]
mandarijn (de)	**mandariini**	[mɑndɑri:ni]
pruim (de)	**luumu**	[lu:mu]
perzik (de)	**persikka**	[persikkɑ]
abrikoos (de)	**aprikoosi**	[ɑpriko:si]
framboos (de)	**vadelma**	[ʋɑdelmɑ]
ananas (de)	**ananas**	[ɑnɑnɑs]
banaan (de)	**banaani**	[bɑnɑ:ni]
watermeloen (de)	**vesimeloni**	[ʋesi·meloni]
druif (de)	**viinirypäleet**	[ʋi:ni·rypæle:t]
zure kers (de)	**hapankirsikka**	[hɑpɑn·kirsikkɑ]
zoete kers (de)	**linnunkirsikka**	[linnun·kirsikkɑ]
meloen (de)	**meloni**	[meloni]
grapefruit (de)	**greippi**	[grejppi]
avocado (de)	**avokado**	[ɑʋokɑdo]
papaja (de)	**papaija**	[pɑpɑijɑ]

mango (de)	**mango**	[maŋo]
granaatappel (de)	**granaattiomena**	[grana:tti·omena]
rode bes (de)	**punaherukka**	[puna·ɦerukka]
zwarte bes (de)	**mustaherukka**	[musta·ɦerukka]
kruisbes (de)	**karviainen**	[karʋiajnen]
blauwe bosbes (de)	**mustikka**	[mustikka]
braambes (de)	**karhunvatukka**	[karhun·ʋatukka]
rozijn (de)	**rusina**	[rusina]
vijg (de)	**viikuna**	[ʋi:kuna]
dadel (de)	**taateli**	[ta:teli]
pinda (de)	**maapähkinä**	[ma:pæhkinæ]
amandel (de)	**manteli**	[manteli]
walnoot (de)	**saksanpähkinä**	[saksan·pæhkinæ]
hazelnoot (de)	**hasselpähkinä**	[hassel·pæhkinæ]
kokosnoot (de)	**kookospähkinä**	[ko:kos·pæhkinæ]
pistaches (mv.)	**pistaasi**	[pista:si]

48. Brood. Snoep

suikerbakkerij (de)	**konditoriatuotteet**	[konditorja·tuotte:t]
brood (het)	**leipä**	[lejpæ]
koekje (het)	**keksit**	[keksit]
chocolade (de)	**suklaa**	[sukla:]
chocolade- (abn)	**suklaa-**	[sukla:]
snoepje (het)	**karamelli**	[karamelli]
cakeje (het)	**leivos**	[lejʋos]
taart (bijv. verjaardags~)	**kakku**	[kakku]
pastei (de)	**piirakka**	[pi:rakka]
vulling (de)	**täyte**	[tæyte]
confituur (de)	**hillo**	[hillo]
marmelade (de)	**marmeladi**	[marmeladi]
wafel (de)	**vohvelit**	[ʋohʋelit]
ijsje (het)	**jäätelö**	[jæ:telø]
pudding (de)	**vanukas**	[vanukas]

49. Bereide gerechten

gerecht (het)	**ruokalaji**	[ruoka·laji]
keuken (bijv. Franse ~)	**keittiö**	[kejttiø]
recept (het)	**resepti**	[resepti]
portie (de)	**annos**	[annos]
salade (de)	**salaatti**	[sala:tti]
soep (de)	**keitto**	[kejtto]
bouillon (de)	**liemi**	[liemi]
boterham (de)	**voileipä**	[ʋoj·lejpæ]

spiegelei (het)	**paistettu muna**	[pajstettu muna]
hamburger (de)	**hampurilainen**	[hampurilajnen]
biefstuk (de)	**pihvi**	[pihʋi]
garnering (de)	**lisäke**	[lisæke]
spaghetti (de)	**spagetti**	[spagetti]
aardappelpuree (de)	**perunasose**	[peruna·sose]
pizza (de)	**pizza**	[pitsa]
pap (de)	**puuro**	[pu:ro]
omelet (de)	**munakas**	[munakas]
gekookt (in water)	**keitetty**	[kejtetty]
gerookt (bn)	**savustettu**	[saʋustettu]
gebakken (bn)	**paistettu**	[pajstettu]
gedroogd (bn)	**kuivattu**	[kujʋattu]
diepvries (bn)	**jäädytetty**	[jæ:dytetty]
gemarineerd (bn)	**säilötty**	[sæjløtty]
zoet (bn)	**makea**	[makea]
gezouten (bn)	**suolainen**	[suolajnen]
koud (bn)	**kylmä**	[kylmæ]
heet (bn)	**kuuma**	[ku:ma]
bitter (bn)	**karvas**	[karʋas]
lekker (bn)	**maukas**	[maukas]
koken (in kokend water)	**keittää**	[kejttæ:]
bereiden (avondmaaltijd ~)	**laittaa ruokaa**	[lajtta: ruoka:]
bakken (ww)	**paistaa**	[pajsta:]
opwarmen (ww)	**lämmittää**	[læmmittæ:]
zouten (ww)	**suolata**	[suolata]
peperen (ww)	**pippuroida**	[pippurojda]
raspen (ww)	**raastaa**	[ra:sta:]
schil (de)	**kuori**	[kuori]
schillen (ww)	**kuoria**	[kuoria]

50. Kruiden

zout (het)	**suola**	[suola]
gezouten (bn)	**suolainen**	[suolajnen]
zouten (ww)	**suolata**	[suolata]
zwarte peper (de)	**musta pippuri**	[musta pippuri]
rode peper (de)	**kuuma pippuri**	[ku:ma pippuri]
mosterd (de)	**sinappi**	[sinappi]
mierikswortel (de)	**piparjuuri**	[pipar·ju:ri]
condiment (het)	**höyste**	[høyste]
specerij, kruiderij (de)	**mauste**	[mauste]
saus (de)	**kastike**	[kastike]
azijn (de)	**etikka**	[etikka]
anijs (de)	**anis**	[anis]
basilicum (de)	**basilika**	[basilika]

kruidnagel (de) | **neilikka** | [nejlikka]
gember (de) | **inkivääri** | [iŋkiʋæ:ri]
koriander (de) | **korianteri** | [korianteri]
kaneel (de/het) | **kaneli** | [kaneli]

sesamzaad (het) | **seesami** | [se:sami]
laurierblad (het) | **laakerinlehti** | [la:kerin·lehti]
paprika (de) | **paprika** | [paprika]
komijn (de) | **kumina** | [kumina]
saffraan (de) | **sahrami** | [sahrami]

51. Maaltijden

eten (het) | **ruoka** | [ruoka]
eten (ww) | **syödä** | [syødæ]

ontbijt (het) | **aamiainen** | [a:miajnen]
ontbijten (ww) | **syödä aamiaista** | [syødæ a:miajsta]
lunch (de) | **lounas** | [lounas]
lunchen (ww) | **syödä lounasta** | [syødæ lounasta]
avondeten (het) | **illallinen** | [illallinen]
souperen (ww) | **syödä illallista** | [syødæ illallista]

eetlust (de) | **ruokahalu** | [ruoka·halu]
Eet smakelijk! | **Hyvää ruokahalua!** | [hyʋæ: ruokaɦalua]

openen (een fles ~) | **avata** | [aʋata]
morsen (koffie, enz.) | **läikyttää** | [læjkyttæ:]
zijn gemorst | **läikkyä** | [læjkkyæ]

koken (water kookt bij 100°C) | **kiehua** | [kieɦua]
koken (Hoe om water te ~) | **keittää** | [kejttæ:]
gekookt (~ water) | **keitetty** | [kejtetty]

afkoelen (koeler maken) | **jäähdyttää** | [jæ:hdyttæ:]
afkoelen (koeler worden) | **jäähtyä** | [jæ:htyæ]

smaak (de) | **maku** | [maku]
nasmaak (de) | **sivumaku** | [siʋu·maku]

volgen een dieet | **olla dieetillä** | [olla die:tilæ]
dieet (het) | **dieetti** | [die:ti]
vitamine (de) | **vitamiini** | [ʋitami:ni]
calorie (de) | **kalori** | [kalori]

vegetariër (de) | **kasvissyöjä** | [kasʋissyøjæ]
vegetarisch (bn) | **kasvis-** | [kasʋis]

vetten (mv.) | **rasvat** | [rasʋat]
eiwitten (mv.) | **proteiinit** | [protei:nit]
koolhydraten (mv.) | **hiilihydraatit** | [hi:li·hydra:tit]
snede (de) | **viipale** | [ʋi:pale]
stuk (bijv. een ~ taart) | **pala, viipale** | [pala], [ʋi:pale]
kruimel (de) | **muru** | [muru]

52. Tafelschikking

lepel (de)	**lusikka**	[lusikka]
mes (het)	**veitsi**	[ʋejtsi]
vork (de)	**haarukka**	[hɑ:rukkɑ]
kopje (het)	**kuppi**	[kuppi]
bord (het)	**lautanen**	[lautanen]
schoteltje (het)	**teevati**	[te:ʋati]
servet (het)	**lautasliina**	[lautas·li:na]
tandenstoker (de)	**hammastikku**	[hammas·tikku]

53. Restaurant

restaurant (het)	**ravintola**	[raʋintola]
koffiehuis (het)	**kahvila**	[kahʋila]
bar (de)	**baari**	[ba:ri]
tearoom (de)	**teehuone**	[te:huone]
kelner, ober (de)	**tarjoilija**	[tarjoilija]
serveerster (de)	**tarjoilijatar**	[tarjoilijatar]
barman (de)	**baarimestari**	[ba:ri·mestari]
menu (het)	**ruokalista**	[ruoka·lista]
wijnkaart (de)	**viinilista**	[ʋi:ni·lista]
een tafel reserveren	**varata pöytä**	[ʋarata pøytæ]
gerecht (het)	**ruokalaji**	[ruoka·laji]
bestellen (eten ~)	**tilata**	[tilata]
een bestelling maken	**tilata**	[tilata]
aperitief (de/het)	**aperitiivi**	[aperiti:ʋi]
voorgerecht (het)	**alkupala**	[alku·pala]
dessert (het)	**jälkiruoka**	[jælki·ruoka]
rekening (de)	**lasku**	[lasku]
de rekening betalen	**maksaa lasku**	[maksa: lasku]
wisselgeld teruggeven	**antaa vaihtorahaa**	[anta: ʋajhtoraha:]
fooi (de)	**juomaraha**	[juoma·raha]

Familie, verwanten en vrienden

54. Persoonlijke informatie. Formulieren

naam (de)	**nimi**	[nimi]
achternaam (de)	**sukunimi**	[suku·nimi]
geboortedatum (de)	**syntymäpäivä**	[syntymæ·pæjuæ]
geboorteplaats (de)	**syntymäpaikka**	[syntymæ·pajkka]
nationaliteit (de)	**kansallisuus**	[kansallisu:s]
woonplaats (de)	**asuinpaikka**	[asujn·pajkka]
land (het)	**maa**	[ma:]
beroep (het)	**ammatti**	[ammatti]
geslacht (ov. het vrouwelijk ~)	**sukupuoli**	[suku·puoli]
lengte (de)	**pituus**	[pitu:s]
gewicht (het)	**paino**	[pajno]

55. Familieleden. Verwanten

moeder (de)	**äiti**	[æjti]
vader (de)	**isä**	[isæ]
zoon (de)	**poika**	[pojka]
dochter (de)	**tytär**	[tytær]
jongste dochter (de)	**nuorempi tytär**	[nuorempi tytær]
jongste zoon (de)	**nuorempi poika**	[nuorempi pojka]
oudste dochter (de)	**vanhempi tytär**	[ʋanhempi tytær]
oudste zoon (de)	**vanhempi poika**	[ʋanhempi pojka]
broer (de)	**veli**	[ʋeli]
oudere broer (de)	**vanhempi veli**	[ʋanhempi ʋeli]
jongere broer (de)	**nuorempi veli**	[nuorempi ʋeli]
zuster (de)	**sisar**	[sisar]
oudere zuster (de)	**vanhempi sisar**	[ʋanhempi sisar]
jongere zuster (de)	**nuorempi sisar**	[nuorempi sisar]
neef (zoon van oom, tante)	**serkku**	[serkku]
nicht (dochter van oom, tante)	**serkku**	[serkku]
mama (de)	**äiti**	[æjti]
papa (de)	**isä**	[isæ]
ouders (mv.)	**vanhemmat**	[ʋanhemmat]
kind (het)	**lapsi**	[lapsi]
kinderen (mv.)	**lapset**	[lapset]
oma (de)	**isoäiti**	[iso·æjti]
opa (de)	**isoisä**	[iso·isæ]

kleinzoon (de)	**lapsenlapsi**	[lapsen·lapsi]
kleindochter (de)	**lapsenlapsi**	[lapsen·lapsi]
kleinkinderen (mv.)	**lastenlapset**	[lasten·lapset]
oom (de)	**setä**	[setæ]
tante (de)	**täti**	[tæti]
neef (zoon van broer, zus)	**veljenpoika**	[ʋeljen·pojka]
nicht (dochter van broer, zus)	**sisarenpoika**	[sisaren·pojka]
schoonmoeder (de)	**anoppi**	[anoppi]
schoonvader (de)	**appi**	[appi]
schoonzoon (de)	**vävy**	[ʋæʋy]
stiefmoeder (de)	**äitipuoli**	[æjti·puoli]
stiefvader (de)	**isäpuoli**	[isæ·puoli]
zuigeling (de)	**rintalapsi**	[rinta·lapsi]
wiegenkind (het)	**vauva**	[ʋauʋa]
kleuter (de)	**lapsi, pienokainen**	[lapsi], [pienokajnen]
vrouw (de)	**vaimo**	[ʋajmo]
man (de)	**mies**	[mies]
echtgenoot (de)	**aviomies**	[aʋiomies]
echtgenote (de)	**aviovaimo**	[aʋioʋajmo]
gehuwd (mann.)	**naimisissa**	[najmisissa]
gehuwd (vrouw.)	**naimisissa**	[najmisissa]
ongehuwd (mann.)	**naimaton**	[najmaton]
vrijgezel (de)	**poikamies**	[pojkamies]
gescheiden (bn)	**eronnut**	[eronnut]
weduwe (de)	**leski**	[leski]
weduwnaar (de)	**leski**	[leski]
familielid (het)	**sukulainen**	[sukulajnen]
dichte familielid (het)	**lähisukulainen**	[læɦi·sukulajnen]
verre familielid (het)	**kaukainen sukulainen**	[kaukajnen sukulajnen]
familieleden (mv.)	**sukulaiset**	[sukulajset]
wees (de), weeskind (het)	**orpo**	[orpo]
voogd (de)	**holhooja**	[holho:ja]
adopteren (een jongen te ~)	**adoptoida**	[adoptojda]
adopteren (een meisje te ~)	**adoptoida**	[adoptojda]

56. Vrienden. Collega's

vriend (de)	**ystävä**	[ystæʋæ]
vriendin (de)	**ystävätär**	[ystæʋætær]
vriendschap (de)	**ystävyys**	[ystæʋy:s]
bevriend zijn (ww)	**olla ystäviä**	[olla ystæʋiæ]
makker (de)	**kaveri**	[kaʋeri]
vriendin (de)	**kaveri**	[kaʋeri]
partner (de)	**partneri**	[partneri]
chef (de)	**esimies**	[esimies]
baas (de)	**päällikkö**	[pæ:llikkø]

eigenaar (de)	**omistaja**	[omistaja]
ondergeschikte (de)	**alainen**	[alajnen]
collega (de)	**virkatoveri**	[ʋirka·toʋeri]
kennis (de)	**tuttava**	[tuttaʋa]
medereiziger (de)	**matkakumppani**	[matka·kumppani]
klasgenoot (de)	**luokkatoveri**	[luokka·toʋeri]
buurman (de)	**naapuri**	[na:puri]
buurvrouw (de)	**naapuri**	[na:puri]
buren (mv.)	**naapurit**	[na:purit]

57. Man. Vrouw

vrouw (de)	**nainen**	[najnen]
meisje (het)	**neiti**	[nejti]
bruid (de)	**morsian**	[morsian]
mooi(e) (vrouw, meisje)	**kaunis**	[kaunis]
groot, grote (vrouw, meisje)	**pitkä**	[pitkæ]
slank(e) (vrouw, meisje)	**solakka**	[solakka]
korte, kleine (vrouw, meisje)	**pienikokoinen**	[pieni·kokojnen]
blondine (de)	**vaaleaverikkö**	[ʋa:lea·ʋerikkø]
brunette (de)	**tummaverikkö**	[tumma·ʋerikkø]
dames- (abn)	**nais-**	[najs]
maagd (de)	**neitsyt**	[nejtsyt]
zwanger (bn)	**raskaana oleva**	[raska:na oleʋa]
man (de)	**mies**	[mies]
blonde man (de)	**vaaleaverinen mies**	[ʋa:lea·ʋerinen mies]
bruinharige man (de)	**tummaverinen mies**	[tumma·ʋerinen mies]
groot (bn)	**pitkä**	[pitkæ]
klein (bn)	**pienikokoinen**	[pieni·kokojnen]
onbeleefd (bn)	**karkea**	[karkea]
gedrongen (bn)	**tanakka**	[tanakka]
robuust (bn)	**tukeva**	[tukeʋa]
sterk (bn)	**voimakas**	[ʋojmakas]
sterkte (de)	**voima**	[ʋojma]
mollig (bn)	**lihava**	[lihaʋa]
getaand (bn)	**tummaihoinen**	[tummajhojnen]
slank (bn)	**solakka**	[solakka]
elegant (bn)	**tyylikäs**	[ty:likæs]

58. Leeftijd

leeftijd (de)	**ikä**	[ikæ]
jeugd (de)	**nuoruus**	[nuoru:s]
jong (bn)	**nuori**	[nuori]

jonger (bn)	**nuorempi**	[nuorempi]
ouder (bn)	**vanhempi**	[ʋanhempi]
jongen (de)	**nuorukainen**	[nuorukajnen]
tiener, adolescent (de)	**teini-ikäinen**	[tejni·ikæjnen]
kerel (de)	**nuorimies**	[nuorimies]
oude man (de)	**vanhus**	[ʋanhus]
oude vrouw (de)	**eukko**	[eukko]
volwassen (bn)	**aikuinen**	[ajkujnen]
van middelbare leeftijd (bn)	**keski-ikäinen**	[keski·ikæjnen]
bejaard (bn)	**iäkäs**	[jækæs]
oud (bn)	**vanha**	[ʋanha]
pensioen (het)	**eläke**	[elæke]
met pensioen gaan	**jäädä eläkkeelle**	[jæ:dæ elække:lle]
gepensioneerde (de)	**eläkeläinen**	[elækelæjnen]

59. Kinderen

kind (het)	**lapsi**	[lapsi]
kinderen (mv.)	**lapset**	[lapset]
tweeling (de)	**kaksoset**	[kaksoset]
wieg (de)	**kätkyt, kehto**	[kætkyt], [kehto]
rammelaar (de)	**helistin**	[helistin]
luier (de)	**vaippa**	[ʋajppa]
speen (de)	**tutti**	[tutti]
kinderwagen (de)	**lastenvaunut**	[lasten·ʋaunut]
kleuterschool (de)	**lastentarha**	[lasten·tarha]
babysitter (de)	**lastenhoitaja**	[lasten·hojtaja]
kindertijd (de)	**lapsuus**	[lapsu:s]
pop (de)	**nukke**	[nukke]
speelgoed (het)	**lelu**	[lelu]
bouwspeelgoed (het)	**rakennussarja**	[rakennus·sarja]
welopgevoed (bn)	**hyvin kasvatettu**	[hyʋin kasʋatettu]
onopgevoed (bn)	**huonosti kasvatettu**	[huonosti kasʋatettu]
verwend (bn)	**lellitelty**	[lellitelty]
stout zijn (ww)	**peuhata**	[peuɦata]
stout (bn)	**vallaton**	[ʋallaton]
stoutheid (de)	**vallattomuus**	[ʋallattomu:s]
stouterd (de)	**vallaton poika**	[ʋallaton pojka]
gehoorzaam (bn)	**tottelevainen**	[totteleʋajnen]
ongehoorzaam (bn)	**tottelematon**	[tottelematon]
braaf (bn)	**järkevä**	[jærkeʋæ]
slim (verstandig)	**älykäs**	[ælykæs]
wonderkind (het)	**ihmelapsi**	[ihme·lapsi]

60. Gehuwde paren. Gezinsleven

kussen (een kus geven)	**suudella**	[su:della]
elkaar kussen (ww)	**suudella**	[su:della]
gezin (het)	**perhe**	[perhe]
gezins- (abn)	**perheellinen**	[perhe:llinen]
paar (het)	**pariskunta**	[paris·kunta]
huwelijk (het)	**avioliitto**	[auio·li:tto]
thuis (het)	**kotiliesi**	[koti·liesi]
dynastie (de)	**hallitsijasuku**	[hallitsija·suku]
date (de)	**treffit**	[treffit]
zoen (de)	**suudelma**	[su:delma]
liefde (de)	**rakkaus**	[rakkaus]
liefhebben (ww)	**rakastaa**	[rakasta:]
geliefde (bn)	**rakas**	[rakas]
tederheid (de)	**hellyys**	[helly:s]
teder (bn)	**hellä**	[hellæ]
trouw (de)	**uskollisuus**	[uskollisu:s]
trouw (bn)	**uskollinen**	[uskollinen]
zorg (bijv. bejaarden~)	**huoli**	[huoli]
zorgzaam (bn)	**huolehtivainen**	[huolehtiuajnen]
jonggehuwden (mv.)	**nuoripari**	[nuori·pari]
wittebroodsweken (mv.)	**kuherruskuukausi**	[kuɦerrus·ku:kausi]
trouwen (vrouw)	**mennä naimisiin**	[mennæ najmisi:n]
trouwen (man)	**mennä naimisiin**	[mennæ najmisi:n]
bruiloft (de)	**häät**	[hæ:t]
gouden bruiloft (de)	**kultahäät**	[kulta·hæ:t]
verjaardag (de)	**vuosipäivä**	[uuosi·pæjuæ]
minnaar (de)	**rakastaja**	[rakastaja]
minnares (de)	**rakastajatar**	[rakastajatar]
overspel (het)	**petos**	[petos]
overspel plegen (ww)	**pettää**	[pettæ:]
jaloers (bn)	**mustasukkainen**	[musta·sukkajnen]
jaloers zijn (echtgenoot, enz.)	**olla mustasukkainen**	[olla musta·sukkajnen]
echtscheiding (de)	**avioero**	[avio·ero]
scheiden (ww)	**erota**	[erota]
ruzie hebben (ww)	**riidellä**	[ri:dellæ]
vrede sluiten (ww)	**tehdä sovinto**	[tehdæ souinto]
samen (bw)	**yhdessä**	[yhdessæ]
seks (de)	**seksi**	[seksi]
geluk (het)	**onni**	[onni]
gelukkig (bn)	**onnellinen**	[onnellinen]
ongeluk (het)	**epäonni**	[epæonni]
ongelukkig (bn)	**onneton**	[onneton]

Karakter. Gevoelens. Emoties

61. Gevoelens. Emoties

gevoel (het)	**tunne**	[tunne]
gevoelens (mv.)	**tunteet**	[tunte:t]
voelen (ww)	**tuntea**	[tuntea]
honger (de)	**nälkä**	[nælkæ]
honger hebben (ww)	**olla nälkä**	[olla nælkæ]
dorst (de)	**jano**	[jano]
dorst hebben	**olla jano**	[olla jano]
slaperigheid (de)	**uneliaisuus**	[uneliajsu:s]
willen slapen	**haluta nukkua**	[haluta nukkua]
moeheid (de)	**väsymys**	[ʋæsymys]
moe (bn)	**väsynyt**	[ʋæsynyt]
vermoeid raken (ww)	**väsyä**	[ʋæsyæ]
stemming (de)	**mieliala**	[mieliala]
verveling (de)	**tylsyys**	[tylsy:s]
zich vervelen (ww)	**pitkästyä**	[pitkæstyæ]
afzondering (de)	**yksinäisyys**	[yksinæjsy:s]
zich afzonderen (ww)	**eristäytyä**	[eristæytyæ]
bezorgd maken	**huolestuttaa**	[huolestutta:]
bezorgd zijn (ww)	**huolestua**	[huolestua]
zorg (bijv. geld~en)	**huoli**	[huoli]
ongerustheid (de)	**huolestus**	[huolestus]
ongerust (bn)	**huolestunut**	[huolestunut]
zenuwachtig zijn (ww)	**hermostua**	[hermostua]
in paniek raken	**panikoida**	[panikojda]
hoop (de)	**toivo**	[tojʋo]
hopen (ww)	**toivoa**	[tojʋoa]
zekerheid (de)	**varmuus**	[ʋarmu:s]
zeker (bn)	**varma**	[ʋarma]
onzekerheid (de)	**epävarmuus**	[epæʋarmu:s]
onzeker (bn)	**epävarma**	[epæʋarma]
dronken (bn)	**juopunut**	[juopunut]
nuchter (bn)	**selvä**	[selʋæ]
zwak (bn)	**heikko**	[hejkko]
gelukkig (bn)	**onnellinen**	[onnellinen]
doen schrikken (ww)	**pelottaa**	[pelotta:]
toorn (de)	**raivo**	[rajʋo]
woede (de)	**raivo**	[rajʋo]
depressie (de)	**masennus**	[masennus]
ongemak (het)	**epämukavuus**	[epæ·mukaʋu:s]

gemak, comfort (het)	**mukavuus**	[mukaʋu:s]
spijt hebben (ww)	**katua**	[katua]
spijt (de)	**katumus**	[katumus]
pech (de)	**huono onni**	[huono onni]
bedroefdheid (de)	**mielipaha**	[mieli·paɦa]
schaamte (de)	**häpeä**	[hæpeæ]
pret (de), plezier (het)	**iloisuus**	[ilojsu:s]
enthousiasme (het)	**into**	[into]
enthousiasteling (de)	**intoilija**	[intojlija]
enthousiasme vertonen	**osoittaa innostus**	[osojtta: innostus]

62. Karakter. Persoonlijkheid

karakter (het)	**luonne**	[luonne]
karakterfout (de)	**luonteen heikkous**	[luonte:n heikkous]
rede (de), verstand (het)	**järki**	[jærki]
geweten (het)	**omatunto**	[omatunto]
gewoonte (de)	**tottumus**	[tottumus]
bekwaamheid (de)	**kyky**	[kyky]
kunnen (bijv., ~ zwemmen)	**osata**	[osata]
geduldig (bn)	**kärsivällinen**	[kærsiʋællinen]
ongeduldig (bn)	**kärsimätön**	[kærsimætøn]
nieuwsgierig (bn)	**utelias**	[utelias]
nieuwsgierigheid (de)	**uteliaisuus**	[uteliajsu:s]
bescheidenheid (de)	**vaatimattomuus**	[ʋa:timattomu:s]
bescheiden (bn)	**vaatimaton**	[ʋa:timaton]
onbescheiden (bn)	**epähieno**	[epæɦieno]
luiheid (de)	**laiskuus**	[lajsku:s]
lui (bn)	**laiska**	[lajska]
luiwammes (de)	**laiskuri**	[lajskuri]
sluwheid (de)	**viekkaus**	[ʋiekkaus]
sluw (bn)	**viekas**	[ʋiekas]
wantrouwen (het)	**epäluottamus**	[epæluottamus]
wantrouwig (bn)	**epäluuloinen**	[epælu:lojnen]
gulheid (de)	**anteliaisuus**	[anteliajsu:s]
gul (bn)	**antelias**	[antelias]
talentrijk (bn)	**lahjakas**	[lahjakas]
talent (het)	**lahja**	[lahja]
moedig (bn)	**rohkea**	[rohkea]
moed (de)	**rohkeus**	[rohkeus]
eerlijk (bn)	**rehellinen**	[reɦellinen]
eerlijkheid (de)	**rehellisyys**	[reɦellisy:s]
voorzichtig (bn)	**varovainen**	[ʋaroʋajnen]
manhaftig (bn)	**uljas**	[uljas]
ernstig (bn)	**vakava**	[ʋakaʋa]

streng (bn)	**ankara**	[aŋkara]
resoluut (bn)	**päättäväinen**	[pæ:ttæʋæjnen]
onzeker, irresoluut (bn)	**epävarma**	[epæʋarma]
schuchter (bn)	**arka**	[arka]
schuchterheid (de)	**arkuus**	[arku:s]
vertrouwen (het)	**luottamus**	[luottamus]
vertrouwen (ww)	**uskoa**	[uskoa]
goedgelovig (bn)	**luottavainen**	[luottaʋajnen]
oprecht (bw)	**vilpittömästi**	[ʋilpittømæsti]
oprecht (bn)	**vilpitön**	[ʋilpitøn]
oprechtheid (de)	**vilpittömyys**	[ʋilpittømy:s]
open (bn)	**avoin**	[aʋojn]
rustig (bn)	**hiljainen**	[hiljainen]
openhartig (bn)	**avomielinen**	[aʋomielinen]
naïef (bn)	**naiivi**	[nai:ʋi]
verstrooid (bn)	**hajamielinen**	[hajamielinen]
leuk, grappig (bn)	**hauska**	[hauska]
gierigheid (de)	**ahneus**	[ahneus]
gierig (bn)	**ahne**	[ahne]
inhalig (bn)	**kitsas**	[kitsas]
kwaad (bn)	**vihainen**	[ʋiɦajnen]
koppig (bn)	**itsepäinen**	[itsepæjnen]
onaangenaam (bn)	**epämiellyttävä**	[epæmiellyttæʋæ]
egoïst (de)	**egoisti**	[egoisti]
egoïstisch (bn)	**egoistinen**	[egoistinen]
lafaard (de)	**pelkuri**	[pelkuri]
laf (bn)	**pelkurimainen**	[pelkurimajnen]

63. Slaap. Dromen

slapen (ww)	**nukkua**	[nukkua]
slaap (in ~ vallen)	**uni**	[uni]
droom (de)	**uni**	[uni]
dromen (in de slaap)	**nähdä unta**	[næhdæ unta]
slaperig (bn)	**uninen**	[uninen]
bed (het)	**sänky**	[sæŋky]
matras (de)	**patja**	[patja]
deken (de)	**peitto, täkki**	[pejte], [tækki]
kussen (het)	**tyyny**	[ty:ny]
laken (het)	**lakana**	[lakana]
slapeloosheid (de)	**unettomuus**	[unettomu:s]
slapeloos (bn)	**uneton**	[uneton]
slaapmiddel (het)	**unilääke**	[uni·læ:ke]
slaapmiddel innemen	**ottaa unilääke**	[otta: unilæ:ke]
willen slapen	**haluta nukkua**	[haluta nukkua]
geeuwen (ww)	**haukotella**	[haukotella]

gaan slapen	**mennä nukkumaan**	[mennæ nukkuma:n]
het bed opmaken	**sijata**	[sijata]
inslapen (ww)	**nukahtaa**	[nukahta:]
nachtmerrie (de)	**painajainen**	[pajnajainen]
gesnurk (het)	**kuorsaus**	[kuorsaus]
snurken (ww)	**kuorsata**	[kuorsata]
wekker (de)	**herätyskello**	[herætys·kello]
wekken (ww)	**herättää**	[herættæ:]
wakker worden (ww)	**herätä**	[herætæ]
opstaan (ww)	**nousta**	[nousta]
zich wassen (ww)	**pestä kasvot**	[pestæ kasʋot]

64. Humor. Gelach. Blijdschap

humor (de)	**huumori**	[hu:mori]
gevoel (het) voor humor	**huumorintaju**	[hu:morin·taju]
plezier hebben (ww)	**pitää hauskaa**	[pitæ: hauska:]
vrolijk (bn)	**iloinen**	[ilojnen]
pret (de), plezier (het)	**ilo, hilpeys**	[ilo], [hilpeys]
glimlach (de)	**hymy**	[hymy]
glimlachen (ww)	**hymyillä**	[hymyjllæ]
beginnen te lachen (ww)	**alkaa nauraa**	[alka: naura:]
lachen (ww)	**nauraa**	[naura:]
lach (de)	**nauru**	[nauru]
mop (de)	**anekdootti**	[anekdo:tti]
grappig (een ~ verhaal)	**hauska**	[hauska]
grappig (~e clown)	**lystikäs**	[lystikæs]
grappen maken (ww)	**vitsailla**	[ʋitsajlla]
grap (de)	**vitsi**	[ʋitsi]
blijheid (de)	**ilo**	[ilo]
blij zijn (ww)	**iloita**	[ilojta]
blij (bn)	**iloinen**	[ilojnen]

65. Discussie, conversatie. Deel 1

communicatie (de)	**viestintä**	[ʋiestintæ]
communiceren (ww)	**kommunikoida**	[kommunikojda]
conversatie (de)	**keskustelu**	[keskustelu]
dialoog (de)	**dialogi**	[dialogi]
discussie (de)	**keskustelu**	[keskustelu]
debat (het)	**väittely**	[ʋæjttely]
debatteren, twisten (ww)	**väitellä**	[ʋæjtellæ]
gesprekspartner (de)	**keskustelija**	[keskustelija]
thema (het)	**teema**	[te:ma]
standpunt (het)	**näkökanta**	[nækø·kanta]

mening (de)	**mielipide**	[mielipide]
toespraak (de)	**puhe**	[puɦe]
bespreking (de)	**käsittely**	[kæsittely]
bespreken (spreken over)	**käsitellä**	[kæsitellæ]
gesprek (het)	**keskustelu**	[keskustelu]
spreken (converseren)	**keskustella**	[keskustellɑ]
ontmoeting (de)	**tapaaminen**	[tɑpɑ:minen]
ontmoeten (ww)	**tavata**	[tɑʋɑtɑ]
spreekwoord (het)	**sananlasku**	[sɑnɑn·lɑsku]
gezegde (het)	**sananparsi**	[sɑnɑn·pɑrsi]
raadsel (het)	**arvoitus**	[ɑrʋojtus]
een raadsel opgeven	**asettaa arvoitus**	[ɑsettɑ: ɑrʋojtus]
wachtwoord (het)	**tunnussana**	[tunnus·sɑnɑ]
geheim (het)	**salaisuus**	[sɑlɑjsu:s]
eed (de)	**vala**	[ʋɑlɑ]
zweren (een eed doen)	**vannoa**	[ʋɑnnoɑ]
belofte (de)	**lupaus**	[lupɑus]
beloven (ww)	**luvata**	[luʋɑtɑ]
advies (het)	**neuvo**	[neuʋo]
adviseren (ww)	**neuvoa**	[neuʋoɑ]
luisteren (gehoorzamen)	**totella**	[totellɑ]
nieuws (het)	**uutinen**	[u:tinen]
sensatie (de)	**sensaatio**	[sensɑ:tio]
informatie (de)	**tiedot**	[tiedot]
conclusie (de)	**johtopäätös**	[johto·pæ:tøs]
stem (de)	**ääni**	[æ:ni]
compliment (het)	**kohteliaisuus**	[kohteliɑjsu:s]
vriendelijk (bn)	**ystävällinen**	[ystæʋællinen]
woord (het)	**sana**	[sɑnɑ]
zin (de), zinsdeel (het)	**lause**	[lɑuse]
antwoord (het)	**vastaus**	[ʋɑstɑus]
waarheid (de)	**tosi**	[tosi]
leugen (de)	**vale**	[ʋɑle]
gedachte (de)	**ajatus**	[ɑjɑtus]
idee (de/het)	**idea**	[ideɑ]
fantasie (de)	**fantasia**	[fɑntɑsiɑ]

66. Discussie, conversatie. Deel 2

gerespecteerd (bn)	**kunnioitettava**	[kunniojtettɑʋɑ]
respecteren (ww)	**kunnioittaa**	[kunniojttɑ:]
respect (het)	**kunnioitus**	[kunniojtus]
Geachte ... (brief)	**Arvoisa ...**	[ɑrʋojsɑ]
voorstellen (Mag ik jullie ~)	**tutustuttaa**	[tutustuttɑ:]
intentie (de)	**aikomus**	[ɑjkomus]

intentie hebben (ww)	**aikoa**	[ɑjkoɑ]
wens (de)	**toivomus**	[tojʋomus]
wensen (ww)	**toivottaa**	[tojʋottɑ:]
verbazing (de)	**ihmettely, ihmetys**	[ihmettely], [ihmetys]
verbazen (verwonderen)	**ihmetyttää**	[ihmetyttæ:]
verbaasd zijn (ww)	**ihmetellä**	[ihmetellæ]
geven (ww)	**antaa**	[ɑntɑ:]
nemen (ww)	**ottaa**	[ottɑ:]
teruggeven (ww)	**palauttaa**	[pɑlɑuttɑ:]
retourneren (ww)	**palauttaa**	[pɑlɑuttɑ:]
zich verontschuldigen	**pyytää anteeksi**	[py:tæ: ɑnte:ksi]
verontschuldiging (de)	**anteeksipyyntö**	[ɑnte:ksi·py:ntø]
vergeven (ww)	**antaa anteeksi**	[ɑntɑ: ɑnte:ksi]
spreken (ww)	**puhua**	[puɦuɑ]
luisteren (ww)	**kuunnella**	[ku:nnellɑ]
aanhoren (ww)	**kuunnella loppuun**	[ku:nnellɑ loppu:n]
begrijpen (ww)	**ymmärtää**	[ymmærtæ:]
tonen (ww)	**näyttää**	[næyttæ:]
kijken naar ...	**katsoa**	[kɑtsoɑ]
roepen (vragen te komen)	**kutsua**	[kutsuɑ]
afleiden (storen)	**harhauttaa**	[hɑrhɑuttɑ:]
storen (lastigvallen)	**häiritä**	[hæjritæ]
doorgeven (ww)	**antaa**	[ɑntɑ:]
verzoek (het)	**pyyntö**	[py:ntø]
verzoeken (ww)	**pyytää**	[py:tæ:]
eis (de)	**vaatimus**	[ʋɑ:timus]
eisen (met klem vragen)	**vaatia**	[ʋɑ:tiɑ]
beledigen (beledigende namen geven)	**härnätä**	[hærnætæ]
uitlachen (ww)	**pilkata**	[pilkɑtɑ]
spot (de)	**pilkka**	[pilkkɑ]
bijnaam (de)	**liikanimi**	[li:kɑ·nimi]
zinspeling (de)	**vihjaus**	[ʋihjɑus]
zinspelen (ww)	**vihjata**	[ʋihjɑtɑ]
impliceren (duiden op)	**tarkoittaa**	[tɑrkojttɑ:]
beschrijving (de)	**kuvaus**	[kuʋɑus]
beschrijven (ww)	**kuvata**	[kuʋɑtɑ]
lof (de)	**kehu**	[keɦu]
loven (ww)	**kehua**	[keɦuɑ]
teleurstelling (de)	**pettymys**	[pettymys]
teleurstellen (ww)	**tuottaa pettymys**	[tuottɑ: pettymys]
teleurgesteld zijn (ww)	**pettyä**	[pettyæ]
veronderstelling (de)	**oletus**	[oletus]
veronderstellen (ww)	**olettaa**	[olettɑ:]
waarschuwing (de)	**varoitus**	[ʋɑrojtus]
waarschuwen (ww)	**varoittaa**	[ʋɑrojttɑ:]

67. Discussie, conversatie. Deel 3

aanpraten (ww)	**suostutella**	[suostutelloː]
kalmeren (kalm maken)	**rauhoittaa**	[rauɦojttaː]
stilte (de)	**vaitiolo**	[ʋajtiolo]
zwijgen (ww)	**olla vaiti**	[olla ʋajti]
fluisteren (ww)	**kuiskata**	[kujskata]
gefluister (het)	**kuiskaus**	[kujskaus]
open, eerlijk (bw)	**avomielisesti**	[aʋomielisesti]
volgens mij ...	**minusta**	[minusta]
detail (het)	**yksityiskohta**	[yksityjs·kohta]
gedetailleerd (bn)	**yksityiskohtainen**	[yksityjs·kohtajnen]
gedetailleerd (bw)	**yksityiskohtaisesti**	[yksityjs·kohtajsesti]
hint (de)	**vihje**	[ʋihje]
een hint geven	**vihjata**	[ʋihjata]
blik (de)	**katse**	[katse]
een kijkje nemen	**katsahtaa**	[katsahtaː]
strak (een ~ke blik)	**liikkumaton**	[liːkkumaton]
knipperen (ww)	**räpyttää**	[ræpyttæː]
knipogen (ww)	**iskeä silmää**	[iskeæ silmæː]
knikken (ww)	**nyökätä**	[nyøkætæ]
zucht (de)	**huokaus**	[huokaus]
zuchten (ww)	**huokaista**	[huokajsta]
huiveren (ww)	**vavista**	[ʋaʋista]
gebaar (het)	**ele**	[ele]
aanraken (ww)	**koskea**	[koskea]
grijpen (ww)	**tarrata**	[tarrata]
een schouderklopje geven	**taputtaa**	[taputtaː]
Kijk uit!	**Varo!**	[ʋaro]
Echt?	**Ihanko totta?**	[iɦaŋko totta]
Bent je er zeker van?	**Oletko varma?**	[oletko ʋarma]
Succes!	**Toivotan onnea!**	[tojʋotan onnea]
Juist, ja!	**Selvä!**	[selʋæ]
Wat jammer!	**Onpa ikävä!**	[onpa ikæʋæ]

68. Overeenstemming. Weigering

instemming (het)	**suostumus**	[suostumus]
instemmen (akkoord gaan)	**suostua**	[suostua]
goedkeuring (de)	**hyväksyminen**	[hyʋæksyminen]
goedkeuren (ww)	**hyväksyä**	[hyʋæksyæ]
weigering (de)	**kielto**	[kielto]
weigeren (ww)	**kieltäytyä**	[kæltæytyæ]
Geweldig!	**Loistava!**	[lojstaʋa]
Goed!	**Hyvä!**	[hyʋæ]

Akkoord!	**Hyvä on!**	[hyuæ on]
verboden (bn)	**kielletty**	[kielletty]
het is verboden	**on kielletty**	[on kielletty]
het is onmogelijk	**mahdottoman**	[mahdottoman]
onjuist (bn)	**virheellinen**	[uirhe:llinen]
afwijzen (ww)	**evätä**	[euætæ]
steunen (een goed doel, enz.)	**kannattaa**	[kannatta:]
aanvaarden (excuses ~)	**hyväksyä**	[hyuæksyæ]
bevestigen (ww)	**vahvistaa**	[uahuista:]
bevestiging (de)	**vahvistus**	[uahuistus]
toestemming (de)	**lupa**	[lupa]
toestaan (ww)	**antaa lupa**	[anta: lupa]
beslissing (de)	**ratkaisu**	[ratkajsu]
z'n mond houden (ww)	**olla vaiti**	[olla uajti]
voorwaarde (de)	**ehto**	[ehto]
smoes (de)	**tekosyy**	[tekosy:]
lof (de)	**kehu**	[kehu]
loven (ww)	**kehua**	[kehua]

69. Succes. Veel geluk. Mislukking

succes (het)	**menestys**	[menestys]
succesvol (bw)	**menestyksekkäästi**	[menestyksekkæ:sti]
succesvol (bn)	**menestyksellinen**	[menestyksellinen]
geluk (het)	**hyvä onni**	[hyuæ onni]
Succes!	**Onnea!**	[onnea]
geluks- (bn)	**onnekas**	[onnekas]
gelukkig (fortuinlijk)	**onnekas**	[onnekas]
mislukking (de)	**epäonnistuminen**	[epæonnistuminen]
tegenslag (de)	**epäonni**	[epæonni]
pech (de)	**huono onni**	[huono onni]
zonder succes (bn)	**epäonnistunut**	[epæonnistunut]
catastrofe (de)	**katastrofi**	[katastrofi]
fierheid (de)	**ylpeys**	[ylpeys]
fier (bn)	**ylpeä**	[ylpeæ]
fier zijn (ww)	**ylpeillä**	[ylpejllæ]
winnaar (de)	**voittaja**	[uojttaja]
winnen (ww)	**voittaa**	[uojtta:]
verliezen (ww)	**hävitä**	[hæuitæ]
poging (de)	**yritys**	[yritys]
pogen, proberen (ww)	**yrittää**	[yrittæ:]
kans (de)	**tilaisuus**	[tilajsu:s]

70. Ruzies. Negatieve emoties

schreeuw (de)	**huuto**	[hu:to]
schreeuwen (ww)	**huutaa**	[hu:ta:]
beginnen te schreeuwen	**alkaa huutaa**	[alka: hu:ta:]
ruzie (de)	**riita**	[ri:ta]
ruzie hebben (ww)	**riidellä**	[ri:dellæ]
schandaal (het)	**skandaali**	[skanda:li]
schandaal maken (ww)	**rähistä**	[ræɦistæ]
conflict (het)	**konflikti**	[konflikti]
misverstand (het)	**väärinkäsitys**	[ʋæ:rin·kæsitys]
belediging (de)	**loukkaus**	[loukkaus]
beledigen (met scheldwoorden)	**loukata**	[loukata]
beledigd (bn)	**loukkaantunut**	[loukka:ntunut]
krenking (de)	**närkästys**	[nærkæstys]
krenken (beledigen)	**loukata**	[loukata]
gekwetst worden (ww)	**loukkaantua**	[loukka:ntua]
verontwaardiging (de)	**suuttumus**	[su:ttumus]
verontwaardigd zijn (ww)	**olla suutuksissa**	[olla su:tuksissa]
klacht (de)	**valitus**	[ʋalitus]
klagen (ww)	**valittaa**	[ʋalitta:]
verontschuldiging (de)	**anteeksipyyntö**	[ante:ksi·py:ntø]
zich verontschuldigen	**pyytää anteeksi**	[py:tæ: ante:ksi]
excuus vragen	**puolustella**	[puolustella]
kritiek (de)	**arvostelu**	[arʋostelu]
bekritiseren (ww)	**arvostella**	[arʋostella]
beschuldiging (de)	**syyte**	[sy:te]
beschuldigen (ww)	**syyttää**	[sy:ttæ:]
wraak (de)	**kosto**	[kosto]
wreken (ww)	**kostaa**	[kosta:]
wraak nemen (ww)	**antaa takaisin**	[anta: takajsin]
minachting (de)	**halveksinta**	[halʋeksinta]
minachten (ww)	**halveksia**	[halʋeksia]
haat (de)	**viha**	[ʋiɦa]
haten (ww)	**vihata**	[ʋiɦata]
zenuwachtig (bn)	**hermostunut**	[hermostunut]
zenuwachtig zijn (ww)	**hermostua**	[hermostua]
boos (bn)	**vihainen**	[ʋiɦajnen]
boos maken (ww)	**suututtaa**	[su:tutta:]
vernedering (de)	**alentaminen**	[alentaminen]
vernederen (ww)	**alentaa**	[alenta:]
zich vernederen (ww)	**alentua**	[alentua]
schok (de)	**sokki**	[sokki]
schokken (ww)	**sokeerata**	[soke:rata]

onaangenaamheid (de)	**ikävyys**	[ikæυy:s]
onaangenaam (bn)	**epämiellyttävä**	[epæmiellyttæυæ]
vrees (de)	**pelko**	[pelko]
vreselijk (bijv. ~ onweer)	**hirveä**	[hirυeæ]
eng (bn)	**kauhea**	[kɑuɦeæ]
gruwel (de)	**kauhu**	[kɑuɦu]
vreselijk (~ nieuws)	**karmea**	[kɑrmeɑ]
huilen (wenen)	**itkeä**	[itkeæ]
beginnen te huilen (wenen)	**ruveta itkemään**	[ruυetɑ itkemæ:n]
traan (de)	**kyynel**	[ky:nel]
schuld (~ geven aan)	**vika**	[υikɑ]
schuldgevoel (het)	**syyllisyys**	[sy:llisy:s]
schande (de)	**häpeä**	[hæpeæ]
protest (het)	**protesti, vastalause**	[protesti], [υɑstɑlɑuse]
stress (de)	**stressi**	[stressi]
storen (lastigvallen)	**häiritä**	[hæjritæ]
kwaad zijn (ww)	**vihastua**	[υiɦɑstuɑ]
kwaad (bn)	**vihainen**	[υiɦɑjnen]
beëindigen (een relatie ~)	**lopettaa**	[lopettɑ:]
vloeken (ww)	**kiroilla**	[kirojllɑ]
schrikken (schrik krijgen)	**pelästyä**	[pelæstyæ]
slaan (iemand ~)	**iskeä**	[iskeæ]
vechten (ww)	**tapella**	[tɑpellɑ]
regelen (conflict)	**sopia, sovitella**	[sopiɑ], [soυitellɑ]
ontevreden (bn)	**tyytymätön**	[ty:tymætøn]
woedend (bn)	**tuima**	[tujmɑ]
Dat is niet goed!	**Se ei ole hyvä!**	[se ej ole hyυæ]
Dat is slecht!	**Se on huono!**	[se on huono]

Geneeskunde

71. Ziekten

ziekte (de)	**sairaus**	[sajraus]
ziek zijn (ww)	**sairastaa**	[sajrasta:]
gezondheid (de)	**terveys**	[terʋeys]
snotneus (de)	**nuha**	[nuɦa]
angina (de)	**angiina**	[aŋi:na]
verkoudheid (de)	**vilustuminen**	[ʋilustuminen]
verkouden raken (ww)	**vilustua**	[ʋilustua]
bronchitis (de)	**keuhkokatarri**	[keuhko·katarri]
longontsteking (de)	**keuhkotulehdus**	[keuhko·tulehdus]
griep (de)	**influenssa**	[influenssa]
bijziend (bn)	**likinäköinen**	[likinækøjnen]
verziend (bn)	**kaukonäköinen**	[kaukonækøjnen]
scheelheid (de)	**kierosilmäisyys**	[kiero·silmæjsy:s]
scheel (bn)	**kiero**	[kiero]
grauwe staar (de)	**harmaakaihi**	[harma:kajhi]
glaucoom (het)	**silmänpainetauti**	[silmæn·pajne·tauti]
beroerte (de)	**aivoinfarkti**	[ajʋo·infarkti]
hartinfarct (het)	**infarkti**	[infarkti]
myocardiaal infarct (het)	**sydäninfarkti**	[sydæn·infarkti]
verlamming (de)	**halvaus**	[halʋaus]
verlammen (ww)	**halvauttaa**	[halʋautta:]
allergie (de)	**allergia**	[allergia]
astma (de/het)	**astma**	[astma]
diabetes (de)	**diabetes**	[diabetes]
tandpijn (de)	**hammassärky**	[hammas·særky]
tandbederf (het)	**hammasmätä**	[hammas·mætæ]
diarree (de)	**ripuli**	[ripuli]
constipatie (de)	**ummetus**	[ummetus]
maagstoornis (de)	**vatsavaiva**	[ʋatsa·ʋajʋa]
voedselvergiftiging (de)	**ruokamyrkytys**	[ruoka·myrkytys]
voedselvergiftiging oplopen	**myrkyttyä**	[myrkyttyæ]
artritis (de)	**niveltulehdus**	[niʋel·tulehdus]
rachitis (de)	**riisitauti**	[ri:sitati]
reuma (het)	**reuma**	[reuma]
arteriosclerose (de)	**ateroskleroosi**	[aterosklero:si]
gastritis (de)	**mahakatarri**	[maɦa·katarri]
blindedarmontsteking (de)	**umpilisäketulehdus**	[umpilisæke·tulehdus]

galblaasontsteking (de)	**kolekystiitti**	[kolekysti:tti]
zweer (de)	**haavauma**	[hɑ:ʋɑumɑ]
mazelen (mv.)	**tuhkarokko**	[tuhkɑ·rokko]
rodehond (de)	**vihurirokko**	[ʋiɦuri·rokko]
geelzucht (de)	**keltatauti**	[keltɑ·tɑuti]
leverontsteking (de)	**hepatiitti**	[hepɑti:tti]
schizofrenie (de)	**jakomielisyys**	[jɑkomielisy:s]
dolheid (de)	**raivotauti**	[rɑjʋo·tɑuti]
neurose (de)	**neuroosi**	[neuro:si]
hersenschudding (de)	**aivotärähdys**	[ɑjʋo·tæræhdys]
kanker (de)	**syöpä**	[syøpæ]
sclerose (de)	**skleroosi**	[sklero:si]
multiple sclerose (de)	**multippeliskleroosi**	[multippeli·sklero:si]
alcoholisme (het)	**alkoholismi**	[ɑlkoɦolismi]
alcoholicus (de)	**alkoholisti**	[ɑlkoɦolisti]
syfilis (de)	**kuppa, syfilis**	[kuppɑ], [sifilis]
AIDS (de)	**AIDS**	[ɑjds]
tumor (de)	**kasvain**	[kɑsʋɑjn]
kwaadaardig (bn)	**pahanlaatuinen**	[pɑɦɑn·lɑ:jtunen]
goedaardig (bn)	**hyvänlaatuinen**	[hyʋænlɑ:tunen]
koorts (de)	**kuume**	[ku:me]
malaria (de)	**malaria**	[mɑlɑriɑ]
gangreen (het)	**kuolio**	[kuolio]
zeeziekte (de)	**merisairaus**	[meri·sɑjrɑus]
epilepsie (de)	**epilepsia**	[epilepsiɑ]
epidemie (de)	**epidemia**	[epidemiɑ]
tyfus (de)	**lavantauti**	[lɑʋɑn·tɑuti]
tuberculose (de)	**tuberkuloosi**	[tuberkulo:si]
cholera (de)	**kolera**	[kolerɑ]
pest (de)	**rutto**	[rutto]

72. Symptomen. Behandelingen. Deel 1

symptoom (het)	**oire**	[ojre]
temperatuur (de)	**kuume**	[ku:me]
verhoogde temperatuur (de)	**korkea kuume**	[korkeɑ ku:me]
polsslag (de)	**pulssi, syke**	[pulssi], [syke]
duizeling (de)	**huimaus**	[hujmɑus]
heet (erg warm)	**kuuma**	[ku:mɑ]
koude rillingen (mv.)	**vilunväristys**	[ʋilun·ʋæristys]
bleek (bn)	**kalpea**	[kɑlpeɑ]
hoest (de)	**yskä**	[yskæ]
hoesten (ww)	**yskiä**	[yskiæ]
niezen (ww)	**aivastella**	[ɑjʋɑstellɑ]
flauwte (de)	**pyörtyminen**	[pyørtyminen]

flauwvallen (ww)	**pyörtyä**	[pyørtyæ]
blauwe plek (de)	**mustelma**	[mustelma]
buil (de)	**kuhmu**	[kuhmu]
zich stoten (ww)	**loukkaantua**	[loukka:ntua]
kneuzing (de)	**ruhje**	[ruhje]
kneuzen (gekneusd zijn)	**loukkaantua**	[loukka:ntua]
hinken (ww)	**ontua**	[ontua]
verstuiking (de)	**sijoiltaanmeno**	[sijoilta:nmeno]
verstuiken (enkel, enz.)	**siirtää sijoiltaan**	[si:rtæ: sijoilta:n]
breuk (de)	**murtuma**	[murtuma]
een breuk oplopen	**saada murtuma**	[sa:da murtuma]
snijwond (de)	**leikkaushaava**	[lejkkaus·ha:ʋa]
zich snijden (ww)	**leikata**	[lejkata]
bloeding (de)	**verenvuoto**	[ʋeren·ʋuoto]
brandwond (de)	**palohaava**	[palo·ha:ʋa]
zich branden (ww)	**polttaa itse**	[poltta: itse]
prikken (ww)	**pistää**	[pistæ:]
zich prikken (ww)	**pistää itseä**	[pistæ: itseæ]
blesseren (ww)	**vahingoittaa**	[ʋaɦiŋojtta:]
blessure (letsel)	**vamma, vaurio**	[ʋamma], [ʋaurio]
wond (de)	**haava**	[ha:ʋa]
trauma (het)	**trauma, vamma**	[trauma], [ʋamma]
ijlen (ww)	**hourailla**	[hourajlla]
stotteren (ww)	**änkyttää**	[æŋkyttæ:]
zonnesteek (de)	**auringonpistos**	[auriŋon·pistos]

73. Symptomen. Behandelingen. Deel 2

pijn (de)	**kipu**	[kipu]
splinter (de)	**tikku**	[tikku]
zweet (het)	**hiki**	[hiki]
zweten (ww)	**hikoilla**	[hikojlla]
braking (de)	**oksennus**	[oksennus]
stuiptrekkingen (mv.)	**kouristukset**	[kouristukset]
zwanger (bn)	**raskaana oleva**	[raska:na oleʋa]
geboren worden (ww)	**syntyä**	[syntyæ]
geboorte (de)	**synnytys**	[synnytys]
baren (ww)	**synnyttää**	[synnyttæ:]
abortus (de)	**raskaudenkeskeytys**	[raskauden·keskeytys]
ademhaling (de)	**hengitys**	[heŋitys]
inademing (de)	**sisäänhengitys**	[sisæ:n·heŋitys]
uitademing (de)	**uloshengitys**	[ulos·heŋitys]
uitademen (ww)	**hengittää ulos**	[heŋittæ: ulos]
inademen (ww)	**hengittää sisään**	[hengittæ: sisæ:n]
invalide (de)	**invalidi**	[inʋalidi]
gehandicapte (de)	**rampa**	[rampa]

drugsverslaafde (de)	**narkomaani**	[narkoma:ni]
doof (bn)	**kuuro**	[ku:ro]
stom (bn)	**mykkä**	[mykkæ]
doofstom (bn)	**kuuromykkä**	[ku:ro·mykkæ]
krankzinnig (bn)	**mielenvikainen**	[mielen·ʋikajnen]
krankzinnige (man)	**hullu**	[hullu]
krankzinnige (vrouw)	**hullu**	[hullu]
krankzinnig worden	**tulla hulluksi**	[tulla hulluksi]
gen (het)	**geeni**	[ge:ni]
immuniteit (de)	**immuniteetti**	[immunite:tti]
erfelijk (bn)	**perintö-**	[perintø]
aangeboren (bn)	**synnynnäinen**	[synnynnæjnen]
virus (het)	**virus**	[ʋirus]
microbe (de)	**mikrobi**	[mikrobi]
bacterie (de)	**bakteeri**	[bakte:ri]
infectie (de)	**infektio, tartunta**	[infektio], [tartunta]

74. Symptomen. Behandelingen. Deel 3

ziekenhuis (het)	**sairaala**	[sajra:la]
patiënt (de)	**potilas**	[potilas]
diagnose (de)	**diagnoosi**	[diagno:si]
genezing (de)	**lääkintä**	[læ:kintæ]
medische behandeling (de)	**hoito**	[hojto]
onder behandeling zijn	**saada hoitoa**	[sa:da hojtoa]
behandelen (ww)	**hoitaa**	[hojta:]
zorgen (zieken ~)	**hoitaa**	[hojta:]
ziekenzorg (de)	**hoito**	[hojto]
operatie (de)	**leikkaus**	[lejkkaus]
verbinden (een arm ~)	**sitoa**	[sitoa]
verband (het)	**sidonta**	[sidonta]
vaccin (het)	**rokotus**	[rokotus]
inenten (vaccineren)	**rokottaa**	[rokotta:]
injectie (de)	**injektio**	[injektio]
een injectie geven	**tehdä pisto**	[tehdæ pisto]
aanval (de)	**kohtaus**	[kohtaus]
amputatie (de)	**amputaatio**	[amputa:tio]
amputeren (ww)	**amputoida**	[amputojda]
coma (het)	**kooma**	[ko:ma]
in coma liggen	**olla koomassa**	[olla ko:massa]
intensieve zorg, ICU (de)	**teho-osasto**	[teho·osasto]
zich herstellen (ww)	**parantua**	[parantua]
toestand (de)	**terveydentila**	[terʋeyden·tila]
bewustzijn (het)	**tajunta**	[tajunta]
geheugen (het)	**muisti**	[mujsti]
trekken (een kies ~)	**poistaa**	[pojsta:]

vulling (de) **paikka** [pajkka]
vullen (ww) **paikata** [pajkata]

hypnose (de) **hypnoosi** [hypno:si]
hypnotiseren (ww) **hypnotisoida** [hypnotisojda]

75. Artsen

dokter, arts (de) **lääkäri** [læ:kæri]
ziekenzuster (de) **sairaanhoitaja** [sajra:n·hojtaja]
lijfarts (de) **omalääkäri** [oma·læ:kæri]

tandarts (de) **hammaslääkäri** [hammas·læ:kæri]
oogarts (de) **silmälääkäri** [silmæ·læ:kæri]
therapeut (de) **sisätautilääkäri** [sisætauti·læ:kæri]
chirurg (de) **kirurgi** [kirurgi]

psychiater (de) **psykiatri** [psykiatri]
pediater (de) **lastenlääkäri** [lasten·læ:kæri]
psycholoog (de) **psykologi** [psykologi]
gynaecoloog (de) **naistentautilääkäri** [najstentauti·læ:kæri]
cardioloog (de) **kardiologi** [kardiologi]

76. Geneeskunde. Medicijnen. Accessoires

geneesmiddel (het) **lääke** [læ:ke]
middel (het) **lääke** [læ:ke]
voorschrijven (ww) **määrätä** [mæ:rætæ]
recept (het) **resepti** [resepti]

tablet (de/het) **tabletti** [tabletti]
zalf (de) **voide** [ʋojde]
ampul (de) **ampulli** [ampulli]
drank (de) **liuos** [liuos]
siroop (de) **siirappi** [si:rappi]
pil (de) **pilleri** [pilleri]
poeder (de/het) **jauhe** [jauɦe]

verband (het) **side** [side]
watten (mv.) **vanu** [ʋanu]
jodium (het) **jodi** [jodi]

pleister (de) **laastari** [la:stari]
pipet (de) **pipetti** [pipetti]
thermometer (de) **kuumemittari** [ku:me·mittari]
spuit (de) **ruisku** [rujsku]

rolstoel (de) **pyörätuoli** [pyøræ·tuoli]
krukken (mv.) **kainalosauvat** [kajnalo·sauʋat]

pijnstiller (de) **puudutusaine** [pu:dutus·ajne]
laxeermiddel (het) **ulostuslääke** [ulostus·læ:ke]

spiritus (de)	**sprii**	[spri:]
medicinale kruiden (mv.)	**lääkeyrtti**	[læ:ke·yrtti]
kruiden- (abn)	**yrtti-**	[yrtti]

77. Roken. Tabaksproducten

tabak (de)	**tupakka**	[tupɑkkɑ]
sigaret (de)	**savuke**	[sɑʋuke]
sigaar (de)	**sikari**	[sikɑri]
pijp (de)	**piippu**	[pi:ppu]
pakje (~ sigaretten)	**aski**	[ɑski]
lucifers (mv.)	**tulitikut**	[tuli·tikut]
luciferdoosje (het)	**tulitikkurasia**	[tulitikku·rɑsiɑ]
aansteker (de)	**sytytin**	[sytytin]
asbak (de)	**tuhkakuppi**	[tuhkɑ·kuppi]
sigarettendoosje (het)	**savukekotelo**	[sɑʋuke·kotelo]
sigarettenpijpje (het)	**imuke**	[imuke]
filter (de/het)	**suodatin**	[suodɑtin]
roken (ww)	**tupakoida**	[tupɑkojdɑ]
een sigaret opsteken	**sytyttää**	[sytyttæ:]
roken (het)	**tupakanpoltto**	[tupɑkɑn·poltto]
roker (de)	**tupakanpolttaja**	[tupɑkɑn·polttɑjɑ]
peuk (de)	**tumppi**	[tumppi]
rook (de)	**savu**	[sɑʋu]
as (de)	**tuhka**	[tuhkɑ]

HET MENSELIJKE LEEFGEBIED

Stad

78. Stad. Het leven in de stad

stad (de)	**kaupunki**	[kaupuŋki]
hoofdstad (de)	**pääkaupunki**	[pæ:kaupuŋki]
dorp (het)	**kylä**	[kylæ]
plattegrond (de)	**asemakaava**	[asema·ka:ʋa]
centrum (ov. een stad)	**keskusta**	[keskusta]
voorstad (de)	**esikaupunki**	[esikaupuŋki]
voorstads- (abn)	**esikaupunki-**	[esikaupuŋki]
randgemeente (de)	**laitakaupunginosa**	[lajta·kaupunginosa]
omgeving (de)	**ympäristö**	[ympæristø]
blok (huizenblok)	**kortteli**	[kortteli]
woonwijk (de)	**asuinkortteli**	[asujŋ·kortteli]
verkeer (het)	**liikenne**	[li:kenne]
verkeerslicht (het)	**liikennevalot**	[li:kenne·ʋalot]
openbaar vervoer (het)	**julkiset kulkuvälineet**	[julkiset kulkuʋæline:t]
kruispunt (het)	**risteys**	[risteys]
zebrapad (oversteekplaats)	**suojatie**	[suojatæ]
onderdoorgang (de)	**alikäytävä**	[ali·kæytæʋæ]
oversteken (de straat ~)	**ylittää**	[ylittæ:]
voetganger (de)	**jalankulkija**	[jalaŋkulkija]
trottoir (het)	**jalkakäytävä**	[jalka·kæytæʋæ]
brug (de)	**silta**	[silta]
dijk (de)	**rantakatu**	[ranta·katu]
fontein (de)	**suihkulähde**	[sujhku·læhde]
allee (de)	**lehtikuja**	[lehti·kuja]
park (het)	**puisto**	[pujsto]
boulevard (de)	**bulevardi**	[buleʋardi]
plein (het)	**aukio**	[aukio]
laan (de)	**valtakatu**	[ʋalta·katu]
straat (de)	**katu**	[katu]
zijstraat (de)	**kuja**	[kuja]
doodlopende straat (de)	**umpikuja**	[umpikuja]
huis (het)	**talo**	[talo]
gebouw (het)	**rakennus**	[rakennus]
wolkenkrabber (de)	**pilvenpiirtäjä**	[pilʋen·pi:rtæjæ]
gevel (de)	**julkisivu**	[julki·siʋu]
dak (het)	**katto**	[katto]

venster (het)	**ikkuna**	[ikkuna]
boog (de)	**kaari**	[ka:ri]
pilaar (de)	**pylväs**	[pylυæs]
hoek (ov. een gebouw)	**kulma**	[kulma]
vitrine (de)	**näyteikkuna**	[næyte·ikkuna]
gevelreclame (de)	**kauppakyltti**	[kauppa·kyltti]
affiche (de/het)	**juliste**	[juliste]
reclameposter (de)	**mainosjuliste**	[majnos·juliste]
aanplakbord (het)	**mainoskilpi**	[majnos·kilpi]
vuilnis (de/het)	**jäte**	[jæte]
vuilnisbak (de)	**roskis**	[roskis]
afval weggooien (ww)	**roskata**	[roskata]
stortplaats (de)	**kaatopaikka**	[ka:to·pajkka]
telefooncel (de)	**puhelinkoppi**	[puɦeliŋ·koppi]
straatlicht (het)	**lyhtypylväs**	[lyhty·pylυæs]
bank (de)	**penkki**	[peŋkki]
politieagent (de)	**poliisi**	[poli:si]
politie (de)	**poliisi**	[poli:si]
zwerver (de)	**kerjäläinen**	[kerjælæjnen]
dakloze (de)	**koditon**	[koditon]

79. Stedelijke instellingen

winkel (de)	**kauppa**	[kauppa]
apotheek (de)	**apteekki**	[apte:kki]
optiek (de)	**optiikka**	[opti:kka]
winkelcentrum (het)	**kauppakeskus**	[kauppa·keskus]
supermarkt (de)	**supermarketti**	[super·marketti]
bakkerij (de)	**leipäkauppa**	[lejpæ·kauppa]
bakker (de)	**leipuri**	[lejpuri]
banketbakkerij (de)	**konditoria**	[konditoria]
kruidenier (de)	**sekatavarakauppa**	[sekataυara·kauppa]
slagerij (de)	**lihakauppa**	[liɦa·kauppa]
groentewinkel (de)	**vihanneskauppa**	[υiɦannes·kauppa]
markt (de)	**kauppatori**	[kauppa·tori]
koffiehuis (het)	**kahvila**	[kahυila]
restaurant (het)	**ravintola**	[raυintola]
bar (de)	**pubi**	[pubi]
pizzeria (de)	**pizzeria**	[pitseria]
kapperssalon (de/het)	**parturinliike**	[parturin·li:ke]
postkantoor (het)	**posti**	[posti]
stomerij (de)	**kemiallinen pesu**	[kemiallinen pesu]
fotostudio (de)	**valokuvastudio**	[υalokuυa·studio]
schoenwinkel (de)	**kenkäkauppa**	[keŋkæ·kauppa]
boekhandel (de)	**kirjakauppa**	[kirja·kauppa]

sportwinkel (de)	**urheilukauppa**	[urhejlu·kauppa]
kledingreparatie (de)	**vaatteiden korjaus**	[ʋa:ttejden korjaus]
kledingverhuur (de)	**vaate vuokralle**	[ʋa:te ʋuokralle]
videotheek (de)	**elokuvien vuokra**	[elokuʋien ʋuokra]
circus (de/het)	**sirkus**	[sirkus]
dierentuin (de)	**eläintarha**	[elæjn·tarha]
bioscoop (de)	**elokuvateatteri**	[elokuʋa·teatteri]
museum (het)	**museo**	[museo]
bibliotheek (de)	**kirjasto**	[kirjasto]
theater (het)	**teatteri**	[teatteri]
opera (de)	**ooppera**	[o:ppera]
nachtclub (de)	**yökerho**	[yø·kerho]
casino (het)	**kasino**	[kasino]
moskee (de)	**moskeija**	[moskeja]
synagoge (de)	**synagoga**	[synagoga]
kathedraal (de)	**tuomiokirkko**	[tuomio·kirkko]
tempel (de)	**temppeli**	[temppeli]
kerk (de)	**kirkko**	[kirkko]
instituut (het)	**instituutti**	[institu:tti]
universiteit (de)	**yliopisto**	[yli·opisto]
school (de)	**koulu**	[koulu]
gemeentehuis (het)	**prefektuuri**	[prefektu:ri]
stadhuis (het)	**kaupunginhallitus**	[kaupuŋin·hallitus]
hotel (het)	**hotelli**	[hotelli]
bank (de)	**pankki**	[paŋkki]
ambassade (de)	**suurlähetystö**	[su:r·læɦetystø]
reisbureau (het)	**matkatoimisto**	[matka·tojmisto]
informatieloket (het)	**neuvontatoimisto**	[neuʋonta·tojmisto]
wisselkantoor (het)	**valuutanvaihtotoimisto**	[ʋalu:tan·ʋajhto·tojmisto]
metro (de)	**metro**	[metro]
ziekenhuis (het)	**sairaala**	[sajra:la]
benzinestation (het)	**bensiiniasema**	[bensi:ni·asema]
parking (de)	**parkkipaikka**	[parkki·pajkka]

80. Borden

gevelreclame (de)	**kauppakyltti**	[kauppa·kyltti]
opschrift (het)	**kyltti**	[kyltti]
poster (de)	**juliste, plakaatti**	[juliste], [plaka:tti]
wegwijzer (de)	**osoitin**	[osojtin]
pijl (de)	**nuoli**	[nuoli]
waarschuwing (verwittiging)	**varoitus**	[ʋarojtus]
waarschuwingsbord (het)	**varoitus**	[ʋarojtus]
waarschuwen (ww)	**varoittaa**	[ʋarojtta:]
vrije dag (de)	**vapaapäivä**	[ʋapa:pæjʋæ]

dienstregeling (de)	**aikataulu**	[ajka·taulu]
openingsuren (mv.)	**aukioloaika**	[aukiolo·ajka]
WELKOM!	**TERVETULOA!**	[teruetuloa]
INGANG	**SISÄÄN**	[sisæ:n]
UITGANG	**ULOS**	[ulos]
DUWEN	**TYÖNNÄ**	[tyønnæ]
TREKKEN	**VEDÄ**	[uedæ]
OPEN	**AUKI**	[auki]
GESLOTEN	**KIINNI**	[ki:nni]
DAMES	**NAISET**	[najset]
HEREN	**MIEHET**	[miehet]
KORTING	**ALE**	[ale]
UITVERKOOP	**ALENNUSMYYNTI**	[alennus·my:nti]
NIEUW!	**UUTUUS!**	[u:tu:s]
GRATIS	**ILMAISEKSI**	[ilmajseksi]
PAS OP!	**HUOMIO!**	[huomio]
VOLGEBOEKT	**EI OLE TILAA**	[ej ole tila:]
GERESERVEERD	**VARATTU**	[uarattu]
ADMINISTRATIE	**HALLINTO**	[hallinto]
ALLEEN VOOR PERSONEEL	**VAIN HENKILÖKUNNALLE**	[uajn heŋkilø·kunnalle]
GEVAARLIJKE HOND	**VARO KOIRAA!**	[uaro kojra:]
VERBODEN TE ROKEN!	**TUPAKOINTI KIELLETTY**	[tupakojnti kielletty]
NIET AANRAKEN!	**EI SAA KOSKEA!**	[ej sa: koskea]
GEVAARLIJK	**VAARA**	[ua:ra]
GEVAAR	**HENGENVAARA**	[heŋenua:ra]
HOOGSPANNING	**SUURJÄNNITE**	[su:rjænnite]
VERBODEN TE ZWEMMEN	**UIMINEN KIELLETTY**	[ujminen kielletty]
BUITEN GEBRUIK	**EI TOIMI**	[ej tojmi]
ONTVLAMBAAR	**SYTTYVÄ**	[syttyuæ]
VERBODEN	**KIELLETTY**	[kielletty]
DOORGANG VERBODEN	**LÄPIKULKU KIELLETTY**	[læpikulku kielletty]
OPGELET PAS GEVERFD	**ON MAALATTU**	[on ma:lattu]

81. Stedelijk vervoer

bus, autobus (de)	**bussi**	[bussi]
tram (de)	**raitiovaunu**	[rajtio·uaunu]
trolleybus (de)	**johdinauto**	[johdin·auto]
route (de)	**reitti**	[rejtti]
nummer (busnummer, enz.)	**numero**	[numero]
rijden met ...	**mennä ...**	[mennæ]
stappen (in de bus ~)	**nousta**	[nousta]
afstappen (ww)	**astua ulos**	[astua ulos]

halte (de)	**pysäkki**	[pysækki]
volgende halte (de)	**seuraava pysäkki**	[seura:ʋa pysækki]
eindpunt (het)	**pääteasema**	[pæ:teasema]
dienstregeling (de)	**aikataulu**	[ajka·taulu]
wachten (ww)	**odottaa**	[odotta:]
kaartje (het)	**lippu**	[lippu]
reiskosten (de)	**kyytimaksu**	[ky:ti·maksu]
kassier (de)	**kassanhoitaja**	[kassan·hojtaja]
kaartcontrole (de)	**tarkastus**	[tarkastus]
controleur (de)	**tarkastaja**	[tarkastaja]
te laat zijn (ww)	**myöhästyä**	[myøhæstyæ]
missen (de bus ~)	**myöhästyä**	[myøhæstyæ]
zich haasten (ww)	**olla kiire**	[olla ki:re]
taxi (de)	**taksi**	[taksi]
taxichauffeur (de)	**taksinkuljettaja**	[taksiŋ·kuljettaja]
met de taxi (bw)	**taksilla**	[taksilla]
taxistandplaats (de)	**taksiasema**	[taksi·asema]
een taxi bestellen	**tilata taksi**	[tilata taksi]
een taxi nemen	**ottaa taksi**	[otta: taksi]
verkeer (het)	**liikenne**	[li:kenne]
file (de)	**ruuhka**	[ru:hka]
spitsuur (het)	**ruuhka-aika**	[ru:hka·ajka]
parkeren (on.ww.)	**pysäköidä**	[pysækøjdæ]
parkeren (ov.ww.)	**pysäköidä**	[pysækøjdæ]
parking (de)	**parkkipaikka**	[parkki·pajkka]
metro (de)	**metro**	[metro]
halte (bijv. kleine treinhalte)	**asema**	[asema]
de metro nemen	**mennä metrolla**	[mennæ metrollla]
trein (de)	**juna**	[juna]
station (treinstation)	**rautatieasema**	[rautatie·asema]

82. Bezienswaardigheden

monument (het)	**patsas**	[patsas]
vesting (de)	**linna**	[linna]
paleis (het)	**palatsi**	[palatsi]
kasteel (het)	**linna**	[linna]
toren (de)	**torni**	[torni]
mausoleum (het)	**mausoleumi**	[mausoleumi]
architectuur (de)	**arkkitehtuuri**	[arkkitehtu:ri]
middeleeuws (bn)	**keskiaikainen**	[keskiajkajnen]
oud (bn)	**vanha**	[ʋanha]
nationaal (bn)	**kansallinen**	[kansallinen]
bekend (bn)	**tunnettu**	[tunnettu]
toerist (de)	**matkailija**	[matkajlija]
gids (de)	**opas**	[opas]

rondleiding (de)	**ekskursio, retki**	[ekskursio], [retki]
tonen (ww)	**näyttää**	[næyttæ:]
vertellen (ww)	**kertoa**	[kertoɑ]
vinden (ww)	**löytää**	[løytæ:]
verdwalen (de weg kwijt zijn)	**hävitä**	[hæʋitæ]
plattegrond (~ van de metro)	**reittikartta**	[rejtti·kartta]
plattegrond (~ van de stad)	**asemakaava**	[ɑsemɑ·kɑ:ʋɑ]
souvenir (het)	**matkamuisto**	[mɑtkɑ·mujsto]
souvenirwinkel (de)	**matkamuistokauppa**	[mɑtkɑ·mujsto·kɑuppɑ]
foto's maken	**valokuvata**	[ʋɑlokuʋɑtɑ]
zich laten fotograferen	**valokuvauttaa itsensä**	[ʋɑlokuʋɑuttɑ: itsensæ]

83. Winkelen

kopen (ww)	**ostaa**	[ostɑ:]
aankoop (de)	**ostos**	[ostos]
winkelen (ww)	**käydä ostoksilla**	[kæydæ ostoksillɑ]
winkelen (het)	**shoppailu**	[ʃoppɑjlu]
open zijn (ov. een winkel, enz.)	**toimia**	[tojmiɑ]
gesloten zijn (ww)	**olla kiinni**	[ollɑ ki:nni]
schoeisel (het)	**jalkineet**	[jɑlkine:t]
kleren (mv.)	**vaatteet**	[ʋɑ:tte:t]
cosmetica (mv.)	**kosmetiikka**	[kosmeti:kkɑ]
voedingswaren (mv.)	**ruokatavarat**	[ruokɑ·tɑʋɑrɑt]
geschenk (het)	**lahja**	[lɑhjɑ]
verkoper (de)	**myyjä**	[my:jæ]
verkoopster (de)	**myyjätär**	[my:jætær]
kassa (de)	**kassa**	[kɑssɑ]
spiegel (de)	**peili**	[pejli]
toonbank (de)	**tiski**	[tiski]
paskamer (de)	**sovitushuone**	[soʋitus·huone]
aanpassen (ww)	**sovittaa**	[soʋittɑ:]
passen (ov. kleren)	**sopia**	[sopiɑ]
bevallen (prettig vinden)	**pitää, tykätä**	[pitæ:], [tykætæ]
prijs (de)	**hinta**	[hintɑ]
prijskaartje (het)	**hintalappu**	[hintɑ·lɑppu]
kosten (ww)	**maksaa**	[mɑksɑ:]
Hoeveel?	**Kuinka paljon?**	[kujŋkɑ pɑljon]
korting (de)	**alennus**	[ɑlennus]
niet duur (bn)	**halpa**	[hɑlpɑ]
goedkoop (bn)	**halpa**	[hɑlpɑ]
duur (bn)	**kallis**	[kɑllis]
Dat is duur.	**Se on kallista**	[se on kɑllistɑ]
verhuur (de)	**vuokra**	[ʋuokrɑ]

huren (smoking, enz.)	**vuokrata**	[ʋuokrata]
krediet (het)	**luotto**	[luotto]
op krediet (bw)	**luotolla**	[luotolla]

84. Geld

geld (het)	**raha, rahat**	[raɦa], [raɦat]
ruil (de)	**valuutanvaihto**	[ʋalu:tan·ʋajhto]
koers (de)	**kurssi**	[kurssi]
geldautomaat (de)	**pankkiautomaatti**	[paŋkki·automa:tti]
muntstuk (de)	**kolikko**	[kolikko]
dollar (de)	**dollari**	[dollari]
euro (de)	**euro**	[euro]
lire (de)	**liira**	[li:ra]
Duitse mark (de)	**markka**	[markka]
frank (de)	**frangi**	[fraŋi]
pond sterling (het)	**punta**	[punta]
yen (de)	**jeni**	[jeni]
schuld (geldbedrag)	**velka**	[ʋelka]
schuldenaar (de)	**velallinen**	[ʋelallinen]
uitlenen (ww)	**lainata jollekulle**	[lajnata jolekulle]
lenen (geld ~)	**lainata joltakulta**	[lajnata joltakulta]
bank (de)	**pankki**	[paŋkki]
bankrekening (de)	**tili**	[tili]
storten (ww)	**tallettaa**	[talletta:]
op rekening storten	**tallettaa rahaa tilille**	[talletta: raɦa: tilille]
opnemen (ww)	**nostaa rahaa tililtä**	[nosta: raɦa: tililta]
kredietkaart (de)	**luottokortti**	[luotto·kortti]
baar geld (het)	**käteinen**	[kætejnen]
cheque (de)	**sekki**	[sekki]
een cheque uitschrijven	**kirjoittaa shekki**	[kirjoitta: ʃekki]
chequeboekje (het)	**sekkivihko**	[sekki·ʋihko]
portefeuille (de)	**lompakko**	[lompakko]
geldbeugel (de)	**kukkaro**	[kukkaro]
safe (de)	**kassakaappi**	[kassa·ka:ppi]
erfgenaam (de)	**perillinen**	[perillinen]
erfenis (de)	**perintö**	[perintø]
fortuin (het)	**varallisuus**	[ʋarallisu:s]
huur (de)	**vuokraus**	[ʋuokraus]
huurprijs (de)	**asuntovuokra**	[asunto·ʋuokra]
huren (huis, kamer)	**vuokrata**	[ʋuokrata]
prijs (de)	**hinta**	[hinta]
kostprijs (de)	**hinta**	[hinta]
som (de)	**summa**	[summa]
uitgeven (geld besteden)	**kuluttaa**	[kulutta:]

kosten (mv.)	**kulut**	[kulut]
bezuinigen (ww)	**säästäväisesti**	[sæ:stæʋæjsesti]
zuinig (bn)	**säästäväinen**	[sæ:stæʋæjnen]
betalen (ww)	**maksaa**	[mɑksɑ:]
betaling (de)	**maksu**	[mɑksu]
wisselgeld (het)	**vaihtoraha**	[ʋɑjhto·rɑɦɑ]
belasting (de)	**vero**	[ʋero]
boete (de)	**sakko**	[sɑkko]
beboeten (bekeuren)	**sakottaa**	[sɑkottɑ:]

85. Post. Postkantoor

postkantoor (het)	**posti**	[posti]
post (de)	**posti**	[posti]
postbode (de)	**postinkantaja**	[postiŋ·kɑntɑjɑ]
openingsuren (mv.)	**virka-aika**	[ʋirkɑ·ɑjkɑ]
brief (de)	**kirje**	[kirje]
aangetekende brief (de)	**kirjattu kirje**	[kirjɑttu kirje]
briefkaart (de)	**postikortti**	[posti·kortti]
telegram (het)	**sähke**	[sæhke]
postpakket (het)	**paketti**	[pɑketti]
overschrijving (de)	**rahalähetys**	[rɑɦɑ·læɦetys]
ontvangen (ww)	**vastaanottaa**	[ʋɑstɑ:nottɑ:]
sturen (zenden)	**lähettää**	[læɦettæ:]
verzending (de)	**lähettäminen**	[læɦettæminen]
adres (het)	**osoite**	[osojte]
postcode (de)	**postinumero**	[posti·numero]
verzender (de)	**lähettäjä**	[læɦettæjæ]
ontvanger (de)	**saaja, vastaanottaja**	[sɑ:jɑ], [ʋɑstɑ:nottɑjɑ]
naam (de)	**nimi**	[nimi]
achternaam (de)	**sukunimi**	[suku·nimi]
tarief (het)	**hinta, tariffi**	[hintɑ], [tɑriffi]
standaard (bn)	**tavallinen**	[tɑʋɑllinen]
zuinig (bn)	**edullinen**	[edullinen]
gewicht (het)	**paino**	[pɑjno]
afwegen (op de weegschaal)	**punnita**	[punnitɑ]
envelop (de)	**kirjekuori**	[kirje·kuori]
postzegel (de)	**postimerkki**	[posti·merkki]
een postzegel plakken op	**liimata postimerkki**	[li:mɑtɑ posti·merkki]

Woning. Huis. Thuis

86. Huis. Woning

huis (het)	**koti**	[koti]
thuis (bw)	**kotona**	[kotona]
cour (de)	**piha**	[piɦa]
omheining (de)	**aita**	[ajta]
baksteen (de)	**tiili**	[ti:li]
van bakstenen	**tiili-, tiilinen**	[ti:li], [ti:linen]
steen (de)	**kivi**	[kiʋi]
stenen (bn)	**kivi-, kivinen**	[kiʋi], [kiʋinen]
beton (het)	**betoni**	[betoni]
van beton	**betoninen**	[betoninen]
nieuw (bn)	**uusi**	[u:si]
oud (bn)	**vanha**	[ʋanha]
vervallen (bn)	**ränsistynyt**	[rænsistynyt]
modern (bn)	**nykyaikainen**	[nykyajkajnen]
met veel verdiepingen	**monikerroksinen**	[moni·kerroksinen]
hoog (bn)	**korkea**	[korkea]
verdieping (de)	**kerros**	[kerros]
met een verdieping	**yksikerroksinen**	[yksi·kerroksinen]
laagste verdieping (de)	**alakerta**	[alakerta]
bovenverdieping (de)	**yläkerta**	[ylæ·kerta]
dak (het)	**katto**	[katto]
schoorsteen (de)	**savupiippu**	[saʋu·pi:ppu]
dakpan (de)	**kattotiili**	[katto·ti:li]
pannen- (abn)	**kattotiili-**	[katto·ti:li]
zolder (de)	**ullakko**	[ullakko]
venster (het)	**ikkuna**	[ikkuna]
glas (het)	**lasi**	[lasi]
vensterbank (de)	**ikkunalauta**	[ikkuna·lauta]
luiken (mv.)	**ikkunaluukut**	[ikkuna·lu:kut]
muur (de)	**seinä**	[sejnæ]
balkon (het)	**parveke**	[parʋeke]
regenpijp (de)	**syöksytorvi**	[syøksy·torʋi]
boven (bw)	**ylhäällä**	[ylhæ:llæ]
naar boven gaan (ww)	**nousta**	[nousta]
afdalen (on.ww.)	**laskeutua**	[laskeutua]
verhuizen (ww)	**muuttaa**	[mu:tta:]

87. Huis. Ingang. Lift

ingang (de)	**sisäänkäynti**	[sisæ:n·kæynti]
trap (de)	**portaat**	[porta:t]
treden (mv.)	**askelmat**	[askelmat]
trapleuning (de)	**kaiteet**	[kajte:t]
hal (de)	**halli**	[halli]
postbus (de)	**postilaatikko**	[postila:tikko]
vuilnisbak (de)	**roskis**	[roskis]
vuilniskoker (de)	**roskakuilu**	[roska·kujlu]
lift (de)	**hissi**	[hissi]
goederenlift (de)	**tavarahissi**	[tavara·hissi]
liftcabine (de)	**hissikori**	[hissi·kori]
de lift nemen	**mennä hissillä**	[mennæ hissillæ]
appartement (het)	**asunto**	[asunto]
bewoners (mv.)	**asukkaat**	[asukka:t]
buurman (de)	**naapuri**	[na:puri]
buurvrouw (de)	**naapuri**	[na:puri]
buren (mv.)	**naapurit**	[na:purit]

88. Huis. Elektriciteit

elektriciteit (de)	**sähkö**	[sæhkø]
lamp (de)	**lamppu**	[lamppu]
schakelaar (de)	**kytkin**	[kytkin]
zekering (de)	**sulake**	[sulake]
draad (de)	**johto, johdin**	[johto], [johdin]
bedrading (de)	**johdotus**	[johdotus]
elektriciteitsmeter (de)	**sähkömittari**	[sæhkø·mittari]
gegevens (mv.)	**lukema**	[lukema]

89. Huis. Deuren. Sloten

deur (de)	**ovi**	[ovi]
toegangspoort (de)	**portti**	[portti]
deurkruk (de)	**kahva**	[kahva]
ontsluiten (ontgrendelen)	**avata lukko**	[avata lukko]
openen (ww)	**avata**	[avata]
sluiten (ww)	**sulkea**	[sulkea]
sleutel (de)	**avain**	[avajn]
sleutelbos (de)	**nippu**	[nippu]
knarsen (bijv. scharnier)	**narista**	[narista]
knarsgeluid (het)	**narina**	[narina]
scharnier (het)	**sarana**	[sarana]
deurmat (de)	**matto**	[matto]
slot (het)	**lukko**	[lukko]

sleutelgat (het)	**avaimenreikä**	[aʋajmen·rejkæ]
grendel (de)	**salpa**	[salpa]
schuif (de)	**työntösalpa**	[tyøntø·salpa]
hangslot (het)	**munalukko**	[muna·lukko]
aanbellen (ww)	**soittaa**	[sojtta:]
bel (geluid)	**soitto**	[sojtto]
deurbel (de)	**ovikello**	[oʋi·kello]
belknop (de)	**painike**	[pajnike]
geklop (het)	**koputus**	[koputus]
kloppen (ww)	**koputtaa**	[koputta:]
code (de)	**koodi**	[ko:di]
cijferslot (het)	**numerolukko**	[numero·lukko]
parlofoon (de)	**ovipuhelin**	[oʋi·puɦelin]
nummer (het)	**numero**	[numero]
naambordje (het)	**ovikyltti**	[oʋi·kyltti]
deurspion (de)	**ovisilmä**	[oʋi·silmæ]

90. Huis op het platteland

dorp (het)	**kylä**	[kylæ]
moestuin (de)	**kasvimaa**	[kasʋima:]
hek (het)	**aita**	[ajta]
houten hekwerk (het)	**säleaita**	[sæle·ajta]
tuinpoortje (het)	**portti**	[portti]
graanschuur (de)	**aitta**	[ajtta]
wortelkelder (de)	**kellari**	[kellari]
schuur (de)	**vaja**	[ʋaja]
waterput (de)	**kaivo**	[kajʋo]
kachel (de)	**uuni**	[u:ni]
de kachel stoken	**lämmittää**	[læmmittæ:]
brandhout (het)	**polttopuu**	[poltto·pu:]
houtblok (het)	**halko**	[halko]
veranda (de)	**veranta**	[ʋeranta]
terras (het)	**terassi**	[terassi]
bordes (het)	**kuisti**	[kujsti]
schommel (de)	**keinu**	[kejnu]

91. Villa. Herenhuis

landhuisje (het)	**maatalo**	[ma:talo]
villa (de)	**huvila**	[huʋila]
vleugel (de)	**siipi**	[si:pi]
tuin (de)	**puutarha**	[pu:tarha]
park (het)	**puisto**	[pujsto]
oranjerie (de)	**talvipuutarha**	[talʋi·pu:tarha]
onderhouden (tuin, enz.)	**hoitaa**	[hojta:]

zwembad (het)	**uima-allas**	[ujma·allas]
gym (het)	**urheiluhalli**	[urhejlu·halli]
tennisveld (het)	**tenniskenttä**	[tennis·kenttæ]
bioscoopkamer (de)	**elokuvateatteri**	[elokuʋa·teatteri]
garage (de)	**autotalli**	[auto·talli]
privé-eigendom (het)	**yksityisomaisuus**	[yksityjs·omajsu:s]
eigen terrein (het)	**yksityisomistukset**	[yksityjs·omistukset]
waarschuwing (de)	**varoitus**	[ʋarojtus]
waarschuwingsbord (het)	**varoituskirjoitus**	[ʋarojtus·kirjoitus]
bewaking (de)	**vartio**	[ʋartio]
bewaker (de)	**vartija**	[ʋartija]
inbraakalarm (het)	**hälytyslaite**	[hælytys·lajte]

92. Kasteel. Paleis

kasteel (het)	**linna**	[linna]
paleis (het)	**palatsi**	[palatsi]
vesting (de)	**linna**	[linna]
ringmuur (de)	**muuri**	[mu:ri]
toren (de)	**torni**	[torni]
donjon (de)	**keskustorni**	[keskus·torni]
valhek (het)	**nostoportti**	[nosto·portti]
onderaardse gang (de)	**maanalainen tunneli**	[ma:nalajnen tunneli]
slotgracht (de)	**vallihauta**	[ʋalli·ɦauta]
ketting (de)	**ketju**	[ketju]
schietgat (het)	**ampuma-aukko**	[ampuma·aukko]
prachtig (bn)	**upea**	[upea]
majestueus (bn)	**majesteetillinen**	[majeste:tillinen]
onneembaar (bn)	**läpäisemätön**	[læpæjsemætøn]
middeleeuws (bn)	**keskiaikainen**	[keskiajkajnen]

93. Appartement

appartement (het)	**asunto**	[asunto]
kamer (de)	**huone**	[huone]
slaapkamer (de)	**makuuhuone**	[maku:huone]
eetkamer (de)	**ruokailuhuone**	[ruokajlu·huone]
salon (de)	**vierashuone**	[ʋieras·huone]
studeerkamer (de)	**työhuone**	[tyø·huone]
gang (de)	**eteinen**	[etejnen]
badkamer (de)	**kylpyhuone**	[kylpy·ɦuone]
toilet (het)	**vessa**	[ʋessa]
plafond (het)	**sisäkatto**	[sisæ·katto]
vloer (de)	**lattia**	[lattia]
hoek (de)	**nurkka**	[nurkka]

94. Appartement. Schoonmaken

schoonmaken (ww)	**siivota**	[si:ʋota]
opbergen (in de kast, enz.)	**korjata pois**	[korjata pojs]
stof (het)	**pöly**	[pøly]
stoffig (bn)	**pölyinen**	[pølyjnen]
stoffen (ww)	**pyyhkiä pölyt**	[py:hkiæ pølyt]
stofzuiger (de)	**pölynimuri**	[pølyn·imuri]
stofzuigen (ww)	**imuroida**	[imurojda]
vegen (de vloer ~)	**lakaista**	[lakajsta]
veegsel (het)	**roska**	[roska]
orde (de)	**kunto**	[kunto]
wanorde (de)	**epäjärjestys**	[epæjærjestys]
zwabber (de)	**lattiaharja**	[lattia·harja]
poetsdoek (de)	**rätti**	[rætti]
veger (de)	**luuta**	[lu:ta]
stofblik (het)	**rikkalapio**	[rikka·lapio]

95. Meubels. Interieur

meubels (mv.)	**huonekalut**	[huone·kalut]
tafel (de)	**pöytä**	[pøytæ]
stoel (de)	**tuoli**	[tuoli]
bed (het)	**sänky**	[sæŋky]
bankstel (het)	**sohva**	[sohʋa]
fauteuil (de)	**nojatuoli**	[noja·tuoli]
boekenkast (de)	**kaappi**	[ka:ppi]
boekenrek (het)	**hylly**	[hylly]
kledingkast (de)	**vaatekaappi**	[ʋa:te·ka:ppi]
kapstok (de)	**ripustin**	[ripustin]
staande kapstok (de)	**naulakko**	[naulakko]
commode (de)	**lipasto**	[lipasto]
salontafeltje (het)	**sohvapöytä**	[sohʋa·pøjtæ]
spiegel (de)	**peili**	[pejli]
tapijt (het)	**matto**	[matto]
tapijtje (het)	**pieni matto**	[pjeni matto]
haard (de)	**takka**	[takka]
kaars (de)	**kynttilä**	[kynttilæ]
kandelaar (de)	**kynttilänjalka**	[kynttilæn·jalka]
gordijnen (mv.)	**kaihtimet**	[kajhtimet]
behang (het)	**tapetit**	[tapetit]
jaloezie (de)	**rullaverhot**	[rulle·ʋerhot]
bureaulamp (de)	**pöytälamppu**	[pøytæ·lamppu]
wandlamp (de)	**seinävalaisin**	[sejna·ʋalajsin]

staande lamp (de)	**lattialamppu**	[lattia·lamppu]
luchter (de)	**kattokruunu**	[katto·kru:nu]
poot (ov. een tafel, enz.)	**jalka**	[jalka]
armleuning (de)	**käsinoja**	[kæsi·noja]
rugleuning (de)	**selkänoja**	[selkænoja]
la (de)	**vetolaatikko**	[ʋeto·la:tikko]

96. Beddengoed

beddengoed (het)	**vuodevaatteet**	[ʋuode·ʋa:tte:t]
kussen (het)	**tyyny**	[ty:ny]
kussenovertrek (de)	**tyynyliina**	[ty:ny·li:na]
deken (de)	**peitto, täkki**	[pejte], [tækki]
laken (het)	**lakana**	[lakana]
sprei (de)	**peite**	[pejte]

97. Keuken

keuken (de)	**keittiö**	[kejttiø]
gas (het)	**kaasu**	[ka:su]
gasfornuis (het)	**kaasuliesi**	[ka:su·liesi]
elektrisch fornuis (het)	**sähköhella**	[sæhkø·hella]
oven (de)	**paistinuuni**	[pajstin·u:ni]
magnetronoven (de)	**mikroaaltouuni**	[mikro·a:ltou·u:ni]
koelkast (de)	**jääkaappi**	[jæ:ka:ppi]
diepvriezer (de)	**pakastin**	[pakastin]
vaatwasmachine (de)	**astianpesukone**	[astian·pesu·kone]
vleesmolen (de)	**lihamylly**	[liɦa·mylly]
vruchtenpers (de)	**mehunpuristin**	[meɦun·puristin]
toaster (de)	**leivänpaahdin**	[lejʋæn·pa:hdin]
mixer (de)	**sekoitin**	[sekojtin]
koffiemachine (de)	**kahvinkeitin**	[kahʋiŋ·kejtin]
koffiepot (de)	**kahvipannu**	[kahʋi·pannu]
koffiemolen (de)	**kahvimylly**	[kahʋi·mylly]
fluitketel (de)	**teepannu**	[te:pannu]
theepot (de)	**teekannu**	[te:kannu]
deksel (de/het)	**kansi**	[kansi]
theezeefje (het)	**teesiivilä**	[te:si:ʋilæ]
lepel (de)	**lusikka**	[lusikka]
theelepeltje (het)	**teelusikka**	[te:lusikka]
eetlepel (de)	**ruokalusikka**	[ruoka·lusikka]
vork (de)	**haarukka**	[ha:rukka]
mes (het)	**veitsi**	[ʋejtsi]
vaatwerk (het)	**astiat**	[astiat]
bord (het)	**lautanen**	[lautanen]

schoteltje (het)	**teevati**	[te:ʋati]
likeurglas (het)	**shotti, snapsilasi**	[shotti], [snapsi·lasi]
glas (het)	**juomalasi**	[juoma·lasi]
kopje (het)	**kuppi**	[kuppi]
suikerpot (de)	**sokeriastia**	[sokeri·astia]
zoutvat (het)	**suola-astia**	[suola·astia]
pepervat (het)	**pippuriastia**	[pippuri·astia]
boterschaaltje (het)	**voi astia**	[ʋoj astia]
pan (de)	**kasari, kattila**	[kasari], [kattila]
bakpan (de)	**pannu**	[pannu]
pollepel (de)	**kauha**	[kauɦa]
vergiet (de/het)	**lävikkö**	[læʋikkø]
dienblad (het)	**tarjotin**	[tarjotin]
fles (de)	**pullo**	[pullo]
glazen pot (de)	**lasitölkki**	[lasi·tølkki]
blik (conserven~)	**purkki**	[purkki]
flesopener (de)	**pullonavaaja**	[pullon·aʋa:ja]
blikopener (de)	**purkinavaaja**	[purkin·aʋa:ja]
kurkentrekker (de)	**korkkiruuvi**	[korkki·ru:ʋi]
filter (de/het)	**suodatin**	[suodatin]
filteren (ww)	**suodattaa**	[suodatta:]
huisvuil (het)	**roska, jäte**	[roska], [jæte]
vuilnisemmer (de)	**roskasanko**	[roska·saŋko]

98. Badkamer

badkamer (de)	**kylpyhuone**	[kylpy·ɦuone]
water (het)	**vesi**	[ʋesi]
kraan (de)	**hana**	[hana]
warm water (het)	**kuuma vesi**	[ku:ma ʋesi]
koud water (het)	**kylmä vesi**	[kylmæ ʋesi]
tandpasta (de)	**hammastahna**	[hammas·tahna]
tanden poetsen (ww)	**harjata hampaita**	[harjata hampajta]
tandenborstel (de)	**hammasharja**	[hammas·harja]
zich scheren (ww)	**ajaa parta**	[aja: parta]
scheercrème (de)	**partavaahto**	[parta·ʋa:hto]
scheermes (het)	**partahöylä**	[parta·ɦøylæ]
wassen (ww)	**pestä**	[pestæ]
een bad nemen	**peseytyä**	[peseytyæ]
douche (de)	**suihku**	[sujhku]
een douche nemen	**käydä suihkussa**	[kæydæ suihkussa]
bad (het)	**amme, kylpyamme**	[amme], [kylpyamme]
toiletpot (de)	**vessanpönttö**	[ʋessan·pønttø]
wastafel (de)	**pesuallas**	[pesu·allas]
zeep (de)	**saippua**	[sajppua]

zeepbakje (het)	**saippuakotelo**	[sɑjppuɑ·kotelo]
spons (de)	**pesusieni**	[pesu·sieni]
shampoo (de)	**sampoo**	[sɑmpo:]
handdoek (de)	**pyyhe**	[py:he]
badjas (de)	**kylpytakki**	[kylpy·tɑkki]
was (bijv. handwas)	**pyykkäys**	[py:kkæys]
wasmachine (de)	**pesukone**	[pesu·kone]
de was doen	**pestä pyykkiä**	[pestæ py:kkiæ]
waspoeder (de)	**pesujauhe**	[pesu·jɑuɦe]

99. Huishoudelijke apparaten

televisie (de)	**televisio**	[teleʋisio]
cassettespeler (de)	**nauhuri**	[nɑuɦuri]
videorecorder (de)	**videonauhuri**	[ʋideo·nɑuɦuri]
radio (de)	**vastaanotin**	[ʋɑstɑ:notin]
speler (de)	**soitin**	[sojtin]
videoprojector (de)	**projektori**	[projektori]
home theater systeem (het)	**kotiteatteri**	[koti·teɑtteri]
DVD-speler (de)	**DVD-soitin**	[deʋede·sojtin]
versterker (de)	**vahvistin**	[ʋɑhʋistin]
spelconsole (de)	**pelikonsoli**	[peli·konsoli]
videocamera (de)	**videokamera**	[ʋideo·kɑmerɑ]
fotocamera (de)	**kamera**	[kɑmerɑ]
digitale camera (de)	**digitaalikamera**	[digitɑ:li·kɑmerɑ]
stofzuiger (de)	**pölynimuri**	[pølyn·imuri]
strijkijzer (het)	**silitysrauta**	[silitys·rɑutɑ]
strijkplank (de)	**silityslauta**	[silitys·lɑutɑ]
telefoon (de)	**puhelin**	[puɦelin]
mobieltje (het)	**matkapuhelin**	[mɑtkɑ·puɦelin]
schrijfmachine (de)	**kirjoituskone**	[kirjoitus·kone]
naaimachine (de)	**ompelukone**	[ompelu·kone]
microfoon (de)	**mikrofoni**	[mikrofoni]
koptelefoon (de)	**kuulokkeet**	[ku:lokke:t]
afstandsbediening (de)	**kaukosäädin**	[kɑuko·sæ:din]
CD (de)	**CD-levy**	[sede·leʋy]
cassette (de)	**kasetti**	[kɑsetti]
vinylplaat (de)	**levy, vinyylilevy**	[leʋy], [ʋiny:li·leʋy]

100. Reparaties. Renovatie

renovatie (de)	**remontointi**	[remontojnti]
renoveren (ww)	**remontoida**	[remontojdɑ]
repareren (ww)	**korjata**	[korjɑtɑ]
op orde brengen	**panna järjestykseen**	[pɑnnɑ jærjestykse:n]

overdoen (ww)	**tehdä uudelleen**	[tehdæ u:delle:n]
verf (de)	**maali**	[mɑ:li]
verven (muur ~)	**maalata**	[mɑ:lɑtɑ]
schilder (de)	**maalari**	[mɑ:lɑri]
kwast (de)	**pensseli**	[pensseli]
kalk (de)	**kalkkimaali**	[kɑlkki·mɑ:li]
kalken (ww)	**maalata kalkkimaalilla**	[mɑ:lɑtɑ kɑlkkimɑ:lillɑ]
behang (het)	**tapetit**	[tɑpetit]
behangen (ww)	**tapetoida**	[tɑpetojdɑ]
lak (de/het)	**lakka**	[lɑkkɑ]
lakken (ww)	**lakata**	[lɑkɑtɑ]

101. Loodgieterswerk

water (het)	**vesi**	[ʋesi]
warm water (het)	**kuuma vesi**	[ku:mɑ ʋesi]
koud water (het)	**kylmä vesi**	[kylmæ ʋesi]
kraan (de)	**hana**	[hɑnɑ]
druppel (de)	**pisara**	[pisɑrɑ]
druppelen (ww)	**tippua**	[tippuɑ]
lekken (een lek hebben)	**vuotaa**	[ʋuotɑ:]
lekkage (de)	**vuoto**	[ʋuoto]
plasje (het)	**lätäkkö**	[lætækkø]
buis, leiding (de)	**putki**	[putki]
stopkraan (de)	**venttiili**	[ʋentti:li]
verstopt raken (ww)	**tukkeutua**	[tukkeutuɑ]
gereedschap (het)	**työkalut**	[tyø·kɑlut]
Engelse sleutel (de)	**jakoavain**	[jɑko·ɑʋɑjn]
losschroeven (ww)	**kiertää irti**	[kiertæ: irti]
aanschroeven (ww)	**kiertää**	[kærtæ:]
ontstoppen (riool, enz.)	**avata**	[ɑʋɑtɑ]
loodgieter (de)	**putkimies**	[putkimies]
kelder (de)	**kellari**	[kellɑri]
riolering (de)	**viemäri**	[ʋiemæri]

102. Brand. Vuurzee

brand (de)	**tulipalo**	tuli·pɑlo]
vlam (de)	**liekki**	[liekki]
vonk (de)	**kipinä**	[kipinæ]
rook (de)	**savu**	[sɑʋu]
fakkel (de)	**soihtu**	[sojhtu]
kampvuur (het)	**nuotio**	[nuotio]
benzine (de)	**bensiini**	[bensi:ni]
kerosine (de)	**paloöljy**	[pɑlo·øljy]

brandbaar (bn)	**poltto-**	[poltto]
ontplofbaar (bn)	**räjähdysvaarallinen**	[ræjæhdys·ʋɑ:rallinen]
VERBODEN TE ROKEN!	**TUPAKOINTI KIELLETTY**	[tupɑkojnti kielletty]
veiligheid (de)	**turvallisuus**	[turʋɑllisu:s]
gevaar (het)	**vaara**	[ʋɑ:rɑ]
gevaarlijk (bn)	**vaarallinen**	[ʋɑ:rɑllinen]
in brand vliegen (ww)	**syttyä**	[syttyæ]
explosie (de)	**räjähdys**	[ræjæhdys]
in brand steken (ww)	**sytyttää**	[sytyttæ:]
brandstichter (de)	**tuhopolttaja**	[tuɦo·polttɑjɑ]
brandstichting (de)	**tuhopoltto**	[tuɦo·poltto]
vlammen (ww)	**liekehtiä**	[liekehtiæ]
branden (ww)	**palaa**	[pɑlɑ:]
afbranden (ww)	**palaa**	[pɑlɑ:]
brandweerman (de)	**palomies**	[pɑlomies]
brandweerwagen (de)	**paloauto**	[pɑlo·ɑuto]
brandweer (de)	**palokunta**	[pɑlo·kuntɑ]
uitschuifbare ladder (de)	**paloauton tikkaat**	[pɑlo·ɑuton tikkɑ:t]
brandslang (de)	**paloletku**	[pɑlo·letku]
brandblusser (de)	**tulensammutin**	[tulen·sɑmmutin]
helm (de)	**kypärä**	[kypæræ]
sirene (de)	**sireeni**	[sire:ni]
roepen (ww)	**huutaa**	[hu:tɑ:]
hulp roepen	**kutsua avuksi**	[kutsuɑ ɑʋuksi]
redder (de)	**pelastaja**	[pelɑstɑjɑ]
redden (ww)	**pelastaa**	[pelɑstɑ:]
aankomen (per auto, enz.)	**saapua**	[sɑ:puɑ]
blussen (ww)	**sammuttaa**	[sɑmmuttɑ:]
water (het)	**vesi**	[ʋesi]
zand (het)	**hiekka**	[hiekkɑ]
ruïnes (mv.)	**rauniot**	[rɑuniot]
instorten (gebouw, enz.)	**romahtaa**	[romɑhtɑ:]
ineenstorten (ww)	**luhistua**	[luɦistuɑ]
inzakken (ww)	**luhistua**	[luɦistuɑ]
brokstuk (het)	**pirstale**	[pirstɑle]
as (de)	**tuhka**	[tuhkɑ]
verstikken (ww)	**tukehtua**	[tukehtuɑ]
omkomen (ww)	**saada surmansa**	[sɑ:dɑ surmɑnsɑ]

MENSELIJKE ACTIVITEITEN

Baan. Business. Deel 1

103. Kantoor. Op kantoor werken

kantoor (het)	**toimisto**	[tojmisto]
kamer (de)	**työhuone**	[tyø·huone]
receptie (de)	**vastaanotto**	[ʋasta:notto]
secretaris (de)	**sihteeri**	[sihte:ri]
directeur (de)	**johtaja**	[johtaja]
manager (de)	**manageri**	[manageri]
boekhouder (de)	**kirjanpitäjä**	[kirjan·pitæjæ]
werknemer (de)	**työntekijä**	[tyøn·tekijæ]
meubilair (het)	**huonekalut**	[huone·kalut]
tafel (de)	**pöytä**	[pøytæ]
bureaustoel (de)	**nojatuoli**	[noja·tuoli]
ladeblok (het)	**laatikosto**	[la:tikosto]
kapstok (de)	**naulakko**	[naulakko]
computer (de)	**tietokone**	[tieto·kone]
printer (de)	**tulostin**	[tulostin]
fax (de)	**faksi**	[faksi]
kopieerapparaat (het)	**kopiokone**	[kopio·kone]
papier (het)	**paperi**	[paperi]
kantoorartikelen (mv.)	**toimistotarvikkeet**	[tojmisto·tarʋikke:t]
muismat (de)	**hiirimatto**	[hi:ri·matto]
blad (het)	**arkki**	[arkki]
ordner (de)	**kansio**	[kansio]
catalogus (de)	**luettelo**	[luettelo]
telefoongids (de)	**puhelinluettelo**	[puɦelin·luettelo]
documentatie (de)	**asiakirjat**	[asia·kirjat]
brochure (de)	**brosyyri**	[brosy:ri]
flyer (de)	**lehtinen**	[lehtinen]
monster (het), staal (de)	**malli, näyte**	[malli], [næyte]
training (de)	**harjoittelu**	[harjoittelu]
vergadering (de)	**kokous**	[kokous]
lunchpauze (de)	**ruokatunti**	[ruoka·tunti]
een kopie maken	**ottaa kopio**	[otta: kopio]
de kopieën maken	**monistaa, kopioida**	[monista:], [kopiojda]
een fax ontvangen	**saada faksi**	[sa:da faksi]
een fax versturen	**lähettää faksilla**	[læɦettæ: faksilla]
opbellen (ww)	**soittaa**	[sojtta:]

antwoorden (ww)	**vastata**	[ʋastata]
doorverbinden (ww)	**yhdistää puhelu**	[yhdistæ: puhelu]
afspreken (ww)	**järjestää**	[jærjestæ:]
demonstreren (ww)	**esittää**	[esittæ:]
absent zijn (ww)	**olla poissa**	[olla pojssa]
afwezigheid (de)	**poissaolo**	[pojssaolo]

104. Bedrijfsprocessen. Deel 1

bedrijf (business)	**liiketoiminta**	[li:ketojminta]
zaak (de), beroep (het)	**työ**	[tyø]
firma (de)	**yritys, firma**	[yritys], [firma]
bedrijf (maatschap)	**yhtiö**	[yhtiø]
corporatie (de)	**korporaatio**	[korpora:tio]
onderneming (de)	**yritys**	[yritys]
agentschap (het)	**toimisto**	[tojmisto]
overeenkomst (de)	**sopimus**	[sopimus]
contract (het)	**sopimus**	[sopimus]
transactie (de)	**kauppa**	[kauppa]
bestelling (de)	**tilaus**	[tilaus]
voorwaarde (de)	**ehto**	[ehto]
in het groot (bw)	**tukussa**	[tukussa]
groothandels- (abn)	**tukku-**	[tukku]
groothandel (de)	**tukkumyynti**	[tukku·my:nti]
kleinhandels- (abn)	**vähittäis-**	[ʋæɦittæjs]
kleinhandel (de)	**vähittäismyynti**	[ʋæɦittæjs·my:nti]
concurrent (de)	**kilpailija**	[kilpajlija]
concurrentie (de)	**kilpailu**	[kilpajlu]
concurreren (ww)	**kilpailla**	[kilpajlla]
partner (de)	**partneri**	[partneri]
partnerschap (het)	**kumppanuus**	[kumppanu:s]
crisis (de)	**kriisi**	[kri:si]
bankroet (het)	**vararikko**	[ʋara·rikko]
bankroet gaan (ww)	**tehdä vararikko**	[tehdæ ʋararikko]
moeilijkheid (de)	**vaikeus**	[ʋajkeus]
probleem (het)	**ongelma**	[oŋelma]
catastrofe (de)	**katastrofi**	[katastrofi]
economie (de)	**taloustiede**	[talous·tiede]
economisch (bn)	**taloudellinen**	[taloudellinen]
economische recessie (de)	**taantuma**	[ta:ntuma]
doel (het)	**päämäärä**	[pæ:mæ:ræ]
taak (de)	**tehtävä**	[tehtæʋæ]
handelen (handel drijven)	**käydä kauppaa**	[kæydæ kauppa:]
netwerk (het)	**verkko**	[ʋerkko]
voorraad (de)	**varasto**	[ʋarasto]

assortiment (het)	**valikoima**	[ʋali·kojmɑ]
leider (de)	**johtaja**	[johtɑjɑ]
groot (bn)	**suuri**	[su:ri]
monopolie (het)	**monopoli**	[monopoli]
theorie (de)	**teoria**	[teoriɑ]
praktijk (de)	**harjoittelu**	[hɑrjoittelu]
ervaring (de)	**kokemus**	[kokemus]
tendentie (de)	**tendenssi**	[tendenssi]
ontwikkeling (de)	**kehitys**	[keɦitys]

105. Bedrijfsprocessen. Deel 2

voordeel (het)	**etu**	[etu]
voordelig (bn)	**kannattava**	[kɑnnɑttɑʋɑ]
delegatie (de)	**valtuuskunta**	[ʋɑltu:s·kuntɑ]
salaris (het)	**palkka**	[pɑlkkɑ]
corrigeren (fouten ~)	**korjata**	[korjɑtɑ]
zakenreis (de)	**työmatka**	[tyø·mɑtkɑ]
commissie (de)	**provisio**	[proʋisio]
controleren (ww)	**tarkastaa**	[tɑrkɑstɑ:]
conferentie (de)	**konferenssi**	[konferenssi]
licentie (de)	**lisenssi**	[lisenssi]
betrouwbaar (partner, enz.)	**luotettava**	[luotettɑʋɑ]
aanzet (de)	**aloite**	[ɑlojte]
norm (bijv. ~ stellen)	**normi**	[normi]
omstandigheid (de)	**seikka**	[sejkkɑ]
taak, plicht (de)	**velvollisuus**	[ʋelʋollisu:s]
organisatie (bedrijf, zaak)	**järjestö**	[jærjestø]
organisatie (proces)	**järjestely**	[jærjestely]
georganiseerd (bn)	**järjestynyt**	[jærjestynyt]
afzegging (de)	**peruutus**	[peru:tus]
afzeggen (ww)	**peruuttaa**	[peru:ttɑ:]
verslag (het)	**raportti**	[rɑportti]
patent (het)	**patentti**	[pɑtentti]
patenteren (ww)	**patentoida**	[pɑtentojdɑ]
plannen (ww)	**suunnitella**	[su:nnitellɑ]
premie (de)	**bonus**	[bonus]
professioneel (bn)	**ammatti-**	[ɑmɑtti]
procedure (de)	**menettely**	[menettely]
onderzoeken (contract, enz.)	**tarkastella**	[tɑrkɑstellɑ]
berekening (de)	**laskelma**	[lɑskelmɑ]
reputatie (de)	**maine**	[mɑjne]
risico (het)	**riski**	[riski]
beheren (managen)	**johtaa**	[johtɑ:]
informatie (de)	**tiedot**	[tiedot]

eigendom (bezit)	**omaisuus**	[omajsu:s]
unie (de)	**liitto**	[li:tto]
levensverzekering (de)	**hengen vakuutus**	[heŋen uaku:tus]
verzekeren (ww)	**vakuuttaa**	[uaku:tta:]
verzekering (de)	**vakuutus**	[uaku:tus]
veiling (de)	**huutokauppa**	[hu:to·kauppa]
verwittigen (ww)	**tiedottaa**	[tiedotta:]
beheer (het)	**johtaminen**	[johtaminen]
dienst (de)	**palvelus**	[paluelus]
forum (het)	**foorumi**	[fo:rumi]
functioneren (ww)	**toimia**	[tojmia]
stap, etappe (de)	**vaihe**	[uajhe]
juridisch (bn)	**oikeustieteellinen**	[ojkeus·tiete:llinen]
jurist (de)	**lakimies**	[lakimies]

106. Productie. Werken

industriële installatie (fabriek)	**tehdas**	[tehdas]
fabriek (de)	**tehdas**	[tehdas]
werkplaatsruimte (de)	**työpaja**	[tyøpaja]
productielocatie (de)	**tehdas**	[tehdas]
industrie (de)	**teollisuus**	[teollisu:s]
industrieel (bn)	**teollinen**	[teollinen]
zware industrie (de)	**raskas teollisuus**	[raskas teollisu:s]
lichte industrie (de)	**kevyt teollisuus**	[keuyt teollisu:s]
productie (de)	**tuotanto**	[tuotanto]
produceren (ww)	**tuottaa**	[tuotta:]
grondstof (de)	**raaka-aine**	[ra:ka·ajne]
voorman, ploegbaas (de)	**työnjohtaja**	[tyøn·johtaja]
ploeg (de)	**työprikaati**	[tyø·prika:ti]
arbeider (de)	**työläinen**	[tyølæjnen]
werkdag (de)	**työpäivä**	[tyø·pæjuæ]
pauze (de)	**seisaus**	[seisaus]
samenkomst (de)	**kokous**	[kokous]
bespreken (spreken over)	**käsitellä**	[kæsitellæ]
plan (het)	**suunnitelma**	[su:nnitelma]
het plan uitvoeren	**täyttää suunnitelma**	[tæjttæ: su:nnitelma]
productienorm (de)	**ulostulonopeus**	ulostulo·nopeus
kwaliteit (de)	**laatu, kvaliteetti**	[la:tu], [kualite:tti]
controle (de)	**tarkastus**	[tarkastus]
kwaliteitscontrole (de)	**laadunvalvonta**	[la:dun·ualuonta]
arbeidsveiligheid (de)	**työturvallisuus**	[tyø·turuallisu:s]
discipline (de)	**kuri**	[kuri]
overtreding (de)	**rikkomus**	[rikkomus]
overtreden (ww)	**rikkoa**	[rikkoa]

staking (de)	**lakko**	[lakko]
staker (de)	**lakkolainen**	[lakkolajnen]
staken (ww)	**lakkoilla**	[lakkojlla]
vakbond (de)	**ammattiliitto**	[ammatti·li:tto]
uitvinden (machine, enz.)	**keksiä**	[keksiæ]
uitvinding (de)	**keksintö**	[keksintø]
onderzoek (het)	**tutkimus**	[tutkimus]
verbeteren (beter maken)	**parantaa**	[paranta:]
technologie (de)	**teknologia**	[teknologia]
technische tekening (de)	**piirustus**	[pi:rustus]
vracht (de)	**lasti**	[lasti]
lader (de)	**lastaaja**	[lasta:ja]
laden (vrachtwagen)	**kuormata**	[kuormata]
laden (het)	**kuormaamista**	[kuorma:mista]
lossen (ww)	**purkaa lasti**	[purka: lasti]
lossen (het)	**purkamista**	[purkamista]
transport (het)	**kulkuneuvot**	[kulku·neuυot]
transportbedrijf (de)	**kuljetusyhtiö**	[kuljetus·yhtiø]
transporteren (ww)	**kuljettaa**	[kuljetta:]
goederenwagon (de)	**tavaravaunu**	[taυara·υaunu]
tank (bijv. ketelwagen)	**säiliö**	[sæjliø]
vrachtwagen (de)	**kuorma-auto**	[kuorma·auto]
machine (de)	**työstökone**	[tyøstø·kone]
mechanisme (het)	**koneisto**	[konejsto]
industrieel afval (het)	**teollisuusjäte**	[teollisu:s·jæte]
verpakking (de)	**pakkaaminen**	[pakka:minen]
verpakken (ww)	**pakata**	[pakata]

107. Contract. Overeenstemming

contract (het)	**sopimus**	[sopimus]
overeenkomst (de)	**sopimus**	[sopimus]
bijlage (de)	**liite**	[li:te]
een contract sluiten	**tehdä sopimus**	[tehdæ sopimus]
handtekening (de)	**allekirjoitus**	[alle·kirjoitus]
ondertekenen (ww)	**allekirjoittaa**	[allekirjoitta:]
stempel (de)	**leima**	[lejma]
voorwerp (het) van de overeenkomst	**sopimuksen kohde**	[sopimuksen kohde]
clausule (de)	**klausuuli**	[klausu:li]
partijen (mv.)	**asianosaiset**	[asian·osajset]
vestigingsadres (het)	**juridinen osoite**	[juridinen osojte]
het contract verbreken (overtreden)	**rikkoa sopimus**	[rikkoa sopimus]
verplichting (de)	**sitoumus**	[sitoumus]

verantwoordelijkheid (de)	**vastuu**	[ʋastu:]
overmacht (de)	**ylivoimainen este**	[yliʋojmɑjnen este]
geschil (het)	**kiista, väittely**	[ki:stɑ], [ʋæjttely]
sancties (mv.)	**sakkosanktiot**	[sɑkko·sɑŋktiot]

108. Import & Export

import (de)	**tuonti**	[tuonti]
importeur (de)	**maahantuoja**	[mɑ:hɑn·tuojɑ]
importeren (ww)	**tuoda maahan**	[tuodɑ mɑ:hɑn]
import- (abn)	**tuonti-**	[tuonti]
uitvoer (export)	**vienti**	[ʋienti]
exporteur (de)	**maastaviejä**	[mɑ:stɑʋiejæ]
exporteren (ww)	**viedä maasta**	[ʋiedæ mɑ:stɑ]
uitvoer- (bijv., ~goederen)	**vienti-**	[ʋienti]
goederen (mv.)	**tavara**	[tɑʋɑrɑ]
partij (de)	**erä**	[eræ]
gewicht (het)	**paino**	[pɑjno]
volume (het)	**tilavuus**	[tilɑʋu:s]
kubieke meter (de)	**kuutiometri**	[ku:tio·metri]
producent (de)	**tuottaja**	[tuottɑjɑ]
transportbedrijf (de)	**liikenneyhtiö**	[li:kenne·yhtiø]
container (de)	**kontti**	[kontti]
grens (de)	**raja**	[rɑjɑ]
douane (de)	**tulli**	[tulli]
douanerecht (het)	**tullimaksu**	[tulli·mɑksu]
douanier (de)	**tullimies**	[tullimies]
smokkelen (het)	**salakuljetus**	[sɑlɑ·kuljetus]
smokkelwaar (de)	**salakuljetustavara**	[sɑlɑ·kuljetus·tɑʋɑrɑ]

109. Financiën

aandeel (het)	**osake**	[osɑke]
obligatie (de)	**obligaatio**	[obligɑ:tio]
wissel (de)	**vekseli**	[ʋekseli]
beurs (de)	**pörssi**	[pørssi]
aandelenkoers (de)	**osakekurssi**	[osɑke·kurssi]
dalen (ww)	**halventua**	[hɑlʋentuɑ]
stijgen (ww)	**kallistua**	[kɑllistuɑ]
deel (het)	**osuus**	[osu:s]
meerderheidsbelang (het)	**osake-enemmistö**	[osɑke·enemmistø]
investeringen (mv.)	**investointi**	[inʋestojnti]
investeren (ww)	**investoida**	[inʋestojdɑ]

procent (het)	**prosentti**	[prosentti]
rente (de)	**korko**	[korko]
winst (de)	**voitto**	[ʋojtto]
winstgevend (bn)	**kannattava**	[kannattaʋa]
belasting (de)	**vero**	[ʋero]
valuta (vreemde ~)	**valuutta**	[ʋalu:tta]
nationaal (bn)	**kansallinen**	[kansallinen]
ruil (de)	**vaihto**	[ʋajhto]
boekhouder (de)	**kirjanpitäjä**	[kirjan·pitæjæ]
boekhouding (de)	**kirjanpito**	[kirjan·pito]
bankroet (het)	**vararikko**	[ʋara·rikko]
ondergang (de)	**romahdus**	[romahdus]
faillissement (het)	**perikato**	[perikato]
geruïneerd zijn (ww)	**joutua perikatoon**	[joutua perikato:n]
inflatie (de)	**inflaatio**	[infla:tio]
devaluatie (de)	**devalvaatio**	[deʋalʋa:tio]
kapitaal (het)	**pääoma**	[pæ:oma]
inkomen (het)	**ansio, tulo**	[ansio], [tulo]
omzet (de)	**kierto**	[kierto]
middelen (mv.)	**varat**	[ʋarat]
financiële middelen (mv.)	**rahavarat**	[raɦa·ʋarat]
operationele kosten (mv.)	**yleiskulut**	[ylejskulut]
reduceren (kosten ~)	**supistaa**	[supista:]

110. Marketing

marketing (de)	**markkinointi**	[markkinojnti]
markt (de)	**markkinat**	[markkinat]
marktsegment (het)	**markkinoiden segmentti**	[markkinojden segmentti]
product (het)	**tuote**	[tuote]
goederen (mv.)	**tavara**	[taʋara]
merk (het)	**brändi**	[brændi]
handelsmerk (het)	**tavaramerkki**	[taʋara·merkki]
beeldmerk (het)	**logo, liikemerkki**	[logo], [li:ke·merkki]
logo (het)	**logotyyppi**	[logoty:ppi]
vraag (de)	**kysyntä**	[kysyntæ]
aanbod (het)	**tarjous**	[tarjous]
behoefte (de)	**tarve**	[tarʋe]
consument (de)	**kuluttaja**	[kuluttaja]
analyse (de)	**analyysi**	[analy:si]
analyseren (ww)	**analysoida**	[analysojda]
positionering (de)	**asemointi**	[asemojnti]
positioneren (ww)	**asemoida**	[asemojda]
prijs (de)	**hinta**	[hinta]
prijspolitiek (de)	**hintapolitiikka**	[hinta·politi:kka]
prijsvorming (de)	**hinnanmuodostus**	[hinnan·muodostus]

111. Reclame

reclame (de)	**mainos**	[majnos]
adverteren (ww)	**mainostaa**	[majnosta:]
budget (het)	**budjetti**	[budjetti]
advertentie, reclame (de)	**mainos**	[majnos]
TV-reclame (de)	**televisiomainos**	[televisio·majnos]
radioreclame (de)	**radiomainos**	[radio·majnos]
buitenreclame (de)	**ulkomainos**	[ulko·majnos]
massamedia (de)	**joukkotiedotusvälineet**	[joukko·tiedotus·væline:t]
periodiek (de)	**aikakausjulkaisu**	[ajkakaus·julkajsu]
imago (het)	**imago**	[imago]
slagzin (de)	**iskulause**	[isku·lause]
motto (het)	**tunnuslause**	[tunnus·lause]
campagne (de)	**kampanja**	[kampanja]
reclamecampagne (de)	**mainoskampanja**	[majnos·kampanja]
doelpubliek (het)	**kohderyhmä**	[kohde·ryhmæ]
visitekaartje (het)	**nimikortti**	[nimi·kortti]
flyer (de)	**lehtinen**	[lehtinen]
brochure (de)	**brosyyri**	[brosy:ri]
folder (de)	**kirjanen**	[kirjanen]
nieuwsbrief (de)	**uutiskirje**	[u:tis·kirje]
gevelreclame (de)	**kauppakyltti**	[kauppa·kyltti]
poster (de)	**juliste, plakaatti**	[juliste], [plaka:tti]
aanplakbord (het)	**mainoskilpi**	[majnos·kilpi]

112. Bankieren

bank (de)	**pankki**	[paŋkki]
bankfiliaal (het)	**osasto**	[osasto]
bankbediende (de)	**neuvoja**	[neuʋoja]
manager (de)	**johtaja**	[johtaja]
bankrekening (de)	**tili**	[tili]
rekeningnummer (het)	**tilinumero**	[tili·numero]
lopende rekening (de)	**käyttötili**	[kæyttø·tili]
spaarrekening (de)	**säästötili**	[sæ:stø·tili]
een rekening openen	**avata tili**	[aʋata tili]
de rekening sluiten	**kuolettaa tili**	[kuoletta: tili]
op rekening storten	**tallettaa rahaa tilille**	[talletta: raɦa: tilille]
opnemen (ww)	**nostaa rahaa tililtä**	[nosta: raɦa: tililta]
storting (de)	**talletus**	[talletus]
een storting maken	**tallettaa**	[talletta:]
overschrijving (de)	**rahansiirto**	[raɦan·si:rto]

een overschrijving maken	**siirtää**	[si:rtæ:]
som (de)	**summa**	[summa]
Hoeveel?	**paljonko**	[paljoŋko]
handtekening (de)	**allekirjoitus**	[alle·kirjoitus]
ondertekenen (ww)	**allekirjoittaa**	[allekirjoitta:]
kredietkaart (de)	**luottokortti**	[luotto·kortti]
code (de)	**koodi**	[ko:di]
kredietkaartnummer (het)	**luottokortin numero**	[luotto·kortin numero]
geldautomaat (de)	**pankkiautomaatti**	[paŋkki·automa:tti]
cheque (de)	**sekki**	[sekki]
een cheque uitschrijven	**kirjoittaa sekki**	[kirjoitta: sekki]
chequeboekje (het)	**sekkivihko**	[sekki·ʋihko]
lening, krediet (de)	**laina**	[lajna]
een lening aanvragen	**hakea lainaa**	[hakea lajna:]
een lening nemen	**saada lainaa**	[sa:da lajna:]
een lening verlenen	**antaa lainaa**	[anta: lajna:]
garantie (de)	**takuu**	[taku:]

113. Telefoon. Telefoongesprek

telefoon (de)	**puhelin**	[puɦelin]
mobieltje (het)	**matkapuhelin**	[matka·puɦelin]
antwoordapparaat (het)	**puhelinvastaaja**	[puɦelin·ʋasta:ja]
bellen (ww)	**soittaa**	[sojtta:]
belletje (telefoontje)	**soitto, puhelu**	[sojtto], [puɦelu]
een nummer draaien	**valita numero**	[ʋalita numero]
Hallo!	**Hei!**	[hej]
vragen (ww)	**kysyä**	[kysyæ]
antwoorden (ww)	**vastata**	[ʋastata]
horen (ww)	**kuulla**	[ku:lla]
goed (bw)	**hyvin**	[hyʋin]
slecht (bw)	**huonosti**	[huonosti]
storingen (mv.)	**häiriöt**	[hæjriøt]
hoorn (de)	**kuuloke**	[ku:loke]
opnemen (ww)	**nostaa luuri**	[nosta: lu:ri]
ophangen (ww)	**lopettaa puhelu**	[lopetta: puɦelu]
bezet (bn)	**varattu**	[ʋarattu]
overgaan (ww)	**soittaa**	[sojtta:]
telefoonboek (het)	**puhelinluettelo**	[puɦelin·luettelo]
lokaal (bn)	**paikallis-**	[pajkallis]
lokaal gesprek (het)	**paikallispuhelu**	[pajkallis·puɦelu]
interlokaal (bn)	**kauko-**	[kauko]
interlokaal gesprek (het)	**kaukopuhelu**	[kauko·puɦelu]
buitenlands (bn)	**ulkomaa**	[ulkoma:]
buitenlands gesprek (het)	**ulkomaanpuhelu**	[ulkoma:n·puɦelu]

114. Mobiele telefoon

mobieltje (het)	**matkapuhelin**	[matka·puɦelin]
scherm (het)	**näyttö**	[næyttø]
toets, knop (de)	**näppäin**	[næppæjn]
simkaart (de)	**SIM-kortti**	[sim·kortti]
batterij (de)	**paristo**	[paristo]
leeg zijn (ww)	**olla tyhjä**	[olla tyhjæ]
acculader (de)	**laturi**	[laturi]
menu (het)	**valikko**	[ʋalikko]
instellingen (mv.)	**asetukset**	[asetukset]
melodie (beltoon)	**melodia**	[melodia]
selecteren (ww)	**valita**	[ʋalita]
rekenmachine (de)	**laskin**	[laskin]
voicemail (de)	**puhelinvastaaja**	[puɦelin·ʋasta:ja]
wekker (de)	**herätyskello**	[herætys·kello]
contacten (mv.)	**puhelinluettelo**	[puɦelin·luettelo]
SMS-bericht (het)	**tekstiviesti**	[teksti·ʋiesti]
abonnee (de)	**tilaaja**	[tila:ja]

115. Schrijfbehoeften

balpen (de)	**täytekynä**	[tæyte·kynæ]
vulpen (de)	**sulkakynä**	[sulka·kynæ]
potlood (het)	**lyijykynä**	[lyjy·kynæ]
marker (de)	**korostuskynä**	[korostus·kynæ]
viltstift (de)	**huopakynä**	[huopa·kynæ]
notitieboekje (het)	**lehtiö**	[lehtiø]
agenda (boekje)	**päiväkirja**	[pæjʋæ·kirja]
liniaal (de/het)	**viivoitin**	[ʋi:ʋojtin]
rekenmachine (de)	**laskin**	[laskin]
gom (de)	**kumi**	[kumi]
punaise (de)	**nasta**	[nasta]
paperclip (de)	**paperiliitin**	[paperi·li:tin]
lijm (de)	**liima**	[li:ma]
nietmachine (de)	**nitoja**	[nitoja]
perforator (de)	**rei'itin**	[rej·itin]
potloodslijper (de)	**teroitin**	[terojtin]

116. Verschillende soorten documenten

verslag (het)	**selostus, raportti**	[selostus], [raportti]
overeenkomst (de)	**sopimus**	[sopimus]

aanvraagformulier (het)	**tilaus**	[tilaus]
origineel, authentiek (bn)	**alkuperäinen**	[alkuperæjnen]
badge, kaart (de)	**nimikortti**	[nimi·kortti]
visitekaartje (het)	**nimikortti**	[nimi·kortti]
certificaat (het)	**sertifikaatti**	[sertifika:tti]
cheque (de)	**sekki**	[sekki]
rekening (in restaurant)	**lasku**	[lasku]
grondwet (de)	**perustuslaki**	[perustus·laki]
contract (het)	**sopimus**	[sopimus]
kopie (de)	**kopio**	[kopio]
exemplaar (het)	**kopio, kappale**	[kopio], [kappale]
douaneaangifte (de)	**tullausilmoitus**	[tullaus·ilmojtus]
document (het)	**asiakirja**	[asia·kirja]
rijbewijs (het)	**ajokortti**	[ajo·kortti]
bijlage (de)	**liite**	[li:te]
formulier (het)	**lomake**	[lomake]
identiteitskaart (de)	**virkamerkki**	[ʋirka·merkki]
aanvraag (de)	**kysely**	[kysely]
uitnodigingskaart (de)	**kutsulippu**	[kutsu·lippu]
factuur (de)	**lasku**	[lasku]
wet (de)	**laki**	[laki]
brief (de)	**kirje**	[kirje]
briefhoofd (het)	**kirjelomake**	[kirje·lomake]
lijst (de)	**lista**	[lista]
manuscript (het)	**käsikirjoitus**	[kæsi·kirjoitus]
nieuwsbrief (de)	**uutiskirje**	[u:tis·kirje]
briefje (het)	**kirjelappu**	[kirje·lappu]
pasje (voor personeel, enz.)	**kulkulupa**	[kulku·lupa]
paspoort (het)	**passi**	[passi]
vergunning (de)	**lupa**	[lupa]
CV, curriculum vitae (het)	**ansioluettelo**	[ansio·luettelo]
schuldbekentenis (de)	**velkakirja**	[ʋelka·kirja]
kwitantie (de)	**kuitti**	[kuitti]
bon (kassabon)	**kuitti**	[kuitti]
rapport (het)	**raportti**	[raportti]
tonen (paspoort, enz.)	**esittää**	[esittæ:]
ondertekenen (ww)	**allekirjoittaa**	[allekirjoitta:]
handtekening (de)	**allekirjoitus**	[alle·kirjoitus]
stempel (de)	**leima**	[lejma]
tekst (de)	**teksti**	[teksti]
biljet (het)	**lippu**	[lippu]
doorhalen (doorstrepen)	**yliviivata**	[yliʋi:ʋata]
invullen (een formulier ~)	**täyttää**	[tæyttæ:]
vrachtbrief (de)	**rahtikirja**	[rahti·kirja]
testament (het)	**testamentti**	[testamentti]

117. Soorten bedrijven

uitzendbureau (het)	**henkilöstön valintatoimisto**	[heŋkiløstøn ʋalinta·tojmisto]
bewakingsfirma (de)	**vartioimisliike**	[ʋartiojmis·li:ke]
persbureau (het)	**tietotoimisto**	[tieto·tojmisto]
reclamebureau (het)	**mainostoimisto**	[majnos·tojmisto]
antiek (het)	**antikvariaatti**	[antikʋaria:tti]
verzekering (de)	**vakuutus**	[ʋaku:tus]
naaiatelier (het)	**ateljee**	[atelje:]
banken (mv.)	**pankkitoiminta**	[paŋkki·tojminta]
bar (de)	**baari**	[ba:ri]
bouwbedrijven (mv.)	**rakennusala**	[rakennus·ala]
juwelen (mv.)	**koruesineet**	[koruesine:t]
juwelier (de)	**kultaseppä**	[kulta·seppæ]
wasserette (de)	**pesula**	[pesula]
alcoholische dranken (mv.)	**alkoholijuomat**	[alkoɦoli·juomat]
nachtclub (de)	**yökerho**	[yø·kerho]
handelsbeurs (de)	**pörssi**	[pørssi]
bierbrouwerij (de)	**olutpanimo**	[olut·panimo]
uitvaartcentrum (het)	**hautaustoimisto**	[hautaus·tojmisto]
casino (het)	**kasino**	[kasino]
zakencentrum (het)	**liiketoimisto**	[li:ke·tojmisto]
bioscoop (de)	**elokuvateatteri**	[elokuʋa·teatteri]
airconditioning (de)	**ilmastointilaitteet**	[ilmastojnti·lajtte:t]
handel (de)	**kauppa**	[kauppa]
luchtvaartmaatschappij (de)	**lentoyhtiö**	[lento·yhtiø]
adviesbureau (het)	**neuvola**	[neuʋola]
koerierdienst (de)	**lähetintoimisto**	[læɦetin·tojmisto]
tandheelkunde (de)	**hammashoito**	[hammas·hojto]
design (het)	**muotoilu**	[muotojlu]
business school (de)	**liikekoulu**	[li:ke·koulu]
magazijn (het)	**varasto**	[ʋarasto]
kunstgalerie (de)	**taidegalleria**	[taide·galleria]
ijsje (het)	**jäätelö**	[jæ:telø]
hotel (het)	**hotelli**	[hotelli]
vastgoed (het)	**kiinteistö**	[ki:ntejstø]
drukkerij (de)	**kirjapainoala**	[kirja·pajno·ala]
industrie (de)	**teollisuus**	[teollisu:s]
Internet (het)	**internet, netti**	[internet], [netti]
investeringen (mv.)	**investointi**	[inʋestojnti]
krant (de)	**lehti**	[lehti]
boekhandel (de)	**kirjakauppa**	[kirja·kauppa]
lichte industrie (de)	**kevyt teollisuus**	[keʋyt teollisu:s]
winkel (de)	**kauppa**	[kauppa]
uitgeverij (de)	**kustantamo**	[kustantamo]

medicijnen (mv.)	**lääketiede**	[læ:ke·tiede]
meubilair (het)	**huonekalut**	[huone·kalut]
museum (het)	**museo**	[museo]
olie (aardolie)	**öljy**	[øljy]
apotheek (de)	**apteekki**	[apte:kki]
farmacie (de)	**farmasia**	[farmasia]
zwembad (het)	**uima-allas**	[ujma·allas]
stomerij (de)	**kemiallinen pesu**	[kemiallinen pesu]
voedingswaren (mv.)	**ruokatavarat**	[ruoka·tauarat]
reclame (de)	**mainos**	[majnos]
radio (de)	**radio**	[radio]
afvalinzameling (de)	**roskien vienti**	[roskien uienti]
restaurant (het)	**ravintola**	[rauintola]
tijdschrift (het)	**aikakauslehti**	[ajkakaus·lehti]
schoonheidssalon (de/het)	**kauneushoitola**	[kauneus·hojtola]
financiële diensten (mv.)	**rahoituspalvelut**	[rahojtus·paluelut]
juridische diensten (mv.)	**oikeudelliset palvelut**	[ojkeudelliset paluelut]
boekhouddiensten (mv.)	**kirjanpitopalvelut**	[kirjan·pito·paluelut]
audit diensten (mv.)	**tilintarkastuspalvelut**	[tilin·tarkastus·paluelut]
sport (de)	**urheilu**	[urhejlu]
supermarkt (de)	**supermarketti**	[super·marketti]
televisie (de)	**televisio**	[teleuisio]
theater (het)	**teatteri**	[teatteri]
toerisme (het)	**matkailu**	[matkajlu]
transport (het)	**kuljetukset**	[kuljetukset]
postorderbedrijven (mv.)	**postiluettelokauppa**	[posti·luettelo·kauppa]
kleding (de)	**vaatteet**	[ua:tte:t]
dierenarts (de)	**eläinlääkäri**	[elæjn·læ:kari]

Baan. Business. Deel 2

118. Show. Tentoonstelling

beurs (de)	**näyttely**	[næyttely]
vakbeurs, handelsbeurs (de)	**kauppanäyttely**	[kauppa·næyttely]
deelneming (de)	**osallistuminen**	[osallistuminen]
deelnemen (ww)	**osallistua**	[osallistua]
deelnemer (de)	**näytteilleasettajalle**	[næyttelle·asettajalle]
directeur (de)	**johtaja**	[johtaja]
organisatiecomité (het)	**näyttelytoimikunta**	[næyttely·tojmikunta]
organisator (de)	**järjestäjä**	[jærjestæjæ]
organiseren (ww)	**järjestää**	[jærjestæ:]
deelnemingsaanvraag (de)	**ilmoittautumislomake**	[ilmojttautumis·lomake]
invullen (een formulier ~)	**täyttää**	[tæyttæ:]
details (mv.)	**yksityiskohdat**	[yksityjs·kohdat]
informatie (de)	**tiedot**	[tiedot]
prijs (de)	**hinta**	[hinta]
inclusief (bijv. ~ BTW)	**sisältäen**	[sisæltæen]
inbegrepen (alles ~)	**sisältää**	[sisæltæ:]
betalen (ww)	**maksaa**	[maksa:]
registratietarief (het)	**rekisteröintimaksu**	[rekisterøjnti·maksu]
ingang (de)	**sisäänkäynti**	[sisæ:n·kæynti]
paviljoen (het), hal (de)	**näyttelysali, paviljonki**	[næyttely·sali], [pauiljoŋki]
registreren (ww)	**rekisteröidä**	[rekisterøjdæ]
badge, kaart (de)	**nimikortti**	[nimi·kortti]
beursstand (de)	**osasto**	[osasto]
reserveren (een stand ~)	**varata**	[uarata]
vitrine (de)	**lasikko**	[lasikko]
licht (het)	**valo, valaisin**	[ualo], [ualajsin]
design (het)	**muotoilu**	[muotojlu]
plaatsen (ww)	**sijoittaa**	[sijoitta:]
distributeur (de)	**jakelija**	[jakelija]
leverancier (de)	**toimittaja**	[tojmittaja]
leveren (ww)	**toimittaa**	[tojmitta:]
land (het)	**maa**	[ma:]
buitenlands (bn)	**ulkomainen**	[ulkomajnen]
product (het)	**tuote**	[tuote]
associatie (de)	**yhdistys**	[yhdistys]
conferentiezaal (de)	**kokoussali**	[kokous·sali]

congres (het)	**kongressi**	[koŋressi]
wedstrijd (de)	**kilpailu**	[kilpɑjlu]
bezoeker (de)	**kävijä**	[kæʋijæ]
bezoeken (ww)	**käydä**	[kæydæ]
afnemer (de)	**asiakas**	[ɑsiɑkɑs]

119. Massamedia

krant (de)	**lehti**	[lehti]
tijdschrift (het)	**aikakauslehti**	[ɑjkɑkɑus·lehti]
pers (gedrukte media)	**lehdistö**	[lehdistø]
radio (de)	**radio**	[rɑdio]
radiostation (het)	**radioasema**	[rɑdio·ɑsemɑ]
televisie (de)	**televisio**	[teleʋisio]
presentator (de)	**juontaja**	[juontɑjɑ]
nieuwslezer (de)	**uutistenlukija**	[u:tistenlukijɑ]
commentator (de)	**kommentoija**	[kommentojɑ]
journalist (de)	**lehtimies**	[lehtimies]
correspondent (de)	**kirjeenvaihtaja**	[kirje:n·ʋɑjhtɑjɑ]
fotocorrespondent (de)	**lehtivalokuvaaja**	[lehti·ʋɑlokuʋɑ:jɑ]
reporter (de)	**reportteri**	[reportteri]
redacteur (de)	**toimittaja**	[tojmittɑjɑ]
chef-redacteur (de)	**päätoimittaja**	[pæ:tojmittɑjɑ]
zich abonneren op	**tilata**	[tilɑtɑ]
abonnement (het)	**tilaus**	[tilɑus]
abonnee (de)	**tilaaja**	[tilɑ:jɑ]
lezen (ww)	**lukea**	[lukeɑ]
lezer (de)	**lukija**	[lukijɑ]
oplage (de)	**levikki**	[leʋikke]
maand-, maandelijks (bn)	**kuukautinen**	[ku:kɑutinen]
wekelijks (bn)	**viikoittainen**	[ʋi:kojttɑjnen]
nummer (het)	**numero**	[numero]
vers (~ van de pers)	**tuore**	[tuore]
kop (de)	**otsikko**	[otsikko]
korte artikel (het)	**pieni artikkeli**	[pieni ɑrtikkeli]
rubriek (de)	**palsta**	[pɑlstɑ]
artikel (het)	**artikkeli**	[ɑrtikkeli]
pagina (de)	**sivu**	[siʋu]
reportage (de)	**reportaasi**	[reportɑ:si]
gebeurtenis (de)	**tapahtuma**	[tɑpɑhtumɑ]
sensatie (de)	**sensaatio**	[sensɑ:tio]
schandaal (het)	**skandaali**	[skɑndɑ:li]
schandalig (bn)	**skandaalimainen**	[skɑndɑ:limɑjnen]
groot (~ schandaal, enz.)	**suuri**	[su:ri]
programma (het)	**ohjelma**	[ohjelmɑ]
interview (het)	**haastattelu**	[hɑ:stɑttelu]

live uitzending (de)	**suora lähetys**	[suora læɦetys]
kanaal (het)	**kanava**	[kanaʋa]

120. Landbouw

landbouw (de)	**maatalous**	[ma:talous]
boer (de)	**talonpoika**	[talon·pojka]
boerin (de)	**talonpoikaisnainen**	[talon·pojkajs·najnen]
landbouwer (de)	**farmari**	[farmari]
tractor (de)	**traktori**	[traktori]
maaidorser (de)	**leikkuupuimuri**	[lejkku:pujmuri]
ploeg (de)	**aura**	[aura]
ploegen (ww)	**kyntää**	[kyntæ:]
akkerland (het)	**kynnös**	[kynnøs]
voor (de)	**vako**	[ʋako]
zaaien (ww)	**kylvää**	[kylʋæ:]
zaaimachine (de)	**kylvökone**	[kylʋø·kone]
zaaien (het)	**kylvö**	[kylʋø]
zeis (de)	**viikate**	[ʋi:kate]
maaien (ww)	**niittää**	[ni:ttæ:]
schop (de)	**lapio**	[lapio]
spitten (ww)	**kyntää**	[kyntæ:]
schoffel (de)	**kuokka**	[kuokka]
wieden (ww)	**kitkeä**	[kitkea]
onkruid (het)	**rikkaruoho**	[rikka·ruoɦo]
gieter (de)	**kastelukannu**	[kastelu·kannu]
begieten (water geven)	**kastella**	[kastella]
bewatering (de)	**kastelu**	[kastelu]
riek, hooivork (de)	**hanko**	[haŋko]
hark (de)	**harava**	[haraʋa]
kunstmest (de)	**lannoite**	[lannojte]
bemesten (ww)	**lannoittaa**	[lannojtta:]
mest (de)	**lanta**	[lanta]
veld (het)	**pelto**	[pelto]
wei (de)	**niitty**	[ni:tty]
moestuin (de)	**kasvimaa**	[kasʋima:]
boomgaard (de)	**puutarha**	[pu:tarha]
weiden (ww)	**laiduntaa**	[lajdunta:]
herder (de)	**paimen**	[pajmen]
weiland (de)	**laidun**	[lajdun]
veehouderij (de)	**karjanhoito**	[karjan·hojto]
schapenteelt (de)	**lampaanhoito**	[lampa:n·hojto]

plantage (de)	**viljelys**	[ʋiljelys]
rijtje (het)	**rivi**	[riʋi]
broeikas (de)	**kasvihuone**	[kasʋi·huone]
droogte (de)	**kuivuus**	[kujʋu:s]
droog (bn)	**kuiva**	[kujʋɑ]
graan (het)	**vilja**	[ʋiljɑ]
graangewassen (mv.)	**viljat**	[ʋiljɑt]
oogsten (ww)	**korjata**	[korjɑtɑ]
molenaar (de)	**mylläri**	[myllæri]
molen (de)	**mylly**	[mylly]
malen (graan ~)	**jauhaa**	[jɑuɦɑ:]
bloem (bijv. tarwebloem)	**jauhot**	[jɑuɦot]
stro (het)	**olki**	[olki]

121. Gebouw. Bouwproces

bouwplaats (de)	**rakennustyömaa**	[rɑkennus·tyø·mɑ:]
bouwen (ww)	**rakentaa**	[rɑkentɑ:]
bouwvakker (de)	**rakentaja**	[rɑkentɑjɑ]
project (het)	**hanke**	[hɑŋke]
architect (de)	**arkkitehti**	[ɑrkkitehti]
arbeider (de)	**työläinen**	[tyølæjnen]
fundering (de)	**perusta, perustus**	[perustɑ], [perustus]
dak (het)	**katto**	[kɑtto]
heipaal (de)	**paalu**	[pɑ:lu]
muur (de)	**seinä**	[sejnæ]
betonstaal (het)	**raudoitus**	[rɑudojtus]
steigers (mv.)	**rakennustelineet**	[rɑkennus·teline:t]
beton (het)	**betoni**	[betoni]
graniet (het)	**graniitti**	[grɑni:tti]
steen (de)	**kivi**	[kiʋi]
baksteen (de)	**tiili**	[ti:li]
zand (het)	**hiekka**	[hiekkɑ]
cement (de/het)	**sementti**	[sementti]
pleister (het)	**rappauslaasti**	[rɑppɑus·lɑ:sti]
pleisteren (ww)	**rapata**	[rɑpɑtɑ]
verf (de)	**maali**	[mɑ:li]
verven (muur ~)	**maalata**	[mɑ:lɑtɑ]
ton (de)	**tynnyri**	[tynnyri]
kraan (de)	**nosturi**	[nosturi]
heffen, hijsen (ww)	**nostaa**	[nostɑ:]
neerlaten (ww)	**laskea**	[lɑskeɑ]
bulldozer (de)	**raivaustraktori**	[rɑjʋɑus·trɑktori]
graafmachine (de)	**kaivuri**	[kɑjʋuri]

graafbak (de)	**kauha**	[kauha]
graven (tunnel, enz.)	**kaivaa**	[kajua:]
helm (de)	**suojakypärä**	[suoja·kypæræ]

122. Wetenschap. Onderzoek. Wetenschappers

wetenschap (de)	**tiede**	[tiede]
wetenschappelijk (bn)	**tieteellinen**	[tiete:llinen]
wetenschapper (de)	**tiedemies**	[tiedemies]
theorie (de)	**teoria**	[teoria]
axioma (het)	**aksiomi**	[aksiomi]
analyse (de)	**analyysi**	[analy:si]
analyseren (ww)	**analysoida**	[analysojda]
argument (het)	**argumentti**	[argumentti]
substantie (de)	**aine**	[ajne]
hypothese (de)	**hypoteesi**	[hypote:si]
dilemma (het)	**dilemma**	[dilemma]
dissertatie (de)	**väitöskirja**	[uæjtøs·kirja]
dogma (het)	**dogmi**	[dogmi]
doctrine (de)	**doktriini, oppi**	[doktri:ni], [oppi]
onderzoek (het)	**tutkimus**	[tutkimus]
onderzoeken (ww)	**tutkia**	[tutkia]
toetsing (de)	**tarkastus**	[tarkastus]
laboratorium (het)	**laboratorio**	[laboratorio]
methode (de)	**metodi**	[metodi]
molecule (de/het)	**molekyyli**	[moleky:li]
monitoring (de)	**valvonta**	[ualuonta]
ontdekking (de)	**löytö**	[løytø]
postulaat (het)	**olettamus**	[olettamus]
principe (het)	**periaate**	[peria:te]
voorspelling (de)	**ennustus**	[ennustus]
een prognose maken	**ennustaa**	[ennusta:]
synthese (de)	**synteesi**	[synte:si]
tendentie (de)	**tendenssi**	[tendenssi]
theorema (het)	**lause, teoreema**	[lause], [teore:ma]
leerstellingen (mv.)	**opetukset**	[opetukset]
feit (het)	**tosiasia**	[tosiasia]
expeditie (de)	**löytöretki**	[løytø·retki]
experiment (het)	**koe**	[koe]
academicus (de)	**akateemikko**	[akate:mikko]
bachelor (bijv. BA, LLB)	**kandidaatti**	[kandida:tti]
doctor (de)	**tohtori**	[tohtori]
universitair docent (de)	**dosentti**	[dosentti]
master, magister (de)	**maisteri**	[majsteri]
professor (de)	**professori**	[professori]

Beroepen en ambachten

123. Zoeken naar werk. Ontslag

baan (de)	**työ**	[tyø]
personeel (het)	**henkilökunta**	[heŋkilø·kunta]
carrière (de)	**ura**	[ura]
vooruitzichten (mv.)	**mahdollisuudet**	[mahdollisu:det]
meesterschap (het)	**mestaruus**	[mestaru:s]
keuze (de)	**valinta**	[ʋalinta]
uitzendbureau (het)	**työvoimatoimisto**	[tyøʋojma·tojmisto]
CV, curriculum vitae (het)	**ansioluettelo**	[ansio·luettelo]
sollicitatiegesprek (het)	**työhaastattelu**	[tyø·ha:stattelu]
vacature (de)	**vakanssi**	[ʋakanssi]
salaris (het)	**palkka**	[palkka]
vaste salaris (het)	**kiinteä palkka**	[ki:nteæ palkka]
loon (het)	**maksu**	[maksu]
betrekking (de)	**virka**	[ʋirka]
taak, plicht (de)	**velvollisuus**	[ʋelʋollisu:s]
takenpakket (het)	**velvollisuudet**	[ʋelʋollisu:det]
bezig (~ zijn)	**varattu**	[ʋarattu]
ontslagen (ww)	**antaa potkut**	[anta: potkut]
ontslag (het)	**irtisanominen**	[irtisanominen]
werkloosheid (de)	**työttömyys**	[tyøttømy:s]
werkloze (de)	**työtön**	[tyøtøn]
pensioen (het)	**eläke**	[elæke]
met pensioen gaan	**jäädä eläkkeelle**	[jæ:dæ elække:lle]

124. Zakenmensen

directeur (de)	**johtaja**	[johtaja]
beheerder (de)	**johtaja**	[johtaja]
hoofd (het)	**esimies**	[esimies]
baas (de)	**päällikkö**	[pæ:llikkø]
superieuren (mv.)	**esimiehet**	[esimiehet]
president (de)	**presidentti**	[presidentti]
voorzitter (de)	**puheenjohtaja**	[puɦe:n·johtaja]
adjunct (de)	**sijainen**	[sijainen]
assistent (de)	**apulainen**	[apulajnen]
secretaris (de)	**sihteeri**	[sihte:ri]

persoonlijke assistent (de)	**henkilökohtainen avustaja**	[heŋkylø·kohtajnen aʋustaja]
zakenman (de)	**liikemies**	[li:kemies]
ondernemer (de)	**yrittäjä**	[yrittæjæ]
oprichter (de)	**perustaja**	[perustaja]
oprichten (een nieuw bedrijf ~)	**perustaa**	[perusta:]
stichter (de)	**perustaja**	[perustaja]
partner (de)	**partneri**	[partneri]
aandeelhouder (de)	**osakkeenomistaja**	[osakke:n·omistaja]
miljonair (de)	**miljonääri**	[miljonæ:ri]
miljardair (de)	**miljardööri**	[miljardø:ri]
eigenaar (de)	**omistaja**	[omistaja]
landeigenaar (de)	**maanomistaja**	[ma:n·omistaja]
klant (de)	**asiakas**	[asiakas]
vaste klant (de)	**vakituinen asiakas**	[ʋakitujnen asiakas]
koper (de)	**ostaja**	[ostaja]
bezoeker (de)	**kävijä**	[kæʋijæ]
professioneel (de)	**ammattilainen**	[ammattilajnen]
expert (de)	**asiantuntija**	[asiantuntija]
specialist (de)	**asiantuntija**	[asiantuntija]
bankier (de)	**pankkiiri**	[paŋkki:ri]
makelaar (de)	**pörssimeklari**	[pørssi·meklari]
kassier (de)	**kassanhoitaja**	[kassan·hojtaja]
boekhouder (de)	**kirjanpitäjä**	[kirjan·pitæjæ]
bewaker (de)	**vartija**	[ʋartija]
investeerder (de)	**sijoittaja**	[sijoittaja]
schuldenaar (de)	**velallinen**	[ʋelallinen]
crediteur (de)	**luotonantaja**	[luoton·antaja]
lener (de)	**lainanottaja**	[lajnan·ottaja]
importeur (de)	**maahantuoja**	[ma:han·tuoja]
exporteur (de)	**maastaviejä**	[ma:staʋiejæ]
producent (de)	**tuottaja**	[tuottaja]
distributeur (de)	**jakelija**	[jakelija]
bemiddelaar (de)	**välittäjä**	[ʋælittæjæ]
adviseur, consulent (de)	**neuvoja**	[neuʋoja]
vertegenwoordiger (de)	**edustaja**	[edustaja]
agent (de)	**asiamies**	[asiamies]
verzekeringsagent (de)	**vakuutusasiamies**	[ʋaku:tus·asiamies]

125. Dienstverlenende beroepen

kok (de)	**kokki**	[kokki]
chef-kok (de)	**keittiömestari**	[kejttiø·mestari]
bakker (de)	**leipuri**	[lejpuri]

barman (de)	**baarimestari**	[ba:ri·mestari]
kelner, ober (de)	**tarjoilija**	[tarjoilija]
serveerster (de)	**tarjoilijatar**	[tarjoilijatar]
advocaat (de)	**asianajaja**	[asianajaja]
jurist (de)	**lakimies**	[lakimies]
notaris (de)	**notaari**	[nota:ri]
elektricien (de)	**sähkömies**	[sæhkømies]
loodgieter (de)	**putkimies**	[putkimies]
timmerman (de)	**kirvesmies**	[kirυesmies]
masseur (de)	**hieroja**	[hieroja]
masseuse (de)	**naishieroja**	[najs·hieroja]
dokter, arts (de)	**lääkäri**	[læ:kæri]
taxichauffeur (de)	**taksinkuljettaja**	[taksiŋ·kuljettaja]
chauffeur (de)	**kuljettaja**	[kuljettaja]
koerier (de)	**kuriiri**	[kuri:ri]
kamermeisje (het)	**huonesiivooja**	[huone·si:υo:ja]
bewaker (de)	**vartija**	[υartija]
stewardess (de)	**lentoemäntä**	[lento·emæntæ]
meester (de)	**opettaja**	[opettaja]
bibliothecaris (de)	**kirjastonhoitaja**	[kirjaston·hojtaja]
vertaler (de)	**kääntäjä**	[kæ:ntæjæ]
tolk (de)	**tulkki**	[tulkki]
gids (de)	**opas**	[opas]
kapper (de)	**parturi**	[parturi]
postbode (de)	**postinkantaja**	[postiŋ·kantaja]
verkoper (de)	**myyjä**	[my:jæ]
tuinman (de)	**puutarhuri**	[pu:tarhuri]
huisbediende (de)	**palvelija**	[palυelija]
dienstmeisje (het)	**sisäkkö**	[sisækkø]
schoonmaakster (de)	**siivooja**	[si:υo:ja]

126. Militaire beroepen en rangen

soldaat (rang)	**sotamies**	[sotamies]
sergeant (de)	**kersantti**	[kersantti]
luitenant (de)	**luutnantti**	[lu:tnantti]
kapitein (de)	**kapteeni**	[kapte:ni]
majoor (de)	**majuri**	[majuri]
kolonel (de)	**eversti**	[eυersti]
generaal (de)	**kenraali**	[kenra:li]
maarschalk (de)	**marsalkka**	[marsalkka]
admiraal (de)	**amiraali**	[amira:li]
militair (de)	**sotilashenkilö**	[sotilas·heŋkilø]
soldaat (de)	**sotilas**	[sotilas]

officier (de)	**upseeri**	[upse:ri]
commandant (de)	**komentaja**	[komentaja]
grenswachter (de)	**rajavartija**	[raja·uartija]
marconist (de)	**radisti**	[radisti]
verkenner (de)	**tiedustelija**	[tiedustelija]
sappeur (de)	**pioneeri**	[pione:ri]
schutter (de)	**ampuja**	[ampuja]
stuurman (de)	**perämies**	[peræmies]

127. Ambtenaren. Priesters

koning (de)	**kuningas**	[kuniŋas]
koningin (de)	**kuningatar**	[kuniŋatar]
prins (de)	**prinssi**	[prinssi]
prinses (de)	**prinsessa**	[prinsessa]
tsaar (de)	**tsaari**	[tsa:ri]
tsarina (de)	**tsaaritar**	[tsa:ritar]
president (de)	**presidentti**	[presidentti]
minister (de)	**ministeri**	[ministeri]
eerste minister (de)	**pääministeri**	[pæ:ministeri]
senator (de)	**senaattori**	[sena:ttori]
diplomaat (de)	**diplomaatti**	[diploma:tti]
consul (de)	**konsuli**	[konsuli]
ambassadeur (de)	**suurlähettiläs**	[su:r·læɦettilæs]
adviseur (de)	**neuvos**	[neuuos]
ambtenaar (de)	**virkamies**	[uirkamies]
prefect (de)	**prefekti**	[prefekti]
burgemeester (de)	**kaupunginjohtaja**	[kaupuŋin·johtaja]
rechter (de)	**tuomari**	[tuomari]
aanklager (de)	**syyttäjä**	[sy:ttæjæ]
missionaris (de)	**lähetystyöntekijä**	[læɦetys·tyøntekija]
monnik (de)	**munkki**	[muŋkki]
abt (de)	**apotti**	[apotti]
rabbi, rabbijn (de)	**rabbi**	[rabbi]
vizier (de)	**visiiri**	[uisi:ri]
sjah (de)	**šaahi**	[ʃa:hi]
sjeik (de)	**šeikki**	[ʃejkki]

128. Agrarische beroepen

imker (de)	**mehiläishoitaja**	[meɦilæjs·hojtaja]
herder (de)	**paimen**	[pajmen]
landbouwkundige (de)	**agronomi**	[agronomi]

veehouder (de)	**karjanhoitaja**	[karjan·hojtaja]
dierenarts (de)	**eläinlääkäri**	[elæjn·læ:kari]
landbouwer (de)	**farmari**	[farmari]
wijnmaker (de)	**viininvalmistaja**	[ʋi:nin·ʋalmistaja]
zoöloog (de)	**eläintieteilijä**	[elæjn·tietejlijæ]
cowboy (de)	**cowboy**	[kauboj]

129. Kunst beroepen

acteur (de)	**näyttelijä**	[næyttelijæ]
actrice (de)	**näyttelijätär**	[næyttelijætær]
zanger (de)	**laulaja**	[laulaja]
zangeres (de)	**laulaja**	[laulaja]
danser (de)	**tanssija**	[tanssija]
danseres (de)	**tanssijatar**	[tanssijatar]
artiest (mann.)	**näyttelijä**	[næyttelijæ]
artiest (vrouw.)	**näyttelijätär**	[næyttelijætær]
muzikant (de)	**muusikko**	[mu:sikko]
pianist (de)	**pianisti**	[pianisti]
gitarist (de)	**kitaransoittaja**	[kitaran·sojttaja]
orkestdirigent (de)	**kapellimestari**	[kapelli·mestari]
componist (de)	**säveltäjä**	[sæʋeltæjæ]
impresario (de)	**impressaari**	[impressa:ri]
filmregisseur (de)	**ohjaaja**	[ohja:ja]
filmproducent (de)	**elokuvatuottaja**	[elokuʋa·tuottaja]
scenarioschrijver (de)	**käsikirjoittaja**	[kæsi·kirjoittaja]
criticus (de)	**arvostelija**	[arʋostelija]
schrijver (de)	**kirjailija**	[kirjailija]
dichter (de)	**runoilija**	[runojlija]
beeldhouwer (de)	**kuvanveistäjä**	[kuʋan·ʋejstæjæ]
kunstenaar (de)	**taiteilija**	[tajtejlija]
jongleur (de)	**jonglööri**	[joŋlø:ri]
clown (de)	**klovni**	[kloʋni]
acrobaat (de)	**akrobaatti**	[akroba:tti]
goochelaar (de)	**taikuri**	[tajkuri]

130. Verschillende beroepen

dokter, arts (de)	**lääkäri**	[læ:kæri]
ziekenzuster (de)	**sairaanhoitaja**	[sajra:n·hojtaja]
psychiater (de)	**psykiatri**	[psykiatri]
tandarts (de)	**hammaslääkäri**	[hammas·læ:kæri]
chirurg (de)	**kirurgi**	[kirurgi]

astronaut (de)	**astronautti**	[ɑstronɑutti]
astronoom (de)	**tähtitieteilijä**	[tæhti·tietejlijæ]
piloot (de)	**lentäjä**	[lentæjæ]
chauffeur (de)	**kuljettaja**	[kuljettɑjɑ]
machinist (de)	**junankuljettaja**	[yneŋ·kuljettɑjɑ]
mecanicien (de)	**mekaanikko**	[mekɑ:nikko]
mijnwerker (de)	**kaivosmies**	[kɑjʋosmies]
arbeider (de)	**työläinen**	[tyølæjnen]
bankwerker (de)	**lukkoseppä**	[lukko·seppæ]
houtbewerker (de)	**puuseppä**	[pu:seppæ]
draaier (de)	**sorvari**	[sorʋɑri]
bouwvakker (de)	**rakentaja**	[rɑkentɑjɑ]
lasser (de)	**hitsari**	[hitsɑri]
professor (de)	**professori**	[professori]
architect (de)	**arkkitehti**	[ɑrkkitehti]
historicus (de)	**historioitsija**	[historiojtsijɑ]
wetenschapper (de)	**tiedemies**	[tiedemies]
fysicus (de)	**fyysikko**	[fy:sikko]
scheikundige (de)	**kemisti**	[kemisti]
archeoloog (de)	**arkeologi**	[ɑrkeologi]
geoloog (de)	**geologi**	[geologi]
onderzoeker (de)	**tutkija**	[tutkijɑ]
babysitter (de)	**lastenhoitaja**	[lɑsten·hojtɑjɑ]
leraar, pedagoog (de)	**pedagogi**	[pedɑgogi]
redacteur (de)	**toimittaja**	[tojmittɑjɑ]
chef-redacteur (de)	**päätoimittaja**	[pæ:tojmittɑjɑ]
correspondent (de)	**kirjeenvaihtaja**	[kirje:n·ʋɑjhtɑjɑ]
typiste (de)	**konekirjoittaja**	[kone·kirjoittɑjɑ]
designer (de)	**muotoilija**	[muotojlijɑ]
computerexpert (de)	**tietokoneasiantuntija**	[tietokone·ɑsiɑntuntijɑ]
programmeur (de)	**ohjelmoija**	[ohjelmojɑ]
ingenieur (de)	**insinööri**	[insinø:ri]
matroos (de)	**merimies**	[merimies]
zeeman (de)	**matruusi**	[mɑtru:si]
redder (de)	**pelastaja**	[pelɑstɑjɑ]
brandweerman (de)	**palomies**	[pɑlomies]
politieagent (de)	**poliisi**	[poli:si]
nachtwaker (de)	**vahti**	[ʋɑhti]
detective (de)	**etsivä**	[etsiʋæ]
douanier (de)	**tullimies**	[tullimies]
lijfwacht (de)	**henkivartija**	[heŋki·ʋɑrtijɑ]
gevangenisbewaker (de)	**vanginvartija**	[ʋɑŋin·ʋɑrtijɑ]
inspecteur (de)	**tarkastaja**	[tɑrkɑstɑjɑ]
sportman (de)	**urheilija**	[urhejlijɑ]
trainer (de)	**valmentaja**	[ʋɑlmentɑjɑ]

slager, beenhouwer (de)	**lihanleikkaaja**	[lihan·lejkka:ja]
schoenlapper (de)	**suutari**	[su:tari]
handelaar (de)	**kauppias**	[kauppjas]
lader (de)	**lastaaja**	[lasta:ja]
kledingstilist (de)	**muotisuunnittelija**	[muoti·su:nnittelija]
model (het)	**malli**	[malli]

131. Beroepen. Sociale status

scholier (de)	**koululainen**	[koululajnen]
student (de)	**ylioppilas**	[yli·oppilas]
filosoof (de)	**filosofi**	[filosofi]
econoom (de)	**taloustieteilijä**	[talous·tietejlijæ]
uitvinder (de)	**keksijä**	[keksijæ]
werkloze (de)	**työtön**	[tyøtøn]
gepensioneerde (de)	**eläkeläinen**	[elækelæjnen]
spion (de)	**vakoilija**	[ʋakojlija]
gedetineerde (de)	**vanki**	[ʋaŋki]
staker (de)	**lakkolainen**	[lakkolajnen]
bureaucraat (de)	**byrokraatti**	[byrokra:tti]
reiziger (de)	**matkailija**	[matkajlija]
homoseksueel (de)	**homoseksuaali**	[homoseksua:li]
hacker (computerkraker)	**hakkeri**	[hakkeri]
hippie (de)	**hippi**	[hippi]
bandiet (de)	**rosvo**	[rosʋo]
huurmoordenaar (de)	**salamurhaaja**	[sala·murha:ja]
drugsverslaafde (de)	**narkomaani**	[narkoma:ni]
drugshandelaar (de)	**huumekauppias**	[hu:me·kauppias]
prostituee (de)	**prostituoitu**	[prostituojtu]
pooier (de)	**sutenööri**	[sutenø:ri]
tovenaar (de)	**noita**	[nojta]
tovenares (de)	**noita**	[nojta]
piraat (de)	**merirosvo**	[meri·rosʋo]
slaaf (de)	**orja**	[orja]
samoerai (de)	**samurai**	[samuraj]
wilde (de)	**villi-ihminen**	[ʋilli·ihminen]

Sport

132. Soorten sporten. Sporters

sportman (de)	**urheilija**	[urhejlija]
soort sport (de/het)	**urheilulaji**	[urhejlu·lajı]
basketbal (het)	**koripallo**	[koripallo]
basketbalspeler (de)	**koripalloilija**	[koripallojlija]
baseball (het)	**baseball**	[bejseboll]
baseballspeler (de)	**baseball pelaaja**	[bejseboll pela:ja]
voetbal (het)	**jalkapallo**	[jalka·pallo]
voetballer (de)	**jalkapalloilija**	[jalka·pallojlija]
doelman (de)	**maalivahti**	[ma:li·υahti]
hockey (het)	**jääkiekko**	[jæ:kækko]
hockeyspeler (de)	**jääkiekkoilija**	[jæ:kiekkojlija]
volleybal (het)	**lentopallo**	[lento·pallo]
volleybalspeler (de)	**lentopalloilija**	[lento·pallojlija]
boksen (het)	**nyrkkeily**	[nyrkkejly]
bokser (de)	**nyrkkeilijä**	[nyrkkejlijæ]
worstelen (het)	**paini**	[pajni]
worstelaar (de)	**painija**	[pajnija]
karate (de)	**karate**	[karate]
karateka (de)	**karateka**	[karateka]
judo (de)	**judo**	[judo]
judoka (de)	**judoka**	[judoka]
tennis (het)	**tennis**	[tennis]
tennisspeler (de)	**tennispelaaja**	[tennis·pela:ja]
zwemmen (het)	**uinti**	[ujnti]
zwemmer (de)	**uimari**	[ujmari]
schermen (het)	**miekkailu**	[miekkajlu]
schermer (de)	**miekkailija**	[miekkajlija]
schaak (het)	**šakki**	[ʃakki]
schaker (de)	**šakinpelaaja**	[ʃakin·pela:ja]
alpinisme (het)	**vuorikiipeily**	[υuori·ki:pejly]
alpinist (de)	**vuorikiipeilijä**	[υuori·ki:pejlijæ]
hardlopen (het)	**juoksu**	[juoksu]

renner (de)	**juoksija**	[juoksija]
atletiek (de)	**yleisurheilu**	[ylejsurhejlu]
atleet (de)	**yleisurheilija**	[ylejsurhejlija]
paardensport (de)	**ratsastusurheilu**	[ratsastus·urhejlu]
ruiter (de)	**ratsastaja**	[ratsastaja]
kunstschaatsen (het)	**taitoluistelu**	[tajto·lujstelu]
kunstschaatser (de)	**taitoluistelija**	[tajto·lujstelija]
kunstschaatsster (de)	**taitoluistelija**	[tajto·lujstelija]
gewichtheffen (het)	**painonnosto**	[pajnon·nosto]
gewichtheffer (de)	**painonnostaja**	[pajnon·nostaja]
autoraces (mv.)	**kilpa-autoilu**	[kilpa·autojlu]
coureur (de)	**kilpa-ajaja**	[kilpa·ajaja]
wielersport (de)	**pyöräily**	[pyøræjly]
wielrenner (de)	**pyöräilijä**	[pyøræjlijæ]
verspringen (het)	**pituushyppy**	[pitu:s·hyppy]
polsstokspringen (het)	**seiväshyppy**	[sejʋæs·hyppy]
verspringer (de)	**hyppääjä**	[hyppæ:jæ]

133. Soorten sporten. Diversen

Amerikaans voetbal (het)	**Amerikkalainen jalkapallo**	[amerikkalajnen jalkapallo]
badminton (het)	**sulkapallo**	[sulka·pallo]
biatlon (de)	**ampumahiihto**	[ampuma·hi:hto]
biljart (het)	**biljardi**	[biljardi]
bobsleeën (het)	**rattikelkka**	[ratti·kelkka]
bodybuilding (de)	**kehonrakennus**	[kehon·rakennus]
waterpolo (het)	**vesipallo**	[ʋesi·pallo]
handbal (de)	**käsipallo**	[kæsi·pallo]
golf (het)	**golf**	[golf]
roeisport (de)	**soutu**	[soutu]
duiken (het)	**sukellus**	[sukellus]
langlaufen (het)	**murtomaahiihto**	[murtoma:hi:hto]
tafeltennis (het)	**pöytätennis**	[pøytæ·tennis]
zeilen (het)	**purjehdus**	[purjehdus]
rally (de)	**ralli**	[ralli]
rugby (het)	**rugby**	[ragbi]
snowboarden (het)	**lumilautailu**	[lumi·lautajlu]
boogschieten (het)	**jousiammunta**	[jousiam·munta]

134. Fitnessruimte

lange halter (de)	**painonnostotanko**	[pajnonnosto·taŋko]
halters (mv.)	**käsipainot**	[kæsi·pajnot]

training machine (de)	**kuntolaite**	[kunto·lajte]
hometrainer (de)	**kuntopyörä**	[kunto·pyøræ]
loopband (de)	**juoksumatto**	[juoksu·matto]
rekstok (de)	**rekki**	[rekki]
brug (de) gelijke leggers	**nojapuut**	[noja·pu:t]
paardsprong (de)	**hevonen**	[heʋonen]
mat (de)	**matto**	[matto]
springtouw (het)	**hyppynaru**	[hyppynaru]
aerobics (de)	**aerobic**	[aerobik]
yoga (de)	**jooga**	[jo:ga]

135. Hockey

hockey (het)	**jääkiekko**	[jæ:kækko]
hockeyspeler (de)	**jääkiekkoilija**	[jæ:kiekkojlija]
hockey spelen	**pelata jääkiekkoa**	[pelata jæ:kjekkoa]
ijs (het)	**jää**	[jæ:]
puck (de)	**kiekko**	[kækko]
hockeystick (de)	**maila**	[majla]
schaatsen (mv.)	**luistimet**	[lujstimet]
boarding (de)	**laita**	[lajta]
schot (het)	**laukaus**	[laukaus]
doelman (de)	**maalivahti**	[ma:li·ʋahti]
goal (de)	**maali**	[ma:li]
een goal scoren	**tehdä maali**	[tehdæ ma:li]
periode (de)	**erä**	[eræ]
tweede periode (de)	**toinen erä**	[tojnen eræ]
reservebank (de)	**varamiespenkki**	[ʋaramies·peŋkki]

136. Voetbal

voetbal (het)	**jalkapallo**	[jalka·pallo]
voetballer (de)	**jalkapalloilija**	[jalka·pallojlija]
voetbal spelen	**pelata jalkapalloa**	[pelata jalkapalloa]
eredivisie (de)	**korkein liiga**	[korkejn li:ga]
voetbalclub (de)	**jalkapallokerho**	[jalka·pallo·kerho]
trainer (de)	**valmentaja**	[ʋalmentaja]
eigenaar (de)	**omistaja**	[omistaja]
team (het)	**joukkue**	[joukkue]
aanvoerder (de)	**joukkueen kapteeni**	[joukkue:n kapte:ni]
speler (de)	**pelaaja**	[pela:ja]
reservespeler (de)	**vaihtopelaaja**	[ʋajhto·pela:ja]
aanvaller (de)	**hyökkääjä**	[hyøkkæ:jæ]
centrale aanvaller (de)	**keskushyökkääjä**	[keskus·hyøkkæ:jæ]

doelpuntmaker (de)	**maalintekijä**	[ma:lin·tekijæ]
verdediger (de)	**puolustaja**	[puolustaja]
middenvelder (de)	**keskikenttäpelaaja**	[keski·kenttæ·pela:ja]
match, wedstrijd (de)	**ottelu, matsi**	[ottelu], [matsi]
elkaar ontmoeten (ww)	**tavata**	[taʋata]
finale (de)	**finaali**	[fina:li]
halve finale (de)	**välierä**	[ʋæli·eræ]
kampioenschap (het)	**mestaruuskilpailut**	[mestaru:s·kilpajlut]
helft (de)	**puoliaika**	[puoli·ajka]
eerste helft (de)	**ensimmäinen puoliaika**	[ensimmæjnen puoli·ajka]
pauze (de)	**väliaika, puoliaika**	[ʋæli·ajka], [puoli·ajka]
doel (het)	**maali**	[ma:li]
doelman (de)	**maalivahti**	[ma:li·ʋahti]
doelpaal (de)	**poikkihirsi**	[pojkki·hirsi]
lat (de)	**poikkipuu**	[pojkki·pu:]
doelnet (het)	**verkko**	[ʋerkko]
een goal incasseren	**ohita pallo maaliin**	[oɦita pallo ma:li:n]
bal (de)	**pallo**	[pallo]
pass (de)	**syöttö**	[syøttø]
schot (het), schop (de)	**isku**	[isku]
schieten (de bal ~)	**iskeä**	[iskeæ]
vrije schop (directe ~)	**rangaistuspotku**	[raŋajstus·potku]
hoekschop, corner (de)	**kulmuri**	[kulmuri]
aanval (de)	**hyökkäys**	[hyøkkæys]
tegenaanval (de)	**vastahyökkäys**	[ʋasta·hyøkkæys]
combinatie (de)	**yhdistelmä**	[yhdistelmæ]
scheidsrechter (de)	**erotuomari**	[erotuomari]
fluiten (ww)	**viheltää**	[ʋiɦeltæ:]
fluitsignaal (het)	**pilli**	[pilli]
overtreding (de)	**rike, sääntörikkomus**	[rike], [sæ:ntø·rikkomus]
een overtreding maken	**rikkoa**	[rikkoa]
uit het veld te sturen	**poistaa kentältä**	[pojsta: kentæltæ]
gele kaart (de)	**keltainen kortti**	[keltajnen kortti]
rode kaart (de)	**punainen kortti**	[punajnen kortti]
diskwalificatie (de)	**esteellisyys**	[este:llisy:s]
diskwalificeren (ww)	**diskvalifioida**	[diskʋalifiojda]
strafschop, penalty (de)	**rangaistuspotku**	[raŋajstus·potku]
muur (de)	**muuri**	[mu:ri]
scoren (ww)	**tehdä maali**	[tehdæ ma:li]
goal (de), doelpunt (het)	**maali**	[ma:li]
een goal scoren	**tehdä maali**	[tehdæ ma:li]
vervanging (de)	**vaihto**	[ʋajhto]
vervangen (ov.ww.)	**vaihtaa**	[ʋajhta:]
regels (mv.)	**säännöt**	[sæ:nnøt]
tactiek (de)	**taktiikka**	[takti:kka]
stadion (het)	**urheilukenttä**	[urhejlu·kenttæ]
tribune (de)	**katsomo**	[katsomo]

fan, supporter (de)	**fani**	[fani]
schreeuwen (ww)	**huutaa**	[hu:ta:]
scorebord (het)	**tulostaulu**	[tulos·taulu]
stand (~ is 3-1)	**tilanne, tulos**	[tilanne], [tulos]
nederlaag (de)	**häviö**	[hæʋiø]
verliezen (ww)	**hävitä**	[hæʋitæ]
gelijkspel (het)	**tasapeli**	[tasa·peli]
in gelijk spel eindigen	**pelata tasan**	[pelata tasan]
overwinning (de)	**voitto**	[ʋojtto]
overwinnen (ww)	**voittaa**	[ʋojtta:]
kampioen (de)	**mestari**	[mestari]
best (bn)	**paras**	[paras]
feliciteren (ww)	**onnitella**	[onnitella]
commentator (de)	**kommentoija**	[kommentoja]
becommentariëren (ww)	**kommentoida**	[kommentojda]
uitzending (de)	**lähetys**	[læɦetys]

137. Alpine skiën

ski's (mv.)	**sukset**	[sukset]
skiën (ww)	**hiihdellä**	[hi:hdellæ]
skigebied (het)	**hiihtokeskus**	[hi:hto·keskus]
skilift (de)	**hiihtohissi**	[hi:hto·hissi]
skistokken (mv.)	**suksisauvat**	[suksi·sauʋat]
helling (de)	**rinne**	[rinne]
slalom (de)	**pujottelu**	[pujottelu]

138. Tennis. Golf

golf (het)	**golf**	[golf]
golfclub (de)	**golfkerho**	[golf·kerho]
golfer (de)	**golfaaja, golfin pelaaja**	[golfa:ja], [golfin pela:ja]
hole (de)	**reikä**	[rejkæ]
golfclub (de)	**maila**	[majla]
trolley (de)	**golfkärryt**	[golf·karryt]
tennis (het)	**tennis**	[tennis]
tennisveld (het)	**tenniskenttä**	[tennis·kenttæ]
opslag (de)	**syöttö**	[syøttø]
serveren, opslaan (ww)	**tarjoilla**	[tarjoolla]
racket (het)	**maila**	[majla]
net (het)	**verkko**	[ʋerkko]
bal (de)	**pallo**	[pallo]

139. Schaken

schaak (het)	**šakki**	[ʃakki]
schaakstukken (mv.)	**šakkinappulat**	[ʃakki·nappulat]
schaker (de)	**šakinpelaaja**	[ʃakin·pela:ja]
schaakbord (het)	**šakkilauta**	[ʃakki·lauta]
schaakstuk (het)	**nappula**	[nappula]
witte stukken (mv.)	**valkeat**	[ʋalkeat]
zwarte stukken (mv.)	**mustat**	[mustat]
pion (de)	**sotilas**	[sotilas]
loper (de)	**norsu**	[norsu]
paard (het)	**ratsu**	[ratsu]
toren (de)	**torni**	[torni]
dame, koningin (de)	**kuningatar**	[kuniŋatar]
koning (de)	**kuningas**	[kuniŋas]
zet (de)	**siirto, vuoro**	[si:rto], [ʋuoro]
zetten (ww)	**siirtää**	[si:rtæ:]
opofferen (ww)	**uhrata**	[uhrata]
rokade (de)	**linnoitus**	[linnojtus]
schaak (het)	**šakki**	[ʃakki]
schaakmat (het)	**matti**	[matti]
schaakwedstrijd (de)	**šakkiturnaus**	[ʃakki·turnaus]
grootmeester (de)	**suurmestari**	[su:r·mestari]
combinatie (de)	**yhdistelmä**	[yhdistelmæ]
partij (de)	**peli**	[peli]
dammen (de)	**tammi**	[tammi]

140. Boksen

boksen (het)	**nyrkkeily**	[nyrkkejly]
boksgevecht (het)	**ottelu**	[ottelu]
bokswedstrijd (de)	**nyrkkeilyottelu**	[nyrkkejly·ottelu]
ronde (de)	**erä**	[eræ]
ring (de)	**kehä**	[kehæ]
gong (de)	**gongi**	[goŋi]
stoot (de)	**isku**	[isku]
knock-down (de)	**knockdown**	[nokdaun]
knock-out (de)	**tyrmäys**	[tyrmæys]
knock-out slaan (ww)	**tyrmätä**	[tyrmætæ]
bokshandschoen (de)	**nyrkkeilyhansikas**	[nyrkkejly·hansikas]
referee (de)	**kehätuomari**	[keɦæ·tuomari]
lichtgewicht (het)	**kevyt sarja**	[keʋyt sarja]
middengewicht (het)	**keskisarja**	[keski·sarja]
zwaargewicht (het)	**raskassarja**	[raskas·sarja]

141. Sporten. Diversen

Olympische Spelen (mv.)	**Olympiakisat**	[olympia·kisat]
winnaar (de)	**voittaja**	[ʋojttaja]
overwinnen (ww)	**voittaa**	[ʋojtta:]
winnen (ww)	**voittaa**	[ʋojtta:]
leider (de)	**johtaja**	[johtaja]
leiden (ww)	**johtaa**	[johta:]
eerste plaats (de)	**ensimmäinen sija**	[ensimmæjnen sija]
tweede plaats (de)	**toinen sija**	[tojnen sija]
derde plaats (de)	**kolmas sija**	[kolmas sija]
medaille (de)	**mitali**	[mitali]
trofee (de)	**saalis**	[sa:lis]
beker (de)	**pokaali**	[poka:li]
prijs (de)	**palkinto**	[palkinto]
hoofdprijs (de)	**pääpalkinto**	[pæ:palkinto]
record (het)	**ennätys**	[ennætys]
een record breken	**saavuttaa ennätys**	[sa:ʋutta: ennætys]
finale (de)	**finaali, loppuottelu**	[fina:li], [loppu·ottelu]
finale (bn)	**finaali-**	[fina:li]
kampioen (de)	**mestari**	[mestari]
kampioenschap (het)	**mestaruuskilpailut**	[mestaru:s·kilpajlut]
stadion (het)	**stadion**	[stadion]
tribune (de)	**katsomo**	[katsomo]
fan, supporter (de)	**penkkiurheilija**	[peŋkki·urhejlija]
tegenstander (de)	**vastustaja**	[ʋastustaja]
start (de)	**lähtö**	[læhtø]
finish (de)	**maali**	[ma:li]
nederlaag (de)	**häviö**	[hæʋiø]
verliezen (ww)	**hävitä**	[hæʋitæ]
rechter (de)	**erotuomari**	[erotuomari]
jury (de)	**tuomaristo**	[tuomaristo]
stand (~ is 3-1)	**tilanne, tulos**	[tilanne], [tulos]
gelijkspel (het)	**tasapeli**	[tasa·peli]
in gelijk spel eindigen	**pelata tasan**	[pelata tasan]
punt (het)	**piste**	[piste]
uitslag (de)	**tulos**	[tulos]
pauze (de)	**väliaika, puoliaika**	[ʋæli·ajka], [puoli·ajka]
doping (de)	**doping**	[dopiŋ]
straffen (ww)	**rangaista**	[raŋajsta]
diskwalificeren (ww)	**diskvalifioida**	[diskʋalifiojda]
toestel (het)	**teline**	[teline]
speer (de)	**keihäs**	[kejhæs]

kogel (de)	**kuula**	[ku:lɑ]
bal (de)	**pallo**	[pɑllo]
doel (het)	**maali**	[mɑ:li]
schietkaart (de)	**maali**	[mɑ:li]
schieten (ww)	**ampua**	[ɑmpuɑ]
precies (bijv. precieze schot)	**tarkka**	[tɑrkkɑ]
trainer, coach (de)	**valmentaja**	[ʋɑlmentɑjɑ]
trainen (ww)	**valmentaa**	[ʋɑlmentɑ:]
zich trainen (ww)	**valmentautua**	[ʋɑlmentɑutuɑ]
training (de)	**valmennus**	[ʋɑlmennus]
gymnastiekzaal (de)	**voimistelusali**	[ʋojmistelu·sɑli]
oefening (de)	**liikunta, harjoittelu**	li:kuntɑ, hɑrjoittelu
opwarming (de)	**lämmittely**	[læmmittely]

Onderwijs

142. School

school (de)	**koulu**	[koulu]
schooldirecteur (de)	**rehtori**	[rehtori]
leerling (de)	**oppilas**	[oppilas]
leerlinge (de)	**tyttöoppilas**	[tyttø·oppilas]
scholier (de)	**koululainen**	[koululajnen]
scholiere (de)	**koululainen**	[koululajnen]
leren (lesgeven)	**opettaa**	[opetta:]
studeren (bijv. een taal ~)	**opetella**	[opetella]
van buiten leren	**opetella ulkoa**	[opetella ulkoa]
leren (bijv. ~ tellen)	**opiskella**	[opiskella]
in school zijn (schooljongen zijn)	**käydä koulua**	[kæydæ koulua]
naar school gaan	**mennä kouluun**	[mennæ koulu:n]
alfabet (het)	**aakkoset**	[a:kkoset]
vak (schoolvak)	**oppiaine**	[oppiajne]
klaslokaal (het)	**luokka**	[luokka]
les (de)	**tunti**	[tunti]
pauze (de)	**välitunti**	[ʋæli·tunti]
bel (de)	**soitto**	[sojtto]
schooltafel (de)	**pulpetti**	[pulpetti]
schoolbord (het)	**liitutaulu**	[li:tu·taulu]
cijfer (het)	**arvosana**	[arʋosana]
goed cijfer (het)	**hyvä arvosana**	[hyʋæ arʋosana]
slecht cijfer (het)	**huono arvosana**	[huono arʋosana]
een cijfer geven	**merkitä arvosana**	[merkitæ arʋosana]
fout (de)	**virhe**	[ʋirhe]
fouten maken	**tehdä virheet**	[tehdæ ʋirhe:t]
corrigeren (fouten ~)	**korjata**	[korjata]
spiekbriefje (het)	**lunttilappu**	[luntti·lappu]
huiswerk (het)	**kotitehtävä**	[koti·tehtæʋæ]
oefening (de)	**harjoitus**	[harjoitus]
aanwezig zijn (ww)	**olla läsnä**	[olla læsnæ]
absent zijn (ww)	**olla poissa**	[olla pojssa]
bestraffen (een stout kind ~)	**rangaista**	[raŋajsta]
bestraffing (de)	**rangaistus**	[raŋajstus]
gedrag (het)	**käytös**	[kæytøs]

cijferlijst (de)	**oppilaan päiväkirja**	[oppila:n pæjuæ·kirja]
potlood (het)	**lyijykynä**	[lyjy·kynæ]
gom (de)	**kumi**	[kumi]
krijt (het)	**liitu**	[li:tu]
pennendoos (de)	**kynäkotelo**	[kynæ·kotelo]
boekentas (de)	**salkku**	[salkku]
pen (de)	**kynä**	[kynæ]
schrift (de)	**vihko**	[uihko]
leerboek (het)	**oppikirja**	[oppi·kirja]
passer (de)	**harppi**	[harppi]
technisch tekenen (ww)	**piirtää**	[pi:rtæ:]
technische tekening (de)	**piirustus**	[pi:rustus]
gedicht (het)	**runo**	[runo]
van buiten (bw)	**ulkoa**	[ulkoa]
van buiten leren	**opetella ulkoa**	[opetella ulkoa]
vakantie (de)	**loma**	[loma]
met vakantie zijn	**olla lomalla**	[olla lomalla]
toets (schriftelijke ~)	**kirjallinen koe**	[kirjallinen koe]
opstel (het)	**ainekirjoitus**	[ajne·kirjoitus]
dictee (het)	**sanelu**	[sanelu]
examen (het)	**koe**	[koe]
examen afleggen	**tenttiä**	[tenttiæ]
experiment (het)	**koe**	[koe]

143. Hogeschool. Universiteit

academie (de)	**akatemia**	[akatemia]
universiteit (de)	**yliopisto**	[yli·opisto]
faculteit (de)	**tiedekunta**	[tiede·kunta]
student (de)	**opiskelija**	[opiskelija]
studente (de)	**opiskelija**	[opiskelija]
leraar (de)	**opettaja**	[opettaja]
collegezaal (de)	**luentosali**	[luento·sali]
afgestudeerde (de)	**valmistunut**	[ualmistunut]
diploma (het)	**diplomi**	[diplomi]
dissertatie (de)	**väitöskirja**	[uæjtøs·kirja]
onderzoek (het)	**tutkimus**	[tutkimus]
laboratorium (het)	**laboratorio**	[laboratorio]
college (het)	**luento**	[luento]
medestudent (de)	**kurssitoveri**	[kurssi·toueri]
studiebeurs (de)	**opintotuki**	[opinto·tuki]
academische graad (de)	**oppiarvo**	[oppi·aruo]

144. Wetenschappen. Disciplines

wiskunde (de)	**matematiikka**	[matemati:kka]
algebra (de)	**algebra**	[algebra]
meetkunde (de)	**geometria**	[geometria]
astronomie (de)	**tähtitiede**	[tæhti·tiede]
biologie (de)	**biologia**	[biologia]
geografie (de)	**maantiede**	[ma:n·tiede]
geologie (de)	**geologia**	[geologia]
geschiedenis (de)	**historia**	[historia]
geneeskunde (de)	**lääketiede**	[læ:ke·tiede]
pedagogiek (de)	**pedagogiikka**	[pedagogi:kka]
rechten (mv.)	**oikeustiede**	[ojkeus·tiede]
fysica, natuurkunde (de)	**fysiikka**	[fysi:kka]
scheikunde (de)	**kemia**	[kemia]
filosofie (de)	**filosofia**	[filosofia]
psychologie (de)	**psykologia**	[psykologia]

145. Schrift. Spelling

grammatica (de)	**kielioppi**	[kieli·oppi]
vocabulaire (het)	**sanasto**	[sanasto]
fonetiek (de)	**fonetiikka**	[foneti:kka]
zelfstandig naamwoord (het)	**substantiivi**	[substanti:ʋi]
bijvoeglijk naamwoord (het)	**adjektiivi**	[adjekti:ʋi]
werkwoord (het)	**verbi**	[ʋerbi]
bijwoord (het)	**adverbi**	[adʋerbi]
voornaamwoord (het)	**pronomini**	[pronomini]
tussenwerpsel (het)	**interjektio**	[interjektio]
voorzetsel (het)	**prepositio**	[prepositio]
stam (de)	**sanan vartalo**	[sanan ʋartalo]
achtervoegsel (het)	**pääte**	[pæ:te]
voorvoegsel (het)	**etuliite**	[etuli:te]
lettergreep (de)	**tavu**	[taʋu]
achtervoegsel (het)	**suffiksi, jälkiliite**	[suffiksi], [jælkili:te]
nadruk (de)	**paino**	[pajno]
afkappingsteken (het)	**heittomerkki**	[hejtto·merkki]
punt (de)	**piste**	[piste]
komma (de/het)	**pilkku**	[pilkku]
puntkomma (de)	**puolipiste**	[puoli·piste]
dubbelpunt (de)	**kaksoispiste**	[kaksojs·piste]
beletselteken (het)	**pisteryhmä**	[piste·ryhmæ]
vraagteken (het)	**kysymysmerkki**	[kysymys·merkki]
uitroepteken (het)	**huutomerkki**	[hu:to·merkki]

aanhalingstekens (mv.)	**lainausmerkit**	[lajnaus·merkit]
tussen aanhalingstekens (bw)	**lainausmerkeissä**	[lajnaus·merkejssæ]
haakjes (mv.)	**sulkumerkit**	[sulku·merkit]
tussen haakjes (bw)	**sulkumerkeissä**	[sulku·merkejssæ]
streepje (het)	**tavuviiva**	[tauu·ui:ua]
gedachtestreepje (het)	**ajatusviiva**	[ajatus·ui:ua]
spatie (~ tussen twee woorden)	**väli**	[uæli]
letter (de)	**kirjain**	[kirjain]
hoofdletter (de)	**iso kirjain**	[iso kirjain]
klinker (de)	**vokaali**	[uoka:li]
medeklinker (de)	**konsonantti**	[konsonantti]
zin (de)	**lause**	[lause]
onderwerp (het)	**subjekti**	[subjekti]
gezegde (het)	**predikaatti**	[predika:tti]
regel (in een tekst)	**rivi**	[riui]
op een nieuwe regel (bw)	**uudella rivillä**	[u:dela riuilla]
alinea (de)	**kappale**	[kappale]
woord (het)	**sana**	[sana]
woordgroep (de)	**sanaliitto**	[sana·li:tto]
uitdrukking (de)	**sanonta**	[sanonta]
synoniem (het)	**synonyymi**	[synony:mi]
antoniem (het)	**antonyymi**	[antony:mi]
regel (de)	**sääntö**	[sæ:ntø]
uitzondering (de)	**poikkeus**	[pojkkeus]
correct (bijv. ~e spelling)	**oikea**	[ojkea]
vervoeging, conjugatie (de)	**verbien taivutus**	[uerbien tajuutus]
verbuiging, declinatie (de)	**nominien taivutus**	[nominien tajuutus]
naamval (de)	**sija**	[sija]
vraag (de)	**kysymys**	[kysymys]
onderstrepen (ww)	**alleviivata**	[alleui:uata]
stippellijn (de)	**pisteviiva**	[piste·ui:ua]

146. Vreemde talen

taal (de)	**kieli**	[kieli]
vreemd (bn)	**vieras**	[uieras]
vreemde taal (de)	**vieras kieli**	[uieras kieli]
leren (bijv. van buiten ~)	**opiskella**	[opiskella]
studeren (Nederlands ~)	**opetella**	[opetella]
lezen (ww)	**lukea**	[lukea]
spreken (ww)	**puhua**	[puhua]
begrijpen (ww)	**ymmärtää**	[ymmærtæ:]
schrijven (ww)	**kirjoittaa**	[kirjoitta:]
snel (bw)	**nopeasti**	[nopeasti]

langzaam (bw)	**hitaasti**	[hitɑ:sti]
vloeiend (bw)	**sujuvasti**	[sujuʋɑsti]
regels (mv.)	**säännöt**	[sæ:nnøt]
grammatica (de)	**kielioppi**	[kieli·oppi]
vocabulaire (het)	**sanasto**	[sɑnɑsto]
fonetiek (de)	**fonetiikka**	[foneti:kkɑ]
leerboek (het)	**oppikirja**	[oppi·kirjɑ]
woordenboek (het)	**sanakirja**	[sɑnɑ·kirjɑ]
leerboek (het) voor zelfstudie	**itseopiskeluopas**	[itseopiskelu·opɑs]
taalgids (de)	**fraasisanakirja**	[frɑ:si·sɑnɑ·kirjɑ]
cassette (de)	**kasetti**	[kɑsetti]
videocassette (de)	**videokasetti**	[ʋideo·kɑsetti]
CD (de)	**CD-levy**	[sede·leʋy]
DVD (de)	**DVD-levy**	[deʋede·leʋy]
alfabet (het)	**aakkoset**	[ɑ:kkoset]
spellen (ww)	**kirjoittaa**	[kirjoittɑ:]
uitspraak (de)	**artikulaatio**	[ɑrtikulɑ:tio]
accent (het)	**korostus**	[korostus]
met een accent (bw)	**vieraasti korostaen**	[ʋierɑ:sti korostɑen]
zonder accent (bw)	**ilman korostusta**	[ilmɑn korostustɑ]
woord (het)	**sana**	[sɑnɑ]
betekenis (de)	**merkitys**	[merkitys]
cursus (de)	**kurssi**	[kurssi]
zich inschrijven (ww)	**ilmoittautua**	[ilmojttɑutuɑ]
leraar (de)	**opettaja**	[opettɑjɑ]
vertaling (een ~ maken)	**kääntäminen**	[kæ:ntæminen]
vertaling (tekst)	**käännös**	[kæ:nnøs]
vertaler (de)	**kääntäjä**	[kæ:ntæjæ]
tolk (de)	**tulkki**	[tulkki]
polyglot (de)	**monikielinen**	[moni·kielinen]
geheugen (het)	**muisti**	[mujsti]

147. Sprookjesfiguren

Sinterklaas (de)	**Joulupukki**	[joulu·pukki]
Assepoester (de)	**Tuhkimo**	[tuhkimo]
zeemeermin (de)	**merenneito**	[meren·nejto]
Neptunus (de)	**Neptunus**	[neptunus]
magiër, tovenaar (de)	**taikuri**	[tɑjkuri]
goede heks (de)	**hyvä noita**	[hyʋɑ nojtɑ]
magisch (bn)	**taika-**	[tɑjkɑ]
toverstokje (het)	**taikasauva**	[tɑjkɑ·sɑuʋɑ]
sprookje (het)	**satu**	[sɑtu]
wonder (het)	**ihme**	[ihme]

dwerg (de)	**tonttu**	[tonttu]
veranderen in ... (anders worden)	**muuttua ...**	[mu:ttua]
geest (de)	**kummitus**	[kummitus]
spook (het)	**haamu**	[ha:mu]
monster (het)	**hirviö**	[hirυiø]
draak (de)	**lohikäärme**	[loɦi·kæ:rme]
reus (de)	**jättiläinen**	[jættilæjnen]

148. Dierenriem

Ram (de)	**Oinas**	[ojnas]
Stier (de)	**Härkä**	[hærkæ]
Tweelingen (mv.)	**Kaksoset**	[kaksoset]
Kreeft (de)	**Krapu**	[krapu]
Leeuw (de)	**Leijona**	[leijona]
Maagd (de)	**Neitsyt**	[nejtsyt]
Weegschaal (de)	**Vaaka**	[υa:ka]
Schorpioen (de)	**Skorpioni**	[skorpioni]
Boogschutter (de)	**Jousimies**	[jousimies]
Steenbok (de)	**Kauris**	[kauris]
Waterman (de)	**Vesimies**	[υesimies]
Vissen (mv.)	**Kalat**	[kalat]
karakter (het)	**luonne**	[luonne]
karaktertrekken (mv.)	**luonteenpiirteet**	[luonte:n·pi:rte:t]
gedrag (het)	**käytös**	[kæytøs]
waarzeggen (ww)	**ennustaa**	[ennusta:]
waarzegster (de)	**ennustaja**	[ennustaja]
horoscoop (de)	**horoskooppi**	[horosko:ppi]

Kunst

149. Theater

theater (het)	**teatteri**	[teatteri]
opera (de)	**ooppera**	[o:ppera]
operette (de)	**operetti**	[operetti]
ballet (het)	**baletti**	[baletti]
affiche (de/het)	**juliste**	[juliste]
theatergezelschap (het)	**seurue**	[seurue]
tournee (de)	**kiertue**	[kjertue]
op tournee zijn	**mennä kiertueelle**	[mennæ kiertue:lle]
repeteren (ww)	**harjoitella**	[harjoitella]
repetitie (de)	**harjoitus**	[harjoitus]
repertoire (het)	**ohjelmisto**	[ohjelmisto]
voorstelling (de)	**esitys**	[esitys]
spektakel (het)	**näytelmä**	[næytelmæ]
toneelstuk (het)	**näytelmä**	[næytelmæ]
biljet (het)	**lippu**	[lippu]
kassa (de)	**lippukassa**	[lippu·kassa]
foyer (de)	**aula**	[aula]
garderobe (de)	**narikka**	[narikka]
garderobe nummer (het)	**vaatelappu**	[ʋa:te·lappu]
verrekijker (de)	**kiikari**	[ki:kari]
plaatsaanwijzer (de)	**tarkastaja**	[tarkastaja]
parterre (de)	**permanto**	[permanto]
balkon (het)	**parveke**	[parʋeke]
gouden rang (de)	**ensi parvi**	[ensi parʋi]
loge (de)	**aitio**	[ajtio]
rij (de)	**rivi**	[riʋi]
plaats (de)	**paikka**	[pajkka]
publiek (het)	**yleisö**	[ylejsø]
kijker (de)	**katsoja**	[katsoja]
klappen (ww)	**taputtaa**	[taputta:]
applaus (het)	**aplodit**	[aplodit]
ovatie (de)	**suosionosoitukset**	[suosion·osojtukset]
toneel (op het ~ staan)	**näyttämö**	[næyttæmø]
gordijn, doek (het)	**esirippu**	[esirippu]
toneeldecor (het)	**lavastus**	[laʋastus]
backstage (de)	**kulissit**	[kulissit]
scène (de)	**kohtaus**	[kohtaus]
bedrijf (het)	**näytös**	[næutøs]
pauze (de)	**väliaika**	[ʋæliajka]

150. Bioscoop

acteur (de)	**näyttelijä**	[næyttelijæ]
actrice (de)	**näyttelijätär**	[næyttelijætær]
bioscoop (de)	**elokuvat**	[elokuʋat]
speelfilm (de)	**elokuva**	[elokuʋa]
aflevering (de)	**episodi**	[episodi]
detectivefilm (de)	**dekkari**	[dekkari]
actiefilm (de)	**toimintaelokuva**	[tojminta·elokuʋa]
avonturenfilm (de)	**seikkailuelokuva**	[sejkkajlu·elokuʋa]
sciencefictionfilm (de)	**tieteisfiktioelokuva**	[tjetesfiktio·elokuʋa]
griezelfilm (de)	**kauhuelokuva**	[kauɦu·elokuʋa]
komedie (de)	**komedia**	[komedia]
melodrama (het)	**melodraama**	[melodra:ma]
drama (het)	**draama**	[dra:ma]
speelfilm (de)	**näytelmäelokuva**	[næytelmæ·elokuʋa]
documentaire (de)	**dokumenttielokuva**	[dokumentti·elokuʋa]
tekenfilm (de)	**piirrosfilmi**	[pi:rros·filmi]
stomme film (de)	**mykkäelokuva**	[mykkæ·elokuʋa]
rol (de)	**osa, rooli**	[osa], [ro:li]
hoofdrol (de)	**päärooli**	[pæ:ro:li]
spelen (ww)	**näytellä**	[næytellæ]
filmster (de)	**filmitähti**	[filmi·tæhti]
bekend (bn)	**tunnettu**	[tunnettu]
beroemd (bn)	**kuulu**	[ku:lu]
populair (bn)	**suosittu**	[suosittu]
scenario (het)	**käsikirjoitus**	[kæsi·kirjoitus]
scenarioschrijver (de)	**käsikirjoittaja**	[kæsi·kirjoittaja]
regisseur (de)	**ohjaaja**	[ohja:ja]
filmproducent (de)	**elokuvatuottaja**	[elokuʋa·tuottaja]
assistent (de)	**avustaja**	[aʋustaja]
cameraman (de)	**kameramies**	[kameramies]
stuntman (de)	**stuntti**	[stuntti]
stuntdubbel (de)	**sijaisnäyttelijä**	[sijajs·næyttelijæ]
een film maken	**elokuvata**	[elokuʋata]
auditie (de)	**koe-esiintyminen**	[koe·esi:ntyminen]
opnamen (mv.)	**filmaaminen**	[filma:minen]
filmploeg (de)	**filmausryhmä**	[filmaus·ryhmæ]
filmset (de)	**filmauskenttä**	[filmaus·kenttæ]
filmcamera (de)	**elokuvakamera**	[elokuʋa·kamera]
bioscoop (de)	**elokuvateatteri**	[elokuʋa·teatteri]
scherm (het)	**valkokangas**	[ʋalko·kaŋas]
een film vertonen	**esittää elokuvaa**	[esittæ: elokuʋa:]
geluidsspoor (de)	**ääniraita**	[æ:ni·rajta]
speciale effecten (mv.)	**erikoistehosteet**	[erikojs·teɦoste:t]

ondertiteling (de)	**tekstitykset**	[tekstitykset]
voortiteling, aftiteling (de)	**lopputekstit**	[loppu·tekstit]
vertaling (de)	**käännös**	[kæ:nnøs]

151. Schilderij

kunst (de)	**taide**	[tajde]
schone kunsten (mv.)	**kaunotaiteet**	[kauno·tajte:t]
kunstgalerie (de)	**taidegalleria**	[tajde·galleria]
kunsttentoonstelling (de)	**taidenäyttely**	[tajde·næyttely]
schilderkunst (de)	**maalaustaide**	[ma:laus·tajde]
grafiek (de)	**taidegrafiikka**	[tajde·grafi:kka]
abstracte kunst (de)	**abstrakti taide**	[abstrakti tajde]
impressionisme (het)	**impressionismi**	[impressionismi]
schilderij (het)	**taulu**	[taulu]
tekening (de)	**piirros**	[pi:rros]
poster (de)	**juliste**	[juliste]
illustratie (de)	**kuva**	[kuʋa]
miniatuur (de)	**miniatyyri**	[miniaty:ri]
kopie (de)	**kopio**	[kopio]
reproductie (de)	**jäljennös**	[jæljennøs]
mozaïek (het)	**mosaiikki**	[mosai:kki]
gebrandschilderd glas (het)	**lasimaalaus**	[lasi·ma:laus]
fresco (het)	**fresko**	[fresko]
gravure (de)	**kaiverrus**	[kajʋerrus]
buste (de)	**rintakuva**	[rinta·kuʋa]
beeldhouwwerk (het)	**kuvanveisto**	[kuʋan·ʋejsto]
beeld (bronzen ~)	**kuvapatsas**	[kuʋa·patsas]
gips (het)	**kipsi**	[kipsi]
gipsen (bn)	**kipsinen**	[kipsinen]
portret (het)	**muotokuva**	[muoto·kuʋa]
zelfportret (het)	**omakuva**	[oma·kuʋa]
landschap (het)	**maisemakuva**	[majsema·kuʋa]
stilleven (het)	**asetelma**	[asetelma]
karikatuur (de)	**pilakuva**	[pila·kuʋa]
schets (de)	**hahmotelma**	[hahmotelma]
verf (de)	**maali**	[ma:li]
aquarel (de)	**akvarelliväri**	[akʋarelli·ʋæri]
olieverf (de)	**öljyväri**	[øljy·ʋæri]
potlood (het)	**lyijykynä**	[lyjy·kynæ]
Oost-Indische inkt (de)	**tussi**	[tussi]
houtskool (de)	**hiili**	[hi:li]
tekenen (met krijt)	**piirtää**	[pi:rtæ:]
schilderen (ww)	**maalata**	[ma:lata]
poseren (ww)	**poseerata**	[pose:rata]
naaktmodel (man)	**malli**	[malli]

naaktmodel (vrouw)	**malli**	[malli]
kunstenaar (de)	**taiteilija**	[tajtejlija]
kunstwerk (het)	**teos**	[teos]
meesterwerk (het)	**mestariteos**	[mestari·teos]
studio, werkruimte (de)	**verstas**	[ʋerstas]
schildersdoek (het)	**kangas, kanvaasi**	[kaŋas], [kanʋa:si]
schildersezel (de)	**maalausteline**	[ma:laus·teline]
palet (het)	**paletti**	[paletti]
lijst (een vergulde ~)	**kehys**	[kehys]
restauratie (de)	**entistys**	[entistys]
restaureren (ww)	**entistää**	[entistæ:]

152. Literatuur & Poëzie

literatuur (de)	**kirjallisuus**	[kirjallisu:s]
auteur (de)	**tekijä**	[tekijæ]
pseudoniem (het)	**salanimi**	[sala·nimi]
boek (het)	**kirja**	[kirja]
boekdeel (het)	**nide**	[nide]
inhoudsopgave (de)	**sisällysluettelo**	[sisællys·luettelo]
pagina (de)	**sivu**	[siʋu]
hoofdpersoon (de)	**päähenkilö**	[pæ:heŋkilø]
handtekening (de)	**nimikirjoitus**	[nimi·kirjoitus]
verhaal (het)	**kertomus**	[kertomus]
novelle (de)	**novelli**	[noʋelli]
roman (de)	**romaani**	[roma:ni]
werk (literatuur)	**teos**	[teos]
fabel (de)	**satu**	[satu]
detectiveroman (de)	**salapoliisiromaani**	[sala·poli:si·roma:ni]
gedicht (het)	**runo**	[runo]
poëzie (de)	**runous**	[runous]
epos (het)	**runoelma**	[runoelma]
dichter (de)	**runoilija**	[runojlija]
fictie (de)	**kaunokirjallisuus**	[kauno·kirjallisu:s]
sciencefiction (de)	**tieteiskirjallisuus**	[tietejs·kirjallisu:s]
avonturenroman (de)	**seikkailut**	[sejkkajlut]
opvoedkundige literatuur (de)	**oppikirjallisuus**	[oppi·kirjallisu:s]
kinderliteratuur (de)	**lastenkirjallisuus**	[lasten·kirjallisu:s]

153. Circus

circus (de/het)	**sirkus**	[sirkus]
chapiteau circus (de/het)	**kiertävä sirkus**	[kiertæʋæ sirkus]
programma (het)	**ohjelma**	[ohjelma]
voorstelling (de)	**esitys**	[esitys]
nummer (circus ~)	**numero**	[numero]

arena (de)	**areena**	[are:na]
pantomime (de)	**pantomiimi**	[pantomi:mi]
clown (de)	**klovni**	[kloʋni]
acrobaat (de)	**akrobaatti**	[akroba:tti]
acrobatiek (de)	**voimistelutaito**	[ʋojmistelu·tajto]
gymnast (de)	**voimistelija**	[ʋojmistelija]
gymnastiek (de)	**voimistelu**	[ʋojmistelu]
salto (de)	**voltti**	[ʋoltti]
sterke man (de)	**voimamies**	[ʋojmamies]
temmer (de)	**kesyttäjä**	[kesyttæjæ]
ruiter (de)	**ratsastaja**	[ratsastaja]
assistent (de)	**avustaja**	[aʋustaja]
stunt (de)	**trikki**	[trikki]
goocheltruc (de)	**taikatemppu**	[tajka·temppu]
goochelaar (de)	**taikuri**	[tajkuri]
jongleur (de)	**jonglööri**	[joŋlø:ri]
jongleren (ww)	**jongleerata**	[joŋle:rata]
dierentrainer (de)	**kouluttaja**	[kouluttaja]
dressuur (de)	**koulutus**	[koulutus]
dresseren (ww)	**kouluttaa**	[koulutta:]

154. Muziek. Popmuziek

muziek (de)	**musiikki**	[musi:kki]
muzikant (de)	**muusikko**	[mu:sikko]
muziekinstrument (het)	**soitin**	[sojtin]
spelen (bijv. gitaar ~)	**soittaa**	[sojtta:]
gitaar (de)	**kitara**	[kitara]
viool (de)	**viulu**	[ʋiulu]
cello (de)	**sello**	[sello]
contrabas (de)	**bassoviulu**	[basso·ʋiulu]
harp (de)	**harppu**	[harppu]
piano (de)	**piano**	[piano]
vleugel (de)	**flyygeli**	[fly:geli]
orgel (het)	**urut**	[urut]
blaasinstrumenten (mv.)	**puhallussoitimet**	[puɦallus·sojtimet]
hobo (de)	**oboe**	[oboj]
saxofoon (de)	**saksofoni**	[saksofoni]
klarinet (de)	**klarinetti**	[klarinetti]
fluit (de)	**huilu**	[hujlu]
trompet (de)	**torvi**	[torʋi]
accordeon (de/het)	**pianoharmonikka**	[piano·harmonikka]
trommel (de)	**rumpu**	[rumpu]
duet (het)	**duo**	[duo]
trio (het)	**trio**	[trio]

kwartet (het)	**kvartetti**	[kʋartetti]
koor (het)	**kuoro**	[kuoro]
orkest (het)	**orkesteri**	[orkesteri]
popmuziek (de)	**pop musiikki**	[pop musi:kki]
rockmuziek (de)	**rokki**	[rokki]
rockgroep (de)	**rokkiyhtye**	[rokki·yhtye]
jazz (de)	**jatsi**	[jɑtsi]
idool (het)	**idoli**	[idoli]
bewonderaar (de)	**ihailija**	[iɦɑjlijɑ]
concert (het)	**konsertti**	[konsertti]
symfonie (de)	**sinfonia**	[sinfoniɑ]
compositie (de)	**sävellys**	[sæʋellys]
componeren (muziek ~)	**säveltää**	[sæʋeltæ:]
zang (de)	**laulaminen**	[lɑuluminen]
lied (het)	**laulu**	[lɑulu]
melodie (de)	**melodia**	[melodiɑ]
ritme (het)	**rytmi**	[rytmi]
blues (de)	**blues**	[blys]
bladmuziek (de)	**nuotit**	[nuotit]
dirigeerstok (baton)	**tahtipuikko**	[tɑhti·pujkko]
strijkstok (de)	**jousi**	[jousi]
snaar (de)	**kieli**	[kieli]
koffer (de)	**kotelo**	[kotelo]

Rusten. Entertainment. Reizen

155. Trip. Reizen

toerisme (het) | **matkailu** | [matkajlu]
toerist (de) | **matkailija** | [matkajlija]
reis (de) | **matka** | [matka]
avontuur (het) | **seikkailu** | [sejkkajlu]
tocht (de) | **matka** | [matka]

vakantie (de) | **loma** | [loma]
met vakantie zijn | **olla lomalla** | [olla lomalla]
rust (de) | **lepo** | [lepo]

trein (de) | **juna** | [juna]
met de trein | **junalla** | [junalla]
vliegtuig (het) | **lentokone** | [lento·kone]
met het vliegtuig | **lentokoneella** | [lentokone:lla]
met de auto | **autolla** | [autolla]
per schip (bw) | **laivalla** | [lajʋalla]

bagage (de) | **matkatavara** | [matka·taʋara]
valies (de) | **matkalaukku** | [matka·laukku]
bagagekarretje (het) | **matkatavarakärryt** | [matka·taʋarat·kærryt]

paspoort (het) | **passi** | [passi]
visum (het) | **viisumi** | [ʋi:sumi]
kaartje (het) | **lippu** | [lippu]
vliegticket (het) | **lentolippu** | [lento·lippu]

reisgids (de) | **opaskirja** | [opas·kirja]
kaart (de) | **kartta** | [kartta]
gebied (landelijk ~) | **seutu** | [seutu]
plaats (de) | **paikka** | [pajkka]

exotische bestemming (de) | **eksoottisuus** | [ekso:ttisu:s]
exotisch (bn) | **eksoottinen** | [ekso:ttinen]
verwonderlijk (bn) | **ihmeellinen** | [ihme:llinen]

groep (de) | **ryhmä** | [ryhmæ]
rondleiding (de) | **ekskursio, retki** | [ekskursio], [retki]
gids (de) | **opas** | [opas]

156. Hotel

hotel (het) | **hotelli** | [hotelli]
motel (het) | **motelli** | [motelli]
3-sterren | **kolme tähteä** | [kolme tæhteæ]

5-sterren	**viisi tähteä**	[ʋi:si tæhteæ]
overnachten (ww)	**oleskella**	[oleskella]
kamer (de)	**huone**	[huone]
eenpersoonskamer (de)	**yhden hengen huone**	[yhden heŋen huone]
tweepersoonskamer (de)	**kahden hengen huone**	[kahden heŋen huone]
een kamer reserveren	**varata huone**	[ʋarata huone]
halfpension (het)	**puolihoito**	[puoli·hojto]
volpension (het)	**täysihoito**	[tæysi·hojto]
met badkamer	**jossa on kylpyamme**	[jossa on kylpyamme]
met douche	**on suihku**	[on sujhku]
satelliet-tv (de)	**satelliittitelevisio**	[satelli:tti·teleʋisio]
airconditioner (de)	**ilmastointilaite**	[ilmastojnti·lajte]
handdoek (de)	**pyyhe**	[py:he]
sleutel (de)	**avain**	[aʋajn]
administrateur (de)	**hallintovirkamies**	[hallinto·ʋirka·mies]
kamermeisje (het)	**huonesiivooja**	[huone·si:ʋo:ja]
piccolo (de)	**kantaja**	[kantaja]
portier (de)	**vahtimestari**	[ʋahti·mestari]
restaurant (het)	**ravintola**	[raʋintola]
bar (de)	**baari**	[ba:ri]
ontbijt (het)	**aamiainen**	[a:miajnen]
avondeten (het)	**illallinen**	[illallinen]
buffet (het)	**noutopöytä**	[nouto·pøytæ]
hal (de)	**eteishalli**	[etejs·halli]
lift (de)	**hissi**	[hissi]
NIET STOREN	**ÄLKÄÄ HÄIRITKÖ**	[ælkæ: hæjritkø]
VERBODEN TE ROKEN!	**TUPAKOINTI KIELLETTY**	[tupakojnti kielletty]

157. Boeken. Lezen

boek (het)	**kirja**	[kirja]
auteur (de)	**tekijä**	[tekijæ]
schrijver (de)	**kirjailija**	[kirjailija]
schrijven (een boek)	**kirjoittaa**	[kirjoitta:]
lezer (de)	**lukija**	[lukija]
lezen (ww)	**lukea**	[lukea]
lezen (het)	**lukeminen**	[lukeminen]
stil (~ lezen)	**itsekseen**	[itsekse:n]
hardop (~ lezen)	**ääneen**	[æ:ne:n]
uitgeven (boek ~)	**julkaista**	[julkajsta]
uitgeven (het)	**julkaisu**	[julkajsu]
uitgever (de)	**julkaisija**	[julkajsija]
uitgeverij (de)	**kustantamo**	[kustantamo]
verschijnen (bijv. boek)	**ilmestyä**	[ilmestyæ]

verschijnen (het)	**julkaisu**	[julkajsu]
oplage (de)	**painosmäärä**	[pajnos·mæ:ræ]
boekhandel (de)	**kirjakauppa**	[kirja·kauppa]
bibliotheek (de)	**kirjasto**	[kirjasto]
novelle (de)	**novelli**	[novelli]
verhaal (het)	**kertomus**	[kertomus]
roman (de)	**romaani**	[roma:ni]
detectiveroman (de)	**salapoliisiromaani**	[sala·poli:si·roma:ni]
memoires (mv.)	**muistelmat**	[mujstelmat]
legende (de)	**legenda**	[legenda]
mythe (de)	**myytti**	[my:tti]
gedichten (mv.)	**runot**	[runot]
autobiografie (de)	**omaelämäkerta**	[oma·elæmækerta]
bloemlezing (de)	**valitut teokset**	[valitut teokset]
sciencefiction (de)	**tieteiskirjallisuus**	[tietejs·kirjallisu:s]
naam (de)	**nimi**	[nimi]
inleiding (de)	**johdanto**	[johdanto]
voorblad (het)	**nimiölehti**	[nimiø·lehti]
hoofdstuk (het)	**luku**	[luku]
fragment (het)	**katkelma**	[katkelma]
episode (de)	**episodi**	[episodi]
intrige (de)	**juoni**	[juoni]
inhoud (de)	**sisältö**	[sisæltø]
inhoudsopgave (de)	**sisällysluettelo**	[sisællys·luettelo]
hoofdpersonage (het)	**pääsankari**	[pæ:saŋkari]
boekdeel (het)	**nide**	[nide]
omslag (de/het)	**kansi**	[kansi]
boekband (de)	**sidonta**	[sidonta]
bladwijzer (de)	**kirjanmerkki**	[kirjan·merkki]
pagina (de)	**sivu**	[sivu]
bladeren (ww)	**selailla**	[selajlla]
marges (mv.)	**marginaalit**	[margina:lit]
annotatie (de)	**merkintä**	[merkintæ]
opmerking (de)	**huomautus**	[huomautus]
tekst (de)	**teksti**	[teksti]
lettertype (het)	**fontti, kirjasinlaji**	[fontti], [kirjasin·laji]
drukfout (de)	**painovirhe**	[pajno·virhe]
vertaling (de)	**käännös**	[kæ:nnøs]
vertalen (ww)	**kääntää**	[kæ:ntæ:]
origineel (het)	**alkuperäiskappale**	[alkuperæjs·kappale]
beroemd (bn)	**kuulu**	[ku:lu]
onbekend (bn)	**tuntematon**	[tuntematon]
interessant (bn)	**mielenkiintoinen**	[mielen·ki:ntojnen]
bestseller (de)	**bestseller**	[bestseller]

woordenboek (het)	**sanakirja**	[sana·kirja]
leerboek (het)	**oppikirja**	[oppi·kirja]
encyclopedie (de)	**tietosanakirja**	[tieto·sana·kirja]

158. Jacht. Vissen

jacht (de)	**metsästys**	[metsæstys]
jagen (ww)	**metsästää**	[metsæstæ:]
jager (de)	**metsästäjä**	[metsæstæjæ]
schieten (ww)	**ampua**	[ampua]
geweer (het)	**kivääri**	[kiυæ:ri]
patroon (de)	**patruuna**	[patru:na]
hagel (de)	**haulit**	[haulit]
val (de)	**raudat**	[raudat]
valstrik (de)	**ansa**	[ansa]
een val zetten	**asettaa raudat**	[asetta: raudat]
stroper (de)	**salametsästäjä**	[sala·metsæstæjæ]
wild (het)	**riista**	[ri:sta]
jachthond (de)	**metsästyskoira**	[metsæstys·kojra]
safari (de)	**safari**	[safari]
opgezet dier (het)	**täytetty eläin**	[tæytetty elæjn]
visser (de)	**kalastaja**	[kalastaja]
visvangst (de)	**kalastus**	[kalastus]
vissen (ww)	**kalastaa**	[kalasta:]
hengel (de)	**onki**	[oŋki]
vislijn (de)	**siima**	[si:ma]
haak (de)	**koukku**	[koukku]
dobber (de)	**koho**	[koɦo]
aas (het)	**syötti**	[syøtti]
de hengel uitwerpen	**heittää onki**	[hejttæ: oŋki]
bijten (ov. de vissen)	**käydä onkeen**	[kæydæ oŋke:n]
vangst (de)	**saalis**	[sa:lis]
wak (het)	**avanto**	[aυanto]
net (het)	**kalaverkko**	[kala·υerkko]
boot (de)	**vene**	[υene]
vissen met netten	**kalastaa verkoilla**	[kalasta: υerkojlla]
het net uitwerpen	**heittää verkko**	[hejttæ: υerkko]
het net binnenhalen	**vetää verkko**	[υetæ: υerkko]
walvisvangst (de)	**valaanpyytäjä**	[υala:n·py:tæjæ]
walvisvaarder (de)	**valaanpyyntialus**	[υala:n·py:ntialus]
harpoen (de)	**harppuuna**	[harppu:na]

159. Spellen. Biljart

biljart (het)	**biljardi**	[biljardi]
biljartzaal (de)	**biljardisali**	[biljardi·sali]

biljartbal (de)	**biljardipallo**	[biljardi·pallo]
een bal in het gat jagen	**pussittaa**	[pussitta:]
keu (de)	**biljardikeppi**	[biljardi·keppi]
gat (het)	**pussi**	[pussi]

160. Spellen. Speelkaarten

ruiten (mv.)	**ruutu**	[ru:tu]
schoppen (mv.)	**pata**	[pata]
klaveren (mv.)	**hertta**	[hertta]
harten (mv.)	**risti**	[risti]
aas (de)	**ässä**	[æssæ]
koning (de)	**kuningas**	[kuniŋas]
dame (de)	**kuningatar**	[kuniŋatar]
boer (de)	**sotamies**	[sotamies]
speelkaart (de)	**pelikortti**	[peli·kortti]
kaarten (mv.)	**kortit**	[kortit]
troef (de)	**valtti**	[ʋaltti]
pak (het) kaarten	**korttipakka**	[kortti·pakka]
punt (bijv. vijftig ~en)	**piste**	[piste]
uitdelen (kaarten ~)	**jakaa**	[jaka:]
schudden (de kaarten ~)	**sekoittaa**	[sekojtta:]
beurt (de)	**siirto**	[si:rto]
valsspeler (de)	**korttihuijari**	[kortti·ɦuijari]

161. Casino. Roulette

casino (het)	**kasino**	[kasino]
roulette (de)	**ruletti**	[ruletti]
inzet (de)	**panos**	[panos]
een bod doen	**lyödä vetoa**	[lyødæ ʋetoa]
rood (de)	**punainen**	[punajnen]
zwart (de)	**musta**	[musta]
inzetten op rood	**lyödä vetoa punaisesta**	[lyødæ ʋetoa punajsesta]
inzetten op zwart	**lyödä vetoa mustasta**	[lyødæ ʋetoa mustasta]
croupier (de)	**krupieeri**	[krupje:ri]
de cilinder draaien	**pyörittää rulettipyörää**	[pyørittæ: ruletti·pyøræ:]
spelregels (mv.)	**pelisäännöt**	[peli·sæ:nnøt]
fiche (pokerfiche, etc.)	**pelimerkki**	[peli·merkki]
winnen (ww)	**voittaa**	[ʋojtta:]
winst (de)	**voitto**	[ʋojtto]
verliezen (ww)	**hävitä**	[hæʋitæ]
verlies (het)	**häviö**	[hæʋiø]
speler (de)	**pelaaja**	[pela:ja]
blackjack (kaartspel)	**Black Jack**	[blek dʒek]

dobbelspel (het)	**noppapeli**	[noppapeli]
dobbelstenen (mv.)	**nopat**	[nopat]
speelautomaat (de)	**peliautomaatti**	[peli·automa:tti]

162. Rusten. Spellen. Diversen

wandelen (on.ww.)	**kävellä**	[kæʋellæ]
wandeling (de)	**kävely**	[kæʋely]
trip (per auto)	**retki**	[retki]
avontuur (het)	**seikkailu**	[sejkkajlu]
picknick (de)	**piknikki**	[piknikki]
spel (het)	**peli**	[peli]
speler (de)	**pelaaja**	[pela:ja]
partij (de)	**erä**	[eræ]
collectioneur (de)	**keräilijä**	[keræjlijæ]
collectioneren (ww)	**keräillä**	[keræjllæ]
collectie (de)	**kokoelma**	[kokoelma]
kruiswoordraadsel (het)	**sanaristikko**	[sana·ristikko]
hippodroom (de)	**ravirata**	[raʋi·rata]
discotheek (de)	**disko**	[disko]
sauna (de)	**sauna**	[sauna]
loterij (de)	**arpajaiset**	[arpajaiset]
trektocht (kampeertocht)	**vaellus**	[ʋaellus]
kamp (het)	**leiri**	[lejri]
tent (de)	**teltta**	[teltta]
kompas (het)	**kompassi**	[kompassi]
rugzaktoerist (de)	**telttailija**	[telttajlija]
bekijken (een film ~)	**katsoa**	[katsoa]
kijker (televisie~)	**katsoja**	[katsoja]
televisie-uitzending (de)	**televisiolähetys**	[teleʋisio·læɦetys]

163. Fotografie

fotocamera (de)	**kamera**	[kamera]
foto (de)	**valokuva**	[ʋalokuʋa]
fotograaf (de)	**valokuvaaja**	[ʋalokuʋa:ja]
fotostudio (de)	**valokuvaamo**	[ʋalokuʋa:mo]
fotoalbum (het)	**valokuvakansio**	[ʋalokuʋa·kansio]
lens (de), objectief (het)	**objektiivi**	[objekti:ʋi]
telelens (de)	**teleobjektiivi**	[tele·objekti:ʋi]
filter (de/het)	**suodatin**	[suodatin]
lens (de)	**linssi**	[linssi]
optiek (de)	**optiikka**	[opti:kka]
diafragma (het)	**himmennin**	[himmennin]

belichtingstijd (de)	**valotus**	[ʋalotus]
zoeker (de)	**etsin**	[etsin]
digitale camera (de)	**digitaalikamera**	[digita:li·kamera]
statief (het)	**jalusta**	[jalusta]
flits (de)	**salamalaite**	[salama·lajte]
fotograferen (ww)	**valokuvata**	[ʋalokuʋata]
foto's maken	**kuvata**	[kuʋata]
zich laten fotograferen	**käydä valokuvassa**	[kæydæ ʋalokuʋassa]
focus (de)	**fokus, focus**	[fokus]
scherpstellen (ww)	**tarkentaa**	[tarkenta:]
scherp (bn)	**terävä**	[teræʋæ]
scherpte (de)	**terävyys**	[teræʋy:s]
contrast (het)	**kontrasti**	[kontrasti]
contrastrijk (bn)	**kontrasti-**	[kontrasti]
kiekje (het)	**kuva**	[kuʋa]
negatief (het)	**negatiivi**	[negati:ʋi]
filmpje (het)	**filmi**	[filmi]
beeld (frame)	**otos**	[otos]
afdrukken (foto's ~)	**tulostaa**	[tulosta:]

164. Strand. Zwemmen

strand (het)	**uimaranta**	[ujma·ranta]
zand (het)	**hiekka**	[hiekka]
leeg (~ strand)	**autio**	[autio]
bruine kleur (de)	**rusketus**	[rusketus]
zonnebaden (ww)	**ruskettua**	[ruskettua]
gebruind (bn)	**ruskettunut**	[ruskettunut]
zonnecrème (de)	**aurinkovoide**	[auriŋko·ʋojde]
bikini (de)	**bikinit**	[bikinit]
badpak (het)	**uimapuku**	[ujma·puku]
zwembroek (de)	**uimahousut**	[ujma·housut]
zwembad (het)	**uima-allas**	[ujma·allas]
zwemmen (ww)	**uida**	[ujda]
douche (de)	**suihku**	[sujhku]
zich omkleden (ww)	**vaihtaa vaatteet**	[ʋajhta: ʋa:tte:t]
handdoek (de)	**pyyhe**	[py:he]
boot (de)	**vene**	[ʋene]
motorboot (de)	**moottorivene**	[mo:ttori·ʋene]
waterski's (mv.)	**vesihiihto**	[ʋesi·hi:hto]
waterfiets (de)	**vesipolkupyörä**	[ʋesi·polkupyøræ]
surfen (het)	**surffaus**	[surffaus]
surfer (de)	**surffaaja**	[surffa:ja]
scuba, aqualong (de)	**happilaite**	[happi·lajte]

zwemvliezen (mv.)	**räpylät**	[ræpylæt]
duikmasker (het)	**naamari**	[nɑ:mɑri]
duiker (de)	**sukeltaja**	[sukeltɑjɑ]
duiken (ww)	**sukeltaa**	[sukeltɑ:]
onder water (bw)	**veden alla**	[ʋeden ɑllɑ]
parasol (de)	**sateenvarjo**	[sɑte:n·ʋɑrjo]
ligstoel (de)	**telttatuoli**	[telttɑ·tuoli]
zonnebril (de)	**aurinkolasit**	[ɑuriŋko·lɑsit]
luchtmatras (de/het)	**uimapatja**	[ujmɑ·pɑtjɑ]
spelen (ww)	**leikkiä**	[lejkkiæ]
gaan zwemmen (ww)	**uida**	[ujdɑ]
bal (de)	**rantapallo**	[rɑntɑ·pɑllo]
opblazen (oppompen)	**puhaltaa**	[puɦɑltɑ:]
lucht-, opblaasbare (bn)	**puhallettava**	[puɦɑllettɑʋɑ]
golf (hoge ~)	**aalto**	[ɑ:lto]
boei (de)	**poiju**	[poiju]
verdrinken (ww)	**hukkua**	[hukkuɑ]
redden (ww)	**pelastaa**	[pelɑstɑ:]
reddingsvest (de)	**pelastusliivi**	[pelɑstus·li:ʋi]
waarnemen (ww)	**tarkkailla**	[tɑrkkɑjllɑ]
redder (de)	**pelastaja**	[pelɑstɑjɑ]

TECHNISCHE APPARATUUR. VERVOER

Technische apparatuur

165. Computer

computer (de)	**tietokone**	[tieto·kone]
laptop (de)	**kannettava tietokone**	[kannettaʋa tietokone]
aanzetten (ww)	**avata**	[aʋata]
uitzetten (ww)	**sammuttaa**	[sammutta:]
toetsenbord (het)	**näppäimistö**	[næppæjmistø]
toets (enter~)	**näppäin**	[næppæjn]
muis (de)	**hiiri**	[hi:ri]
muismat (de)	**hiirimatto**	[hi:ri·matto]
knopje (het)	**painike**	[pajnike]
cursor (de)	**kursori**	[kursori]
monitor (de)	**monitori**	[monitori]
scherm (het)	**näyttö**	[næyttø]
harde schijf (de)	**kiintolevy, kovalevy**	[ki:nto·leʋy], [koʋa·leʋy]
volume (het) van de harde schijf	**kiintolevyn kapasiteetti**	[ki:ntoleʋyn kapasite:tti]
geheugen (het)	**muisti**	[mujsti]
RAM-geheugen (het)	**keskusmuisti**	[keskus·mujsti]
bestand (het)	**tiedosto**	[tædosto]
folder (de)	**kansio**	[kansio]
openen (ww)	**avata**	[aʋata]
sluiten (ww)	**sulkea**	[sulkea]
opslaan (ww)	**tallentaa**	[tallenta:]
verwijderen (wissen)	**poistaa**	[pojsta:]
kopiëren (ww)	**kopioida**	[kopiojda]
sorteren (ww)	**lajitella**	[lajıtella]
overplaatsen (ww)	**siirtää**	[si:rtæ:]
programma (het)	**ohjelma**	[ohjelma]
software (de)	**ohjelmisto**	[ohjelmisto]
programmeur (de)	**ohjelmoija**	[ohjelmoja]
programmeren (ww)	**ohjelmoida**	[ohjelmojda]
hacker (computerkraker)	**hakkeri**	[hakkeri]
wachtwoord (het)	**tunnussana**	[tunnus·sana]
virus (het)	**virus**	[ʋirus]
ontdekken (virus ~)	**löytää**	[løytæ:]

byte (de)	**tavu**	[tauu]
megabyte (de)	**megatavu**	[mega·tauu]
data (de)	**tiedot**	[tiedot]
databank (de)	**tietokanta**	[tieto·kanta]
kabel (USB-~, enz.)	**kaapeli**	[ka:peli]
afsluiten (ww)	**kytkeä irti**	[kytkeæ irti]
aansluiten op (ww)	**yhdistää, liittää**	[yhdistæ:], [li:ttæ:]

166. Internet. E-mail

internet (het)	**internet, netti**	[internet], [netti]
browser (de)	**verkkoselain**	[uerkko·selajn]
zoekmachine (de)	**hakukone**	[haku·kone]
internetprovider (de)	**internet-palveluntarjoaja**	[internet·paluelun·tarjoaja]
webmaster (de)	**webmaster**	[ueb·master]
website (de)	**nettisivusto**	[netti·siuusto]
webpagina (de)	**nettisivu**	[netti·siuu]
adres (het)	**email-osoite**	[imejl·osojte]
adresboek (het)	**osoitekirja**	[osojte·kirja]
postvak (het)	**postilaatikko**	[postila:tikko]
post (de)	**posti**	[posti]
vol (~ postvak)	**täysi**	[tæysi]
bericht (het)	**viesti**	[uiesti]
binnenkomende berichten (mv.)	**saapuneet viestit**	[sa:pune:t uiestit]
uitgaande berichten (mv.)	**lähetetyt viestit**	[læɦetetyt uiestit]
verzender (de)	**lähettäjä**	[læɦettæjæ]
verzenden (ww)	**lähettää**	[læɦettæ:]
verzending (de)	**lähettäminen**	[læɦettæminen]
ontvanger (de)	**saaja**	[sa:ja]
ontvangen (ww)	**saada**	[sa:da]
correspondentie (de)	**kirjeenvaihto**	[kirje:n·uajhto]
corresponderen (met ...)	**olla kirjeenvaihdossa**	[olla kirje:n·uajhdossa]
bestand (het)	**tiedosto**	[tædosto]
downloaden (ww)	**tallentaa**	[tallenta:]
creëren (ww)	**luoda**	[luoda]
verwijderen (een bestand ~)	**poistaa**	[pojsta:]
verwijderd (bn)	**poistettu**	[pojstettu]
verbinding (de)	**yhteys**	[yhteys]
snelheid (de)	**nopeus**	[nopeus]
modem (de)	**modeemi**	[mode:mi]
toegang (de)	**pääsy**	[pæ:sy]
poort (de)	**portti**	[portti]
aansluiting (de)	**liittymä**	[li:ttymæ]

zich aansluiten (ww)	**liittyä**	[li:ttyæ]
selecteren (ww)	**valita**	[ʋalita]
zoeken (ww)	**etsiä**	[etsiæ]

167. Elektriciteit

elektriciteit (de)	**sähkö**	[sæhkø]
elektrisch (bn)	**sähkö-**	[sæhkø]
elektriciteitscentrale (de)	**voimala**	[ʋojmala]
energie (de)	**energia**	[energia]
elektrisch vermogen (het)	**sähköenergia**	[sæhkø·energia]
lamp (de)	**lamppu**	[lamppu]
zaklamp (de)	**taskulamppu**	[tasku·lamppu]
straatlantaarn (de)	**lyhty**	[lyhty]
licht (elektriciteit)	**valo**	[ʋalo]
aandoen (ww)	**sytyttää**	[sytyttæ:]
uitdoen (ww)	**katkaista**	[katkajsta]
het licht uitdoen	**sammuttaa valo**	[sammutta: ʋalo]
doorbranden (gloeilamp)	**olla palanut**	[olla palanut]
kortsluiting (de)	**oikosulku**	[ojko·sulku]
onderbreking (de)	**katkeama**	[katkeama]
contact (het)	**kontakti**	[kontakti]
schakelaar (de)	**katkaisin**	[katkajsin]
stopcontact (het)	**pistorasia**	[pisto·rasia]
stekker (de)	**pistoke**	[pistoke]
verlengsnoer (de)	**jatkojohto**	[jatko·johto]
zekering (de)	**suojalaite**	[suoja·lajte]
kabel (de)	**johto, johdin**	[johto], [johdin]
bedrading (de)	**johdotus**	[johdotus]
ampère (de)	**ampeeri**	[ampe:ri]
stroomsterkte (de)	**ampeeriluku**	[ampe:ri·luku]
volt (de)	**voltti**	[ʋoltti]
spanning (de)	**jännite**	[jænnite]
elektrisch toestel (het)	**sähkölaite**	[sæhkø·lajte]
indicator (de)	**indikaattori**	[indika:ttori]
elektricien (de)	**sähkömies**	[sæhkømies]
solderen (ww)	**juottaa**	[juotta:]
soldeerbout (de)	**juotin**	[juotin]
stroom (de)	**virta**	[ʋirta]

168. Gereedschappen

werktuig (stuk gereedschap)	**työkalu**	[tyø·kalu]
gereedschap (het)	**työkalut**	[tyø·kalut]

uitrusting (de)	**laitteet**	[lɑjtte:t]
hamer (de)	**vasara**	[ʋɑsɑrɑ]
schroevendraaier (de)	**ruuvitaltta**	[ru:ʋi·tɑltta]
bijl (de)	**kirves**	[kirʋes]
zaag (de)	**saha**	[sɑɦɑ]
zagen (ww)	**sahata**	[sɑɦɑtɑ]
schaaf (de)	**höylä**	[høylæ]
schaven (ww)	**höylätä**	[høylætæ]
soldeerbout (de)	**juotin**	[juotin]
solderen (ww)	**juottaa**	[juottɑ:]
vijl (de)	**viila**	[ʋi:lɑ]
nijptang (de)	**hohtimet**	[hohtimet]
combinatietang (de)	**laakapihdit**	[lɑ:kɑ·pihdit]
beitel (de)	**taltta**	[tɑlttɑ]
boorkop (de)	**pora**	[porɑ]
boormachine (de)	**porakone**	[porɑ·kone]
boren (ww)	**porata**	[porɑtɑ]
mes (het)	**veitsi**	[ʋejtsi]
zakmes (het)	**taskuveitsi**	[tɑsku·ʋejtsi]
lemmet (het)	**terä**	[teræ]
scherp (bijv. ~ mes)	**terävä**	[teræʋæ]
bot (bn)	**tylsä**	[tylsæ]
bot raken (ww)	**tylsistyä**	[tylsistyæ]
slijpen (een mes ~)	**teroittaa**	[terojttɑ:]
bout (de)	**pultti**	[pultti]
moer (de)	**mutteri**	[mutteri]
schroefdraad (de)	**kierre**	[kierre]
houtschroef (de)	**ruuvi**	[ru:ʋi]
spijker (de)	**naula**	[nɑulɑ]
kop (de)	**kanta**	[kɑntɑ]
liniaal (de/het)	**viivoitin**	[ʋi:ʋojtin]
rolmeter (de)	**mittanauha**	[mittɑ·nɑuɦɑ]
waterpas (de/het)	**vesivaaka**	[ʋesi·ʋɑ:kɑ]
loep (de)	**suurennuslasi**	[su:rennus·lɑsi]
meetinstrument (het)	**mittauslaite**	[mittɑus·lɑjte]
opmeten (ww)	**mitata**	[mitɑtɑ]
schaal (meetschaal)	**asteikko**	[ɑstejkko]
gegevens (mv.)	**lukema**	[lukemɑ]
compressor (de)	**kompressori**	[kompressori]
microscoop (de)	**mikroskooppi**	[mikrosko:ppi]
pomp (de)	**pumppu**	[pumppu]
robot (de)	**robotti**	[robotti]
laser (de)	**laser**	[lɑser]
moersleutel (de)	**kiintoavain**	[ki:nto·ɑʋɑjn]
plakband (de)	**teippi**	[tejppi]

lijm (de)	**liima**	[li:mɑ]
schuurpapier (het)	**hiomapaperi**	[hiomɑ·pɑperi]
veer (de)	**jousi**	[jousi]
magneet (de)	**magneetti**	[mɑŋne:tti]
handschoenen (mv.)	**käsineet**	[kæsine:t]
touw (bijv. henneptouw)	**nuora**	[nuorɑ]
snoer (het)	**nuora**	[nuorɑ]
draad (de)	**johto, johdin**	[johto], [johdin]
kabel (de)	**kaapeli**	[kɑ:peli]
moker (de)	**leka, moukari**	[lekɑ], [moukɑri]
breekijzer (het)	**rautakanki**	[rɑutɑ·kɑŋki]
ladder (de)	**tikapuut**	[tikɑ·pu:t]
trapje (inklapbaar ~)	**tikkaat**	[tikkɑ:t]
aanschroeven (ww)	**kiertää**	[kærtæ:]
losschroeven (ww)	**kiertää auki**	[kiertæ: ɑuki]
dichtpersen (ww)	**kiristää**	[kiristæ:]
vastlijmen (ww)	**liimata**	[li:mɑtɑ]
snijden (ww)	**leikata**	[lejkɑtɑ]
defect (het)	**vika**	[ʋikɑ]
reparatie (de)	**korjaus**	[korjɑus]
repareren (ww)	**korjata**	[korjɑtɑ]
regelen (een machine ~)	**säädellä**	[sæ:dellæ]
checken (ww)	**tarkastaa**	[tɑrkɑstɑ:]
controle (de)	**tarkastus**	[tɑrkɑstus]
gegevens (mv.)	**lukema**	[lukemɑ]
degelijk (bijv. ~ machine)	**luotettava**	[luotettɑʋɑ]
ingewikkeld (bn)	**monimutkainen**	[monimutkɑjnen]
roesten (ww)	**ruostua**	[ruostuɑ]
roestig (bn)	**ruosteinen**	[ruostejnen]
roest (de/het)	**ruoste**	[ruoste]

Vervoer

169. Vliegtuig

vliegtuig (het)	**lentokone**	[lento·kone]
vliegticket (het)	**lentolippu**	[lento·lippu]
luchtvaartmaatschappij (de)	**lentoyhtiö**	[lento·yhtiø]
luchthaven (de)	**lentoasema**	[lento·asema]
supersonisch (bn)	**yliääni-**	[yliæ:ni-]
gezagvoerder (de)	**lentokoneen päällikkö**	[lento·kone:n pæ:llikkø]
bemanning (de)	**miehistö**	[mæɦistø]
piloot (de)	**lentäjä**	[lentæjæ]
stewardess (de)	**lentoemäntä**	[lento·emæntæ]
stuurman (de)	**perämies**	[peræmies]
vleugels (mv.)	**siivet**	[si:ʋet]
staart (de)	**pyrstö**	[pyrstø]
cabine (de)	**ohjaamo**	[ohja:mo]
motor (de)	**moottori**	[mo:ttori]
landingsgestel (het)	**laskuteline**	[lasku·teline]
turbine (de)	**turbiini**	[turbi:ni]
propeller (de)	**propelli**	[propelli]
zwarte doos (de)	**musta laatikko**	[musta la:tikko]
stuur (het)	**ohjaussauva**	[ohjaus·sauʋa]
brandstof (de)	**polttoaine**	[poltto·ajne]
veiligheidskaart (de)	**turvaohje**	[turʋa·ohje]
zuurstofmasker (het)	**happinaamari**	[happina:mari]
uniform (het)	**univormu**	[uniʋormu]
reddingsvest (de)	**pelastusliivi**	[pelastus·li:ʋi]
parachute (de)	**laskuvarjo**	[lasku·ʋarjo]
opstijgen (het)	**ilmaannousu**	[ilma:n·nousu]
opstijgen (ww)	**nousta ilmaan**	[nousta ilma:n]
startbaan (de)	**kiitorata**	[ki:to·rata]
zicht (het)	**näkyvyys**	[nækyʋy:s]
vlucht (de)	**lento**	[lento]
hoogte (de)	**korkeus**	[korkeus]
luchtzak (de)	**ilmakuoppa**	[ilma·kuoppa]
plaats (de)	**paikka**	[pajkka]
koptelefoon (de)	**kuulokkeet**	[ku:lokke:t]
tafeltje (het)	**tarjotin**	[tarjotin]
venster (het)	**ikkuna**	[ikkuna]
gangpad (het)	**käytävä**	[kæytæʋæ]

170. Trein

trein (de)	**juna**	[juna]
elektrische trein (de)	**sähköjuna**	[sæhkø·juna]
sneltrein (de)	**pikajuna**	[pika·juna]
diesellocomotief (de)	**moottoriveturi**	[mo:ttori·ʋeturi]
stoomlocomotief (de)	**höyryveturi**	[høyry·ʋeturi]
rijtuig (het)	**vaunu**	[ʋaunu]
restauratierijtuig (het)	**ravintolavaunu**	[raʋintola·ʋaunu]
rails (mv.)	**ratakiskot**	[rata·kiskot]
spoorweg (de)	**rautatie**	[rauta·tie]
dwarsligger (de)	**ratapölkky**	[rata·pølkky]
perron (het)	**asemalaituri**	[asema·lajturi]
spoor (het)	**raide**	[rajde]
semafoor (de)	**siipiopastin**	[si:pi·opastin]
halte (bijv. kleine treinhalte)	**asema**	[asema]
machinist (de)	**junankuljettaja**	[yneŋ·kuljettaja]
kruier (de)	**kantaja**	[kantaja]
conducteur (de)	**vaununhoitaja**	[ʋaunun·hojtaja]
passagier (de)	**matkustaja**	[matkustaja]
controleur (de)	**tarkastaja**	[tarkastaja]
gang (in een trein)	**käytävä**	[kæytæʋæ]
noodrem (de)	**hätäjarru**	[hætæ·jarru]
coupé (de)	**vaununosasto**	[ʋaunun·osasto]
bed (slaapplaats)	**vuode**	[ʋuode]
bovenste bed (het)	**ylävuode**	[ylæ·ʋuode]
onderste bed (het)	**alavuode**	[ala·ʋuode]
beddengoed (het)	**vuodevaatteet**	[ʋuode·ʋa:tte:t]
kaartje (het)	**lippu**	[lippu]
dienstregeling (de)	**aikataulu**	[ajka·taulu]
informatiebord (het)	**aikataulu**	[ajka·taulu]
vertrekken (De trein vertrekt ...)	**lähteä**	[læhteæ]
vertrek (ov. een trein)	**lähtö**	[læhtø]
aankomen (ov. de treinen)	**saapua**	[sa:pua]
aankomst (de)	**saapuminen**	[sa:puminen]
aankomen per trein	**tulla junalla**	[tulla junalla]
in de trein stappen	**nousta junaan**	[nousta juna:n]
uit de trein stappen	**nousta junasta**	[nousta junasta]
treinwrak (het)	**junaturma**	[juna·turma]
ontspoord zijn	**suistua raiteilta**	[sujstua rajtejlta]
stoomlocomotief (de)	**höyryveturi**	[høyry·ʋeturi]
stoker (de)	**lämmittäjä**	[læmmittæjæ]
stookplaats (de)	**tulipesä**	[tulipesæ]
steenkool (de)	**hiili**	[hi:li]

171. Schip

schip (het)	**laiva**	[lajuɑ]
vaartuig (het)	**alus**	[ɑlus]
stoomboot (de)	**höyrylaiva**	[højry·lajuɑ]
motorschip (het)	**jokilaiva**	[joki·lajuɑ]
lijnschip (het)	**risteilijä**	[ristejlijæ]
kruiser (de)	**risteilijä**	[ristejlijæ]
jacht (het)	**jahti**	[jɑhti]
sleepboot (de)	**hinausköysi**	[hinɑus·køysi]
duwbak (de)	**proomu**	[pro:mu]
ferryboot (de)	**lautta**	[lɑuttɑ]
zeilboot (de)	**purjealus**	[purje·ɑlus]
brigantijn (de)	**brigantiini**	[brigɑnti:ni]
ijsbreker (de)	**jäänmurtaja**	[jæ:n·murtɑjɑ]
duikboot (de)	**sukellusvene**	[sukellus·ʋene]
boot (de)	**jolla**	[jollɑ]
sloep (de)	**pelastusvene**	[pelɑstus·ʋene]
reddingssloep (de)	**pelastusvene**	[pelɑstus·ʋene]
motorboot (de)	**moottorivene**	[mo:ttori·ʋene]
kapitein (de)	**kapteeni**	[kɑpte:ni]
zeeman (de)	**matruusi**	[mɑtru:si]
matroos (de)	**merimies**	[merimies]
bemanning (de)	**miehistö**	[mæɦistø]
bootsman (de)	**pursimies**	[pursimies]
scheepsjongen (de)	**laivapoika**	[lajuɑ·pojkɑ]
kok (de)	**kokki**	[kokki]
scheepsarts (de)	**laivalääkäri**	[lajuɑ·læ:kæri]
dek (het)	**kansi**	[kɑnsi]
mast (de)	**masto**	[mɑsto]
zeil (het)	**purje**	[purje]
ruim (het)	**ruuma**	[ru:mɑ]
voorsteven (de)	**keula**	[keulɑ]
achtersteven (de)	**perä**	[peræ]
roeispaan (de)	**airo**	[ɑjro]
schroef (de)	**potkuri**	[potkuri]
kajuit (de)	**hytti**	[hytti]
officierskamer (de)	**upseerimessi**	[upse:ri·messi]
machinekamer (de)	**konehuone**	[kone·ɦuone]
brug (de)	**komentosilta**	[komento·siltɑ]
radiokamer (de)	**radiohuone**	[rɑdio·ɦuone]
radiogolf (de)	**aalto**	[ɑ:lto]
logboek (het)	**laivapäiväkirja**	[lajuɑ·pæjuæ·kirjɑ]
verrekijker (de)	**kaukoputki**	[kɑuko·putki]
klok (de)	**kello**	[kello]

vlag (de)	**lippu**	[lippu]
kabel (de)	**köysi**	[køysi]
knoop (de)	**solmu**	[solmu]
leuning (de)	**käsipuu**	[kæsipu:]
trap (de)	**laskusilta**	[lasku·silta]
anker (het)	**ankkuri**	[aŋkkuri]
het anker lichten	**nostaa ankkuri**	[nosta: aŋkkuri]
het anker neerlaten	**heittää ankkuri**	[hejttæ: aŋkkuri]
ankerketting (de)	**ankkuriketju**	[aŋkkuri·ketju]
haven (bijv. containerhaven)	**satama**	[satama]
kaai (de)	**laituri**	[lajturi]
aanleggen (ww)	**kiinnittyä**	[ki:nnittyæ]
wegvaren (ww)	**lähteä**	[læhteæ]
reis (de)	**matka**	[matka]
cruise (de)	**laivamatka**	[lajʊa·matka]
koers (de)	**kurssi**	[kurssi]
route (de)	**reitti**	[rejtti]
vaarwater (het)	**väylä**	[ʊæylæ]
zandbank (de)	**matalikko**	[matalikko]
stranden (ww)	**ajautua matalikolle**	[ajautua matalikolle]
storm (de)	**myrsky**	[myrsky]
signaal (het)	**merkki**	[merkki]
zinken (ov. een boot)	**upota**	[upota]
Man overboord!	**Mies yli laidan!**	[mies yli lajdan]
SOS (noodsignaal)	**SOS**	[sos]
reddingsboei (de)	**pelastusrengas**	[pelastus·reŋas]

172. Vliegveld

luchthaven (de)	**lentoasema**	[lento·asema]
vliegtuig (het)	**lentokone**	[lento·kone]
luchtvaartmaatschappij (de)	**lentoyhtiö**	[lento·yhtiø]
luchtverkeersleider (de)	**lennonjohtaja**	[lennon·johtaja]
vertrek (het)	**lähtö**	[læhtø]
aankomst (de)	**saapuvat**	[sa:puʊat]
aankomen (per vliegtuig)	**lentää**	[lentæ:]
vertrektijd (de)	**lähtöaika**	[læhtø·ajka]
aankomstuur (het)	**saapumisaika**	[sa:pumis·ajka]
vertraagd zijn (ww)	**myöhästyä**	[myøhæstyæ]
vluchtvertraging (de)	**lennon viivästyminen**	[lennon ʊi:ʊæstyminen]
informatiebord (het)	**tiedotustaulu**	[tiedotus·taulu]
informatie (de)	**tiedotus**	[tiedotus]
aankondigen (ww)	**ilmoittaa**	[ilmojtta:]
vlucht (bijv. KLM ~)	**lento**	[lento]

douane (de)	**tulli**	[tulli]
douanier (de)	**tullimies**	[tullimies]
douaneaangifte (de)	**tullausilmoitus**	[tullaus·ilmojtus]
invullen (douaneaangifte ~)	**täyttää**	[tæyttæ:]
een douaneaangifte invullen	**täyttää tullausilmoitus**	[tæyttæ: tullaus ilmojtus]
paspoortcontrole (de)	**passintarkastus**	[passin·tarkastus]
bagage (de)	**matkatavara**	[matka·tauara]
handbagage (de)	**käsimatkatavara**	[kæsi·matka·tauara]
bagagekarretje (het)	**matkatavarakärryt**	[matka·tauarat·kærryt]
landing (de)	**lasku**	[lasku]
landingsbaan (de)	**laskurata**	[lasku·rata]
landen (ww)	**laskeutua**	[laskeutua]
vliegtuigtrap (de)	**laskuportaat**	[lasku·porta:t]
inchecken (het)	**lähtöselvitys**	[læhtø·seluitys]
incheckbalie (de)	**rekisteröintitiski**	[rekisterøinti·tiski]
inchecken (ww)	**ilmoittautua**	[ilmojttautua]
instapkaart (de)	**koneeseennousukortti**	[kone:se:n·nousu·kortti]
gate (de)	**lentokoneen pääsy**	[lento·kone:n pæ:sy]
transit (de)	**kauttakulku**	[kautta·kulku]
wachten (ww)	**odottaa**	[odotta:]
wachtzaal (de)	**odotussali**	[odotus·sali]
begeleiden (uitwuiven)	**saattaa ulos**	[sa:tta: ulos]
afscheid nemen (ww)	**hyvästellä**	[hyuæstellæ]

173. Fiets. Motorfiets

fiets (de)	**polkupyörä**	[polku·pyøræ]
bromfiets (de)	**skootteri**	[sko:tteri]
motorfiets (de)	**moottoripyörä**	[mo:ttori·pyøræ]
met de fiets rijden	**pyöräillä**	[pyøræjllæ]
stuur (het)	**ohjaustanko**	[ohjaus·taŋko]
pedaal (de/het)	**poljin**	[poljɪn]
remmen (mv.)	**jarrut**	[jarrut]
fietszadel (de/het)	**satula**	[satula]
pomp (de)	**pumppu**	[pumppu]
bagagedrager (de)	**tavarateline**	[tauara·teline]
fietslicht (het)	**valo, ajovalo**	[ualo], [ajoualo]
helm (de)	**kypärä**	[kypæræ]
wiel (het)	**pyörä**	[pyøræ]
spatbord (het)	**siipi**	[si:pi]
velg (de)	**vanne**	[uanne]
spaak (de)	**pinna**	[pinna]

Auto's

174. Soorten auto's

auto (de)	**auto**	[auto]
sportauto (de)	**urheiluauto**	[urhejlu·auto]
limousine (de)	**limusiini**	[limousi:ni]
terreinwagen (de)	**maastoauto**	[ma:sto·auto]
cabriolet (de)	**avoauto**	[auo·auto]
minibus (de)	**pikkubussi**	[pikku·bussi]
ambulance (de)	**ambulanssi**	[ambulanssi]
sneeuwruimer (de)	**lumiaura**	[lumi·aura]
vrachtwagen (de)	**kuorma-auto**	[kuorma·auto]
tankwagen (de)	**bensiinisäiliöauto**	[bensi:ni·sæjliø·auto]
bestelwagen (de)	**kuomuauto**	[kuomu·auto]
trekker (de)	**vetoauto**	[ueto·auto
aanhangwagen (de)	**perävaunu**	[peræ·uaunu]
comfortabel (bn)	**mukava**	[mukaua]
tweedehands (bn)	**käytetty**	[kæutetty]

175. Auto's. Carrosserie

motorkap (de)	**konepelti**	[kone·pelti]
spatbord (het)	**lokasuoja**	[loka·suoja]
dak (het)	**katto**	[katto]
voorruit (de)	**tuulilasi**	[tu:li·lasi]
achterruit (de)	**taustapeili**	[tausta·pejli]
ruitensproeier (de)	**tuulilasinpesin**	[tu:lilasin·pesin]
wisserbladen (mv.)	**tuulilasinpyyhkimet**	[tu:lilasin·py:hkimet]
zijruit (de)	**sivulasi**	[siuu·lasi]
raamlift (de)	**lasinnostin**	[lasin·nostin]
antenne (de)	**antenni**	[antenni]
zonnedak (het)	**kattoluukku**	[katto·lu:kku]
bumper (de)	**puskuri**	[puskuri]
koffer (de)	**tavaratila**	[tauara·tila]
imperiaal (de/het)	**takräcke, kattoteline**	[takræcke], [kattoteline]
portier (het)	**ovi**	[oui]
handvat (het)	**kahva**	[kahua]
slot (het)	**lukko**	[lukko]
nummerplaat (de)	**numero**	[numero]
knalpot (de)	**vaimennin**	[uajmennin]

benzinetank (de)	**bensiinitankki**	[bensi:ni·taŋkki]
uitlaatpijp (de)	**pakoputki**	[pako·putki]
gas (het)	**kaasu**	[ka:su]
pedaal (de/het)	**poljin**	[poljɪn]
gaspedaal (de/het)	**kaasupoljin**	[ka:su·poljɪn]
rem (de)	**jarru**	[jarru]
rempedaal (de/het)	**jarrupoljin**	[jarru·poljɪn]
remmen (ww)	**jarruttaa**	[jarrutta:]
handrem (de)	**käsijarru**	[kæsi·jarru]
koppeling (de)	**kytkin**	[kytkin]
koppelingspedaal (de/het)	**kytkinpoljin**	[kytkin·poljɪn]
koppelingsschijf (de)	**kytkinlevy**	[kytkin·leʋy]
schokdemper (de)	**iskari**	[iskari]
wiel (het)	**rengas**	[reŋas]
reservewiel (het)	**vararengas**	[ʋara·reŋas]
band (de)	**rengas**	[reŋas]
wieldop (de)	**pölykapseli**	[pøly·kapseli]
aandrijfwielen (mv.)	**vetävät pyörät**	[ʋetæʋæt pyøræt]
met voorwielaandrijving	**etuveto-**	[etuʋeto]
met achterwielaandrijving	**takaveto-**	[takaʋeto]
met vierwielaandrijving	**neliveto-**	[neliʋeto]
versnellingsbak (de)	**vaihdelaatikko**	[ʋajhde·la:tikko]
automatisch (bn)	**automaattinen**	[automa:ttinen]
mechanisch (bn)	**käsivalintainen**	[kæsiʋalintajnen]
versnellingspook (de)	**vaihdetanko**	[ʋajhde·taŋko]
voorlicht (het)	**etulyhty**	[etulyhty]
voorlichten (mv.)	**ajovalot**	[ajo·ʋalot]
dimlicht (het)	**lähivalot**	[læɦi·ʋalot]
grootlicht (het)	**kaukovalot**	[kauko·ʋalot]
stoplicht (het)	**jarruvalo**	[jarru·ʋalo]
standlichten (mv.)	**pysäköintivalot**	[pysækøjnti·ʋalot]
noodverlichting (de)	**hätävilkut**	[hætæ·ʋilkut]
mistlichten (mv.)	**sumuvalot**	[sumu·ʋalot]
pinker (de)	**kääntymisvalo**	[kæ:ntymis·ʋalo]
achteruitrijdlicht (het)	**peruutusvalo**	[peru:tus·ʋalo]

176. Auto's. Passagiersruimte

interieur (het)	**sisätila**	[sisæ·tila]
leren (van leer gemaak)	**nahka-**	[nahka]
fluwelen (abn)	**veluuri-**	[ʋelu:ri]
bekleding (de)	**verhoilu**	[ʋerhojlu]
toestel (het)	**koje**	[koje]
instrumentenbord (het)	**kojelauta**	[koje·lauta]

snelheidsmeter (de)	**nopeusmittari**	[nopeus·mittɑri]
pijltje (het)	**osoitin**	[osojtin]
kilometerteller (de)	**matkamittari**	[mɑtkɑ·mittɑri]
sensor (de)	**indikaattori**	[indikɑ:ttori]
niveau (het)	**taso**	[tɑso]
controlelampje (het)	**varoitusvalo**	[ʋɑroitus·ʋɑlo]
stuur (het)	**ratti**	[rɑtti]
toeter (de)	**torvi**	[torʋi]
knopje (het)	**painike**	[pɑjnike]
schakelaar (de)	**kytkin**	[kytkin]
stoel (bestuurders~)	**istuin**	[istujn]
rugleuning (de)	**selkänoja**	[selkænojɑ]
hoofdsteun (de)	**päänalunen**	[pæ:n·ɑlunen]
veiligheidsgordel (de)	**turvavyö**	[turʋɑ·ʋyø]
de gordel aandoen	**kiinnittää turvavyö**	[ki:nnittæ: turʋɑ·ʋyø]
regeling (de)	**säätö**	[sæ:tø]
airbag (de)	**turvatyyny**	[turʋɑ·ty:ny]
airconditioner (de)	**ilmastointilaite**	[ilmɑstojnti·lɑjte]
radio (de)	**radio**	[rɑdio]
CD-speler (de)	**CD-levysoitin**	[sede·leʋysojtin]
aanzetten (bijv. radio ~)	**avata**	[ɑʋɑtɑ]
antenne (de)	**antenni**	[ɑntenni]
handschoenenkastje (het)	**hansikaslokero**	[hɑnsikɑs·lokero]
asbak (de)	**tuhkakuppi**	[tuhkɑ·kuppi]

177. Auto's. Motor

motor (de)	**moottori**	[mo:ttori]
diesel- (abn)	**diesel-**	[di:sel]
benzine- (~motor)	**bensiini-**	[bensi:ni]
motorinhoud (de)	**moottorin tilavuus**	[mo:ttorin tilɑʋu:s]
vermogen (het)	**teho**	[teɦo]
paardenkracht (de)	**hevosvoima**	[heʋos·ʋojmɑ]
zuiger (de)	**mäntä**	[mæntæ]
cilinder (de)	**sylinteri**	[sylinteri]
klep (de)	**venttiili**	[ʋentti:li]
injectie (de)	**injektori**	[injektori]
generator (de)	**generaattori**	[generɑ:ttori]
carburator (de)	**kaasutin**	[kɑ:sutin]
motorolie (de)	**koneöljy**	[kone·øljy]
radiator (de)	**jäähdytin**	[jæ:hdytin]
koelvloeistof (de)	**jäähdytysneste**	[jæ:hdytys·neste]
ventilator (de)	**tuuletin**	[tu:letin]
accu (de)	**akku**	[ɑkku]
starter (de)	**startti**	[stɑrtti]

contact (ontsteking)	**sytytys**	[sytytys]
bougie (de)	**sytytystulppa**	[sytytys·tulppa]
pool (de)	**liitin**	[li:tin]
positieve pool (de)	**plus**	[plus]
negatieve pool (de)	**miinus**	[mi:nus]
zekering (de)	**sulake**	[sulake]
luchtfilter (de)	**ilmasuodatin**	[ilma·suodatin]
oliefilter (de)	**öljysuodatin**	[øljy·suodatin]
benzinefilter (de)	**polttoainesuodatin**	[polttoajne·suodatin]

178. Auto's. Botsing. Reparatie

auto-ongeval (het)	**kolari**	[kolari]
verkeersongeluk (het)	**liikenneonnettomuus**	[li:kenne·onnettomu:s]
aanrijden (tegen een boom, enz.)	**törmätä**	[tørmætæ]
verongelukken (ww)	**rysähtää**	[rysæhtæ:]
beschadiging (de)	**vaurio**	[ʋaurio]
heelhuids (bn)	**ehjä**	[ehjæ]
pech (de)	**hajoaminen**	[hajoaminen]
kapot gaan (zijn gebroken)	**mennä rikki**	[mennæ rikki]
sleeptouw (het)	**hinausvaijeri**	[hinaus·ʋaijeri]
lek (het)	**reikä**	[rejkæ]
lekke krijgen (band)	**puhjeta**	[puhjeta]
oppompen (ww)	**pumpata**	[pumpata]
druk (de)	**paine**	[pajne]
checken (ww)	**tarkastaa**	[tarkasta:]
reparatie (de)	**korjaus**	[korjaus]
garage (de)	**autopaja, korjaamo**	[autopaja], [korja:mo]
wisselstuk (het)	**varaosa**	[ʋara·osa]
onderdeel (het)	**osa**	[osa]
bout (de)	**pultti**	[pultti]
schroef (de)	**ruuvi**	[ru:ʋi]
moer (de)	**mutteri**	[mutteri]
sluitring (de)	**aluslevy**	[alus·leʋy]
kogellager (de/het)	**laakeri**	[la:keri]
pijp (de)	**putki**	[putki]
pakking (de)	**tiiviste**	[ti:ʋiste]
kabel (de)	**johto, johdin**	[johto], [johdin]
dommekracht (de)	**tunkki**	[tuŋkki]
moersleutel (de)	**kiintoavain**	[ki:nto·aʋajn]
hamer (de)	**vasara**	[ʋasara]
pomp (de)	**pumppu**	[pumppu]
schroevendraaier (de)	**ruuvitaltta**	[ru:ʋi·taltta]
brandblusser (de)	**sammutin**	[sammutin]
gevarendriehoek (de)	**varoituskolmio**	[ʋarojtus·kolmio]

afslaan (ophouden te werken)	**sammua**	[sammua]
uitvallen (het)	**sammutus**	[sammutus]
zijn gebroken	**olla rikki**	[olla rikki]
oververhitten (ww)	**ylikuumentua**	[yliku:mentua]
verstopt raken (ww)	**tukkeutua**	[tukkeutua]
bevriezen (autodeur, enz.)	**jäätyä**	[jæ:tyæ]
barsten (leidingen, enz.)	**haljeta**	[haljeta]
druk (de)	**paine**	[pajne]
niveau (bijv. olieniveau)	**taso**	[taso]
slap (de drijfriem is ~)	**löysä**	[løysæ]
deuk (de)	**lommo**	[lommo]
geklop (vreemde geluiden)	**poikkeava ääni**	[poikkeaʋa æ:ni]
barst (de)	**halkeama**	[halkeama]
kras (de)	**naarmu**	[na:rmu]

179. Auto's. Weg

weg (de)	**tie**	[tie]
snelweg (de)	**moottoritie**	[mo:ttoritie]
autoweg (de)	**maantie**	[ma:ntie]
richting (de)	**suunta**	[su:nta]
afstand (de)	**välimatka**	[ʋæli·matka]
brug (de)	**silta**	[silta]
parking (de)	**parkkipaikka**	[parkki·pajkka]
plein (het)	**aukio**	[aukio]
verkeersknooppunt (het)	**eritasoliittymä**	[eritaso·li:ttymæ]
tunnel (de)	**tunneli**	[tunneli]
benzinestation (het)	**bensiiniasema**	[bensi:ni·asema]
parking (de)	**parkkipaikka**	[parkki·pajkka]
benzinepomp (de)	**bensiinipumppu**	[bensi:ni·pumppu]
garage (de)	**autopaja, korjaamo**	[autopaja], [korja:mo]
tanken (ww)	**tankata**	[taŋkata]
brandstof (de)	**polttoaine**	[poltto·ajne]
jerrycan (de)	**jerrykannu**	[jerry·kannu]
asfalt (het)	**asfaltti**	[asfaltti]
markering (de)	**ajoratamerkintä**	[ajorata·merkintæ]
trottoirband (de)	**reunakiveys**	[reuna·kiʋeus]
geleiderail (de)	**suojakaide**	[suoja·kajde]
greppel (de)	**oja**	[oja]
vluchtstrook (de)	**piennar**	[pænnar]
lichtmast (de)	**pylväs**	[pylʋæs]
besturen (een auto ~)	**ajaa**	[aja:]
afslaan (naar rechts ~)	**kääntää**	[kæ:ntæ:]
U-bocht maken (ww)	**tehdä u-käännös**	[tehdæ u:kæ:nnøs]
achteruit (de)	**peruutusvaihde**	[peru:tus·ʋajhde]
toeteren (ww)	**tuutata**	[tu:tata]

toeter (de)	**auton tuuttaus**	[auton tu:ttaus]
vastzitten (in modder)	**juuttua**	[ju:ttua]
spinnen (wielen gaan ~)	**pyöriä tyhjää**	[pyøriæ tyhjæ:]
uitzetten (ww)	**sammuttaa**	[sammutta:]
snelheid (de)	**nopeus**	[nopeus]
een snelheidsovertreding maken	**ajaa ylinopeutta**	[aja: ylinopeutta]
bekeuren (ww)	**sakottaa**	[sakotta:]
verkeerslicht (het)	**liikennevalot**	[li:kenne·ʋalot]
rijbewijs (het)	**ajokortti**	[ajo·kortti]
overgang (de)	**tasoylikäytävä**	[taso·ylikæytæʋæ]
kruispunt (het)	**risteys**	[risteys]
zebrapad (oversteekplaats)	**suojatie**	[suojatæ]
bocht (de)	**mutka**	[mutka]
voetgangerszone (de)	**kävelykatu**	[kæʋely·katu]

180. Verkeersborden

verkeersregels (mv.)	**liikennesäännöt**	[li:kenne·sæ:nnøt]
verkeersbord (het)	**liikennemerkki**	[li:kenne·merkki]
inhalen (het)	**ohitus**	[ohitus]
bocht (de)	**käännös**	[kæ:nnøs]
U-bocht, kering (de)	**U-käännös**	[u:kæ:nnøs]
Rotonde (de)	**Liikenneympyrä**	[li:kenne·ympyra]
Verboden richting	**Kielletty ajosuunta**	[kielletty ajosu:nta]
Verboden toegang	**Ajoneuvolla ajo kielletty**	[ajo·neuʋolla ajo kielletty]
Inhalen verboden	**Ohituskielto**	[ohitus·kielto]
Parkeerverbod	**Pysäköinti kielletty**	[pysækøinti kielletty]
Verbod stil te staan	**Pysäyttäminen kielletty**	[pysæjttaminen kielletty]
Gevaarlijke bocht	**Jyrkkä mutka**	[yrkkæ mutka]
Gevaarlijke daling	**Jyrkkä alamäki**	[yrkkæ alamæki]
Eenrichtingsweg	**Yksisuuntainen katu**	[yksi·su:ntajnen katu]
Voetgangers	**Suojatie**	[suojatæ]
Slipgevaar	**Liukas ajorata**	[liukas ajorata]
Voorrang verlenen	**Kärkikolmio**	[kærkikolmio]

MENSEN. GEBEURTENISSEN IN HET LEVEN

Gebeurtenissen in het leven

181. Vakanties. Evenement

feest (het)	**juhla**	[juhla]
nationale feestdag (de)	**kansallisjuhla**	[kansallis·juhla]
feestdag (de)	**juhlapäivä**	[juhla·pæjʋæ]
herdenken (ww)	**juhlia**	[juhlia]
gebeurtenis (de)	**tapahtuma**	[tapahtuma]
evenement (het)	**tapahtuma**	[tapahtuma]
banket (het)	**banketti**	[baŋketti]
receptie (de)	**vastaanotto**	[ʋasta:notto]
feestmaal (het)	**juhlat**	[juhlat]
verjaardag (de)	**vuosipäivä**	[ʋuosi·pæjʋæ]
jubileum (het)	**juhla, vuosipäivä**	[juhla], [ʋuosi·pæjʋæ]
vieren (ww)	**juhlia**	[juhlia]
Nieuwjaar (het)	**uusivuosi**	[u:si·ʋuosi]
Gelukkig Nieuwjaar!	**Hyvää uutta vuotta!**	[hyʋæ: u:tta ʋuotta]
Sinterklaas (de)	**Joulupukki**	[joulu·pukki]
Kerstfeest (het)	**Joulu**	[joulu]
Vrolijk kerstfeest!	**Hyvää joulua!**	[hyʋæ: joulua]
kerstboom (de)	**joulukuusi**	[joulu·ku:si]
vuurwerk (het)	**ilotulitus**	[ilo·tulitus]
bruiloft (de)	**häät**	[hæ:t]
bruidegom (de)	**sulhanen**	[sulhanen]
bruid (de)	**morsian**	[morsian]
uitnodigen (ww)	**kutsua**	[kutsua]
uitnodigingskaart (de)	**kutsu, kutsukirje**	[kutsu], [kutsu·kirje]
gast (de)	**vieras**	[ʋieras]
op bezoek gaan	**käydä kylässä**	[kæydæ kylæssæ]
gasten verwelkomen	**tervehtiä vieraat**	[terʋehtiæ ʋiera:t]
geschenk, cadeau (het)	**lahja**	[lahja]
geven (iets cadeau ~)	**lahjoittaa**	[lahjoitta:]
geschenken ontvangen	**saada lahjat**	[sa:da lahjat]
boeket (het)	**kukkakimppu**	[kukka·kimppu]
felicitaties (mv.)	**onnittelu**	[onnittelu]
feliciteren (ww)	**onnitella**	[onnitella]
wenskaart (de)	**onnittelukortti**	[onnittelu·kortti]

een kaartje versturen	**lähettää kortti**	[læɦettæ: kortti]
een kaartje ontvangen	**saada kortti**	[sɑ:dɑ kortti]
toast (de)	**maljapuhe**	[mɑljɑ·puɦe]
aanbieden (een drankje ~)	**kestitä**	[kestitæ]
champagne (de)	**samppanja**	[sɑmppɑnjɑ]
plezier hebben (ww)	**huvitella**	[huʋitellɑ]
plezier (het)	**ilo, hilpeys**	[ilo], [hilpeys]
vreugde (de)	**ilo**	[ilo]
dans (de)	**tanssi**	[tɑnssi]
dansen (ww)	**tanssia**	[tɑnssiɑ]
wals (de)	**valssi**	[ʋɑlssi]
tango (de)	**tango**	[tɑŋo]

182. Begrafenissen. Begrafenis

kerkhof (het)	**hautausmaa**	[hɑutɑusmɑ:]
graf (het)	**hauta**	[hɑutɑ]
kruis (het)	**risti**	[risti]
grafsteen (de)	**hautamuistomerkki**	[hɑutɑmujsto·merkki]
omheining (de)	**aita**	[ɑjtɑ]
kapel (de)	**kappeli**	[kɑppeli]
dood (de)	**kuolema**	[kuolemɑ]
sterven (ww)	**kuolla**	[kuollɑ]
overledene (de)	**vainaja**	[ʋɑjnɑjɑ]
rouw (de)	**sureminen**	[sureminen]
begraven (ww)	**haudata**	[hɑudɑtɑ]
begrafenisonderneming (de)	**hautaustoimisto**	[hɑutɑus·tojmisto]
begrafenis (de)	**hautajaiset**	[hɑutɑjɑiset]
krans (de)	**seppele**	[seppele]
doodskist (de)	**ruumisarkku**	[ru:mis·ɑrkku]
lijkwagen (de)	**ruumisvaunut**	[ru:mis·ʋɑunut]
lijkkleed (de)	**käärinliina**	[kæ:rin·li:nɑ]
begrafenisstoet (de)	**hautajaissaatto**	[hɑutɑjɑis·sɑ:tto]
urn (de)	**uurna**	[u:rnɑ]
crematorium (het)	**krematorio**	[kremɑtorio]
overlijdensbericht (het)	**muistokirjoitus**	[mujsto·kirjoitus]
huilen (wenen)	**itkeä**	[itkeæ]
snikken (huilen)	**nyyhkyttää**	[ny:hkyttæ:]

183. Oorlog. Soldaten

peloton (het)	**joukkue**	[joukkue]
compagnie (de)	**komppania**	[komppɑniɑ]

regiment (het)	**rykmentti**	[rykmentti]
leger (armee)	**armeija**	[ɑrmejɑ]
divisie (de)	**divisioona**	[diʋisio:nɑ]
sectie (de)	**joukko**	[joukko]
troep (de)	**armeija**	[ɑrmejɑ]
soldaat (militair)	**sotilas**	[sotilɑs]
officier (de)	**upseeri**	[upse:ri]
soldaat (rang)	**sotamies**	[sotɑmies]
sergeant (de)	**kersantti**	[kersɑntti]
luitenant (de)	**luutnantti**	[lu:tnɑntti]
kapitein (de)	**kapteeni**	[kɑpte:ni]
majoor (de)	**majuri**	[mɑjuri]
kolonel (de)	**eversti**	[eʋersti]
generaal (de)	**kenraali**	[kenrɑ:li]
matroos (de)	**merimies**	[merimies]
kapitein (de)	**kapteeni**	[kɑpte:ni]
bootsman (de)	**pursimies**	[pursimies]
artillerist (de)	**tykkimies**	[tykkimies]
valschermjager (de)	**desantti**	[desɑntti]
piloot (de)	**lentäjä**	[lentæjæ]
stuurman (de)	**perämies**	[peræmies]
mecanicien (de)	**konemestari**	[kone·mestɑri]
sappeur (de)	**pioneeri**	[pione:ri]
parachutist (de)	**laskuvarjohyppääjä**	[lɑsku·ʋɑrjoɦyppæ:jæ]
verkenner (de)	**tiedustelija**	[tiedustelijɑ]
scherpschutter (de)	**tarkka-ampuja**	[tɑrkkɑ·ɑmpujɑ]
patrouille (de)	**partio**	[pɑrtio]
patrouilleren (ww)	**partioida**	[pɑrtiojdɑ]
wacht (de)	**vartiomies**	[ʋɑrtiomies]
krijger (de)	**soturi**	[soturi]
patriot (de)	**patriootti**	[pɑtrio:tti]
held (de)	**sankari**	[sɑŋkɑri]
heldin (de)	**sankaritar**	[sɑŋkɑritɑr]
verrader (de)	**pettäjä, petturi**	[pettæjæ], [petturi]
verraden (ww)	**pettää**	[pettæ:]
deserteur (de)	**karkuri**	[kɑrkuri]
deserteren (ww)	**karata**	[kɑrɑtɑ]
huurling (de)	**palkkasoturi**	[pɑlkkɑ·soturi]
rekruut (de)	**alokas**	[ɑlokɑs]
vrijwilliger (de)	**vapaaehtoinen**	[ʋɑpɑ:ehtojnen]
gedode (de)	**kaatunut**	[kɑ:tunut]
gewonde (de)	**haavoittunut**	[hɑ:ʋojttunut]
krijgsgevangene (de)	**sotavanki**	[sotɑ·ʋɑŋki]

184. Oorlog. Militaire acties. Deel 1

oorlog (de)	**sota**	[sota]
oorlog voeren (ww)	**sotia**	[sotia]
burgeroorlog (de)	**kansalaissota**	[kansalajs·sota]
achterbaks (bw)	**petollisesti**	[petollisesti]
oorlogsverklaring (de)	**sodanjulistus**	[sodan·julistus]
verklaren (de oorlog ~)	**julistaa**	[julista:]
agressie (de)	**aggressio**	[aggressio]
aanvallen (binnenvallen)	**hyökätä**	[hyøkætæ]
binnenvallen (ww)	**hyökätä**	[hyøkætæ]
invaller (de)	**hyökkääjä**	[hyøkkæ:jæ]
veroveraar (de)	**valloittaja**	[ʋallojttaja]
verdediging (de)	**puolustus**	[puolustus]
verdedigen (je land ~)	**puolustaa**	[puolusta:]
zich verdedigen (ww)	**puolustautua**	[puolustautua]
vijand (de)	**vihollinen**	[ʋihollinen]
tegenstander (de)	**vastustaja**	[ʋastustaja]
vijandelijk (bn)	**vihollisen**	[ʋihollisen]
strategie (de)	**strategia**	[strategia]
tactiek (de)	**taktiikka**	[takti:kka]
order (de)	**käsky**	[kæsky]
bevel (het)	**komento**	[komento]
bevelen (ww)	**käskeä**	[kæskeæ]
opdracht (de)	**tehtävä**	[tehtæʋæ]
geheim (bn)	**salainen**	[salajnen]
strijd, slag (de)	**taistelu**	[taistelu]
slag (de)	**kamppailu**	[kamppajlu]
strijd (de)	**taistelu**	[taistelu]
aanval (de)	**hyökkäys**	[hyøkkæys]
bestorming (de)	**rynnäkkö**	[rynnækkø]
bestormen (ww)	**rynnätä**	[rynnætæ]
bezetting (de)	**piiritys**	[pi:ritys]
aanval (de)	**hyökkäys**	[hyøkkæys]
in het offensief te gaan	**hyökätä**	[hyøkætæ]
terugtrekking (de)	**vetäytyminen**	[ʋetæytyminen]
zich terugtrekken (ww)	**vetäytyä**	[ʋetæytyæ]
omsingeling (de)	**motti**	[motti]
omsingelen (ww)	**motittaa**	[motitta:]
bombardement (het)	**pommitus**	[pommitus]
een bom gooien	**heittää pommi**	[hejttæ: pommi]
bombarderen (ww)	**pommittaa**	[pommitta:]
ontploffing (de)	**räjähdys**	[ræjæhdys]
schot (het)	**laukaus**	[laukaus]

een schot lossen	**laukaista**	[laukajsta]
schieten (het)	**ammunta**	[ammunta]
mikken op (ww)	**tähdätä**	[tæhdætæ]
aanleggen (een wapen ~)	**suunnata**	[su:nnata]
treffen (doelwit ~)	**osua**	[osua]
zinken (tot zinken brengen)	**upottaa**	[upotta:]
kogelgat (het)	**aukko**	[aukko]
zinken (gezonken zijn)	**upota**	[upota]
front (het)	**rintama**	[rintama]
evacuatie (de)	**evakuointi**	[eʋakuojnti]
evacueren (ww)	**evakuoida**	[eʋakuojda]
loopgraaf (de)	**taisteluhauta**	[tajstelu·hauta]
prikkeldraad (de)	**piikkilanka**	[pi:kki·laŋka]
verdedigingsobstakel (het)	**este**	[este]
wachttoren (de)	**torni**	[torni]
hospitaal (het)	**sotilassairaala**	[sotilas·sajra:la]
verwonden (ww)	**haavoittaa**	[ha:ʋojtta:]
wond (de)	**haava**	[ha:ʋa]
gewonde (de)	**haavoittunut**	[ha:ʋojttunut]
gewond raken (ww)	**haavoittua**	[ha:ʋojttua]
ernstig (~e wond)	**vakava**	[ʋakaʋa]

185. Oorlog. Militaire acties. Deel 2

krijgsgevangenschap (de)	**sotavankeus**	[sotaʋaŋkeus]
krijgsgevangen nemen	**ottaa vangiksi**	[otta: ʋaŋiksi]
krijgsgevangene zijn	**olla sotavankeudessa**	[olla sotaʋaŋkeudessa]
krijgsgevangen genomen worden	**joutua sotavankeuteen**	[joutua sotaʋaŋkeute:n]
concentratiekamp (het)	**keskitysleiri**	[keskitys·lejri]
krijgsgevangene (de)	**sotavanki**	[sota·ʋaŋki]
vluchten (ww)	**karata**	[karata]
verraden (ww)	**pettää**	[pettæ:]
verrader (de)	**pettäjä, petturi**	[pettæjæ], [petturi]
verraad (het)	**petos**	[petos]
fusilleren (executeren)	**teloittaa ampumalla**	[telojtta: ampumalla]
executie (de)	**ampuminen**	[ampuminen]
uitrusting (de)	**varustus**	[ʋarustus]
schouderstuk (het)	**epoletti**	[epoletti]
gasmasker (het)	**kaasunaamari**	[ka:su·na:mari]
portofoon (de)	**kenttäradio**	[kenttæ·radio]
geheime code (de)	**salakirjoitus**	[sala·kirjoitus]
samenzwering (de)	**salaileminen**	[salajleminen]
wachtwoord (het)	**tunnussana**	[tunnus·sana]

mijn (landmijn)	**miina**	[mi:na]
ondermijnen (legden mijnen)	**miinoittaa**	[mi:nojtta:]
mijnenveld (het)	**miinakenttä**	[mi:na·kenttæ]
luchtalarm (het)	**ilmahälytys**	[ilma·hælytys]
alarm (het)	**hälytys**	[hælytys]
signaal (het)	**signaali**	[signa:li]
vuurpijl (de)	**signaaliohjus**	[signa:li·ohjus]
staf (generale ~)	**esikunta**	[esikunta]
verkenning (de)	**tiedustelu**	[tiedustelu]
toestand (de)	**tilanne**	[tilanne]
rapport (het)	**raportti**	[raportti]
hinderlaag (de)	**väijytys**	[ʋæjytys]
versterking (de)	**vahvistus**	[ʋahʋistus]
doel (bewegend ~)	**maali**	[ma:li]
proefterrein (het)	**ampuma-ala**	[ampuma·ala]
manoeuvres (mv.)	**sotaharjoitus**	[sota·ɦarjoitus]
paniek (de)	**paniikki**	[pani:kki]
verwoesting (de)	**hävitys**	[hæʋitys]
verwoestingen (mv.)	**hävitykset**	[hæʋitykset]
verwoesten (ww)	**hävittää**	[hæʋittæ:]
overleven (ww)	**jäädä eloon**	[jæ:dæ elo:n]
ontwapenen (ww)	**riisua aseista**	[ri:sua asejsta]
behandelen (een pistool ~)	**käyttää**	[kæyttæ:]
Geeft acht!	**Asento!**	[asento]
Op de plaats rust!	**Lepo!**	[lepo]
heldendaad (de)	**urotyö**	[urotyø]
eed (de)	**vala**	[ʋala]
zweren (een eed doen)	**vannoa**	[ʋannoa]
decoratie (de)	**palkinto**	[palkinto]
onderscheiden (een ereteken geven)	**palkita**	[palkita]
medaille (de)	**mitali**	[mitali]
orde (de)	**kunniamerkki**	[kunnia·merkki]
overwinning (de)	**voitto**	[ʋojtto]
verlies (het)	**tappio**	[tappio]
wapenstilstand (de)	**välirauha**	[ʋæli·rauɦa]
wimpel (vaandel)	**standaari**	[standa:ri]
roem (de)	**kunnia**	[kunnia]
parade (de)	**paraati**	[para:ti]
marcheren (ww)	**marssia**	[marssia]

186. Wapens

wapens (mv.)	**ase**	[ase]
vuurwapens (mv.)	**ampuma-ase**	[ampuma·ase]

koude wapens (mv.)	**teräase**	[teræase]
chemische wapens (mv.)	**kemiallinen ase**	[kemiallinen ase]
kern-, nucleair (bn)	**ydin-**	[ydin]
kernwapens (mv.)	**ydinase**	[ydin·ase]
bom (de)	**pommi**	[pommi]
atoombom (de)	**ydinpommi**	[ydin·pommi]
pistool (het)	**pistooli**	[pisto:li]
geweer (het)	**kivääri**	[kiʋæ:ri]
machinepistool (het)	**konepistooli**	[kone·pisto:li]
machinegeweer (het)	**konekivääri**	[kone·kiʋæ:ri]
loop (schietbuis)	**suu**	[su:]
loop (bijv. geweer met kortere ~)	**piippu**	[pi:ppu]
kaliber (het)	**kaliiperi**	[kali:peri]
trekker (de)	**liipaisin**	[li:pajsin]
korrel (de)	**tähtäin**	[tæhtæjn]
magazijn (het)	**lipas**	[lipas]
geweerkolf (de)	**perä**	[peræ]
granaat (handgranaat)	**käsikranaatti**	[kæsi·krana:tti]
explosieven (mv.)	**räjähdysaine**	[ræjæhdys·ajne]
kogel (de)	**luoti**	[luoti]
patroon (de)	**patruuna**	[patru:na]
lading (de)	**panos**	[panos]
ammunitie (de)	**ampumatarvikkeet**	[ampuma·tarʋikke:t]
bommenwerper (de)	**pommikone**	[pommi·kone]
straaljager (de)	**hävittäjä**	[hæʋittæjæ]
helikopter (de)	**helikopteri**	[helikopteri]
afweergeschut (het)	**ilmatorjuntatykki**	[ilmatorjunta·tykki]
tank (de)	**panssarivaunu**	[panssari·ʋaunu]
kanon (tank met een ~ van 76 mm)	**tykki**	[tykki]
artillerie (de)	**tykistö**	[tykistø]
kanon (het)	**tykki**	[tykki]
aanleggen (een wapen ~)	**suunnata**	[su:nnata]
projectiel (het)	**ammus**	[ammus]
mortiergranaat (de)	**kranaatti**	[krana:tti]
mortier (de)	**kranaatinheitin**	[krana:tin·hejtin]
granaatscherf (de)	**sirpale**	[sirpale]
duikboot (de)	**sukellusvene**	[sukellus·ʋene]
torpedo (de)	**torpedo**	[torpedo]
raket (de)	**raketti**	[raketti]
laden (geweer, kanon)	**ladata**	[ladata]
schieten (ww)	**ampua**	[ampua]
richten op (mikken)	**tähdätä**	[tæhdætæ]

bajonet (de)	**pistin**	[pistin]
degen (de)	**pistomiekka**	[pisto·miekka]
sabel (de)	**sapeli**	[sapeli]
speer (de)	**keihäs**	[kejhæs]
boog (de)	**jousi**	[jousi]
pijl (de)	**nuoli**	[nuoli]
musket (de)	**musketti**	[musketti]
kruisboog (de)	**jalkajousi**	[jalka·jousi]

187. Oude mensen

primitief (bn)	**alkukantainen**	[alkukantajnen]
voorhistorisch (bn)	**esihistoriallinen**	[esiɦistoriallinen]
eeuwenoude (~ beschaving)	**muinainen**	[mujnajnen]
Steentijd (de)	**kivikausi**	[kiʋi·kausi]
Bronstijd (de)	**pronssikausi**	[pronssi·kausi]
IJstijd (de)	**jääkausi**	[jæ:kausi]
stam (de)	**heimo**	[hejmo]
menseneter (de)	**ihmissyöjä**	[ihmis·syøjæ]
jager (de)	**metsästäjä**	[metsæstæjæ]
jagen (ww)	**metsästää**	[metsæstæ:]
mammoet (de)	**mammutti**	[mammutti]
grot (de)	**luola**	[luola]
vuur (het)	**tuli**	[tuli]
kampvuur (het)	**nuotio**	[nuotio]
rotstekening (de)	**kalliomaalaus**	[kallio·ma:laus]
werkinstrument (het)	**työväline**	[tyø·ʋæline]
speer (de)	**keihäs**	[kejhæs]
stenen bijl (de)	**kivikirves**	[kiʋi·kirʋes]
oorlog voeren (ww)	**sotia**	[sotia]
temmen (bijv. wolf ~)	**kesyttää**	[kesyttæ:]
idool (het)	**epäjumala**	[epæ·jumala]
aanbidden (ww)	**palvoa**	[palʋoa]
bijgeloof (het)	**taikausko**	[tajka·usko]
ritueel (het)	**riitti**	[ri:tti]
evolutie (de)	**evoluutio**	[eʋolu:tio]
ontwikkeling (de)	**kehitys**	[keɦitys]
verdwijning (de)	**katoaminen**	[katoaminen]
zich aanpassen (ww)	**sopeutua**	[sopeutua]
archeologie (de)	**arkeologia**	[arkeologia]
archeoloog (de)	**arkeologi**	[arkeologi]
archeologisch (bn)	**muinaistieteellinen**	[mujnajs·tiete:llinen]
opgravingsplaats (de)	**kaivauskohde**	[kajʋaus·kohde]
opgravingen (mv.)	**kaivaus**	[kajʋaus]
vondst (de)	**löytö**	[løytø]
fragment (het)	**katkelma**	[katkelma]

188. Middeleeuwen

volk (het)	**kansa**	[kansa]
volkeren (mv.)	**kansat**	[kansat]
stam (de)	**heimo**	[hejmo]
stammen (mv.)	**heimot**	[hejmot]
barbaren (mv.)	**barbaarit**	[barba:rit]
Galliërs (mv.)	**gallialaiset**	[gallialajset]
Goten (mv.)	**gootit**	[go:tit]
Slaven (mv.)	**slaavit**	[sla:ʋit]
Vikings (mv.)	**viikingit**	[ʋi:kiŋit]
Romeinen (mv.)	**roomalaiset**	[ro:malajset]
Romeins (bn)	**roomalainen**	[ro:malajnen]
Byzantijnen (mv.)	**bysanttilaiset**	[bysanttilajset]
Byzantium (het)	**Bysantti**	[bysantti]
Byzantijns (bn)	**bysanttilainen**	[bysanttilajnen]
keizer (bijv. Romeinse ~)	**keisari**	[kejsari]
opperhoofd (het)	**päällikkö**	[pæ:llikkø]
machtig (bn)	**voimakas**	[ʋojmakas]
koning (de)	**kuningas**	[kuniŋas]
heerser (de)	**hallitsija**	[hallitsija]
ridder (de)	**ritari**	[ritari]
feodaal (de)	**feodaaliherra**	[feoda:li·herra]
feodaal (bn)	**feodaali-**	[feoda:li]
vazal (de)	**vasalli**	[ʋasalli]
hertog (de)	**herttua**	[herttua]
graaf (de)	**jaarli**	[ja:rli]
baron (de)	**paroni**	[paroni]
bisschop (de)	**piispa**	[pi:spa]
harnas (het)	**haarniska**	[ha:rniska]
schild (het)	**kilpi**	[kilpi]
zwaard (het)	**miekka**	[miekka]
vizier (het)	**visiiri**	[ʋisi:ri]
maliënkolder (de)	**silmukkapanssari**	[silmukka·panssari]
kruistocht (de)	**ristiretki**	[risti·retki]
kruisvaarder (de)	**ristiretkeläinen**	[ristiretke·læjnen]
gebied (bijv. bezette ~en)	**alue**	[alue]
aanvallen (binnenvallen)	**hyökätä**	[hyøkætæ]
veroveren (ww)	**valloittaa**	[ʋallojtta:]
innemen (binnenvallen)	**miehittää**	[miehittæ:]
bezetting (de)	**piiritys**	[pi:ritys]
belegerd (bn)	**piiritetty**	[pi:ritetty]
belegeren (ww)	**piirittää**	[pi:rittæ:]
inquisitie (de)	**inkvisitio**	[iŋkʋisitio]
inquisiteur (de)	**inkvisiittori**	[iŋkʋisi:ttori]

foltering (de)	**kidutus**	[kidutus]
wreed (bn)	**julma**	[julma]
ketter (de)	**harhaoppinen**	[harhaoppinen]
ketterij (de)	**harhaoppi**	[harha·oppi]
zeevaart (de)	**merenkulku**	[mereŋ·kulku]
piraat (de)	**merirosvo**	[meri·rosʋo]
piraterij (de)	**merirosvous**	[meri·rosʋous]
enteren (het)	**entraus**	[entraus]
buit (de)	**saalis**	[sa:lis]
schatten (mv.)	**aarteet**	[a:rte:t]
ontdekking (de)	**löytö**	[løytø]
ontdekken (bijv. nieuw land)	**avata**	[aʋata]
expeditie (de)	**retki**	[retki]
musketier (de)	**muskettisoturi**	[musketti·soturi]
kardinaal (de)	**kardinaali**	[kardina:li]
heraldiek (de)	**heraldiikka**	[heraldi:kka]
heraldisch (bn)	**heraldinen**	[heraldinen]

189. Leider. Baas. Autoriteiten

koning (de)	**kuningas**	[kuniŋas]
koningin (de)	**kuningatar**	[kuniŋatar]
koninklijk (bn)	**kuningas-**	[kuniŋas]
koninkrijk (het)	**kuningaskunta**	[kuniŋas·kunta]
prins (de)	**prinssi**	[prinssi]
prinses (de)	**prinsessa**	[prinsessa]
president (de)	**presidentti**	[presidentti]
vicepresident (de)	**varapresidentti**	[ʋara·presidentti]
senator (de)	**senaattori**	[sena:ttori]
monarch (de)	**monarkki**	[monarkki]
heerser (de)	**hallitsija**	[hallitsija]
dictator (de)	**diktaattori**	[dikta:ttori]
tiran (de)	**tyranni**	[tyranni]
magnaat (de)	**magnaatti**	[magna:tti]
directeur (de)	**johtaja**	[johtaja]
chef (de)	**esimies**	[esimies]
beheerder (de)	**johtaja**	[johtaja]
baas (de)	**pomo**	[pomo]
eigenaar (de)	**omistaja**	[omistaja]
leider (de)	**johtaja**	[johtaja]
hoofd (bijv. ~ van de delegatie)	**johtaja**	[johtaja]
autoriteiten (mv.)	**viranomaiset**	[ʋiranomajset]
superieuren (mv.)	**esimiehet**	[esimiehet]
gouverneur (de)	**kuvernööri**	[kuʋernø:ri]
consul (de)	**konsuli**	[konsuli]

diplomaat (de)	**diplomaatti**	[diploma:tti]
burgemeester (de)	**kaupunginjohtaja**	[kaupuŋin·johtaja]
sheriff (de)	**seriffi**	[seriffi]
keizer (bijv. Romeinse ~)	**keisari**	[kejsari]
tsaar (de)	**tsaari**	[tsa:ri]
farao (de)	**farao**	[farao]
kan (de)	**kaani**	[ka:ni]

190. Weg. Weg. Routebeschrijving

weg (de)	**tie**	[tie]
route (de kortste ~)	**tie**	[tie]
autoweg (de)	**maantie**	[ma:ntie]
snelweg (de)	**moottoritie**	[mo:ttoritie]
rijksweg (de)	**kantatie**	[kantatie]
hoofdweg (de)	**päätie**	[pæ:tie]
landweg (de)	**kylätie**	[kylæ·tie]
pad (het)	**polku**	[polku]
paadje (het)	**polku**	[polku]
Waar?	**Missä?**	[missæ]
Waarheen?	**Mihin?**	[miɦin]
Waarvandaan?	**Mistä?**	[mistæ]
richting (de)	**suunta**	[su:nta]
aanwijzen (de weg ~)	**osoittaa**	[osojtta:]
naar links (bw)	**vasemmalle**	[ʋasemmalle]
naar rechts (bw)	**oikealle**	[ojkealle]
rechtdoor (bw)	**suoraan**	[suora:n]
terug (bijv. ~ keren)	**takaisin**	[takajsin]
bocht (de)	**mutka**	[mutka]
afslaan (naar rechts ~)	**kääntää**	[kæ:ntæ:]
U-bocht maken (ww)	**tehdä u-käännös**	[tehdæ u:kæ:nnøs]
zichtbaar worden (ww)	**näkyä**	[nækyæ]
verschijnen (in zicht komen)	**ilmestyä**	[ilmestyæ]
stop (korte onderbreking)	**seisaus**	[seisaus]
zich verpozen (uitrusten)	**levätä**	[leʋætæ]
rust (de)	**lepo**	[lepo]
verdwalen (de weg kwijt zijn)	**eksyä**	[eksyæ]
leiden naar ... (de weg)	**viedä, johtaa**	[ʋiedæ], [johta:]
bereiken (ergens aankomen)	**tulla ulos**	[tulla ulos]
deel (~ van de weg)	**osa**	[osa]
asfalt (het)	**asfaltti**	[asfaltti]
trottoirband (de)	**reunakiveys**	[reuna·kiʋeus]

greppel (de)	**oja**	[oja]
putdeksel (het)	**jätevesikaivo**	[jæteʋesi·kajʋo]
vluchtstrook (de)	**piennar**	[pænnar]
kuil (de)	**kuoppa**	[kuoppa]
gaan (te voet)	**mennä**	[mennæ]
inhalen (voorbijgaan)	**ohittaa**	[oɦitta:]
stap (de)	**askel**	[askel]
te voet (bw)	**jalkaisin**	[jalkajsin]
blokkeren (de weg ~)	**estää pääsy**	[estæ: pæ:sy]
slagboom (de)	**puomi**	[puomi]
doodlopende straat (de)	**umpikuja**	[umpikuja]

191. De wet overtreden. Criminelen. Deel 1

bandiet (de)	**rosvo**	[rosʋo]
misdaad (de)	**rikos**	[rikos]
misdadiger (de)	**rikollinen**	[rikollinen]
dief (de)	**varas**	[ʋaras]
stelen (ww)	**varastaa**	[ʋarasta:]
stelen, diefstal (de)	**varkaus**	[ʋarkaus]
diefstal (de)	**varkaus**	[ʋarkaus]
kidnappen (ww)	**kidnapata**	[kidnapata]
kidnapping (de)	**ihmisryöstö**	[ihmis·ryøstø]
kidnapper (de)	**ihmisryöstäjä**	[ihmis·ryøstæjæ]
losgeld (het)	**lunnaat**	[lunna:t]
eisen losgeld (ww)	**vaatia lunnaat**	[ʋa:tia lunna:t]
overvallen (ww)	**ryöstää**	[ryøstæ:]
overval (de)	**ryöstö**	[ryøstø]
overvaller (de)	**ryöstäjä**	[ryøstæjæ]
afpersen (ww)	**kiristää**	[kiristæ:]
afperser (de)	**kiristäjä**	[kiristæjæ]
afpersing (de)	**kiristys**	[kiristys]
vermoorden (ww)	**murhata**	[murhata]
moord (de)	**murha**	[murha]
moordenaar (de)	**murhaaja**	[murha:ja]
schot (het)	**laukaus**	[laukaus]
een schot lossen	**laukaista**	[laukajsta]
neerschieten (ww)	**ampua alas**	[ampua alas]
schieten (ww)	**ampua**	[ampua]
schieten (het)	**ammunta**	[ammunta]
ongeluk (gevecht, enz.)	**tapahtuma**	[tapahtuma]
gevecht (het)	**tappelu**	[tappelu]
slachtoffer (het)	**uhri**	[uhri]

beschadigen (ww)	**vaurioittaa**	[ʋauriojtta:]
schade (de)	**vahinko**	[ʋahiŋko]
lijk (het)	**ruumis**	[ru:mis]
zwaar (~ misdrijf)	**törkeä**	[tørkeæ]
aanvallen (ww)	**hyökätä**	[hyøkætæ]
slaan (iemand ~)	**lyödä**	[lyødæ]
in elkaar slaan (toetakelen)	**hakata**	[hakata]
ontnemen (beroven)	**rosvota**	[rosʋota]
steken (met een mes)	**puukottaa**	[pu:kotta:]
verminken (ww)	**vammauttaa**	[ʋammautta:]
verwonden (ww)	**haavoittaa**	[ha:ʋojtta:]
chantage (de)	**kiristys**	[kiristys]
chanteren (ww)	**kiristää**	[kiristæ:]
chanteur (de)	**kiristäjä**	[kiristæjæ]
afpersing (de)	**suojelurahan kiristys**	[suojelurahan kiristys]
afperser (de)	**kiristäjä**	[kiristæjæ]
gangster (de)	**gangsteri**	[gaŋsteri]
maffia (de)	**mafia**	[mafia]
kruimeldief (de)	**taskuvaras**	[tasku·ʋaras]
inbreker (de)	**murtovaras**	[murto·ʋaras]
smokkelen (het)	**salakuljetus**	[sala·kuljetus]
smokkelaar (de)	**salakuljettaja**	[sala·kuljettaja]
namaak (de)	**väärennös**	[ʋæ:rennøs]
namaken (ww)	**väärentää**	[ʋæ:rentæ:]
namaak-, vals (bn)	**väärennetty**	[ʋæ:rennetty]

192. De wet overtreden. Criminelen. Deel 2

verkrachting (de)	**raiskaus**	[rajskaus]
verkrachten (ww)	**raiskata**	[rajskata]
verkrachter (de)	**raiskaaja**	[rajska:ja]
maniak (de)	**maanikko**	[ma:nikko]
prostituee (de)	**prostituoitu**	[prostituojtu]
prostitutie (de)	**prostituutio**	[prostitu:tio]
pooier (de)	**sutenööri**	[sutenø:ri]
drugsverslaafde (de)	**narkomaani**	[narkoma:ni]
drugshandelaar (de)	**huumekauppias**	[hu:me·kauppias]
opblazen (ww)	**räjäyttää**	[ræjæyttæ:]
explosie (de)	**räjähdys**	[ræjæhdys]
in brand steken (ww)	**sytyttää**	[sytyttæ:]
brandstichter (de)	**tuhopolttaja**	[tuho·polttaja]
terrorisme (het)	**terrorismi**	[terrorismi]
terrorist (de)	**terroristi**	[terroristi]
gijzelaar (de)	**panttivanki**	[pantti·ʋaŋki]
bedriegen (ww)	**pettää**	[pettæ:]

bedrog (het)	**petos**	[petos]
oplichter (de)	**huijari**	[huijari]
omkopen (ww)	**lahjoa**	[lahjoa]
omkoperij (de)	**lahjonta**	[lahjonta]
smeergeld (het)	**lahjus**	[lahjus]
vergif (het)	**myrkky**	[myrkky]
vergiftigen (ww)	**myrkyttää**	[myrkyttæ:]
vergif innemen (ww)	**myrkyttää itsensä**	[myrkyttæ: itsensa]
zelfmoord (de)	**itsemurha**	[itse·murha]
zelfmoordenaar (de)	**itsemurhaaja**	[itse·murha:ja]
bedreigen (bijv. met een pistool)	**uhata**	[uɦata]
bedreiging (de)	**uhkaus**	[uhkaus]
een aanslag plegen	**tehdä murhayritys**	[tehdæ murhayritys]
aanslag (de)	**murhayritys**	[murha·yritys]
stelen (een auto)	**viedä**	[ʋiedæ]
kapen (een vliegtuig)	**kaapata**	[ka:pata]
wraak (de)	**kosto**	[kosto]
wreken (ww)	**kostaa**	[kosta:]
martelen (gevangenen)	**kiduttaa**	[kidutta:]
foltering (de)	**kidutus**	[kidutus]
folteren (ww)	**piinata**	[pi:nata]
piraat (de)	**merirosvo**	[meri·rosʋo]
straatschender (de)	**huligaani**	[huliga:ni]
gewapend (bn)	**aseellinen**	[ase:llinen]
geweld (het)	**väkivalta**	[ʋækiʋalta]
onwettig (strafbaar)	**laiton**	[lajton]
spionage (de)	**vakoilu**	[ʋakojlu]
spioneren (ww)	**vakoilla**	[ʋakojlla]

193. Politie. Wet. Deel 1

justitie (de)	**oikeus**	[ojkeus]
gerechtshof (het)	**tuomioistuin**	[tuomiojstuin]
rechter (de)	**tuomari**	[tuomari]
jury (de)	**valamiehistö**	[ʋalamie·histø]
juryrechtspraak (de)	**valamiesoikeus**	[ʋalamies·ojkeus]
berechten (ww)	**tuomita**	[tuomita]
advocaat (de)	**asianajaja**	[asianajaja]
beklaagde (de)	**syytetty**	[sy:tetty]
beklaagdenbank (de)	**syytettyjen penkki**	[sy:tettyjen peŋkki]
beschuldiging (de)	**syyte**	[sy:te]
beschuldigde (de)	**syytetty**	[sy:tetty]

vonnis (het)	**tuomio**	[tuomio]
veroordelen (in een rechtszaak)	**tuomita**	[tuomita]
schuldige (de)	**syypää**	[sy:pæ:]
straffen (ww)	**rangaista**	[raŋajsta]
bestraffing (de)	**rangaistus**	[raŋajstus]
boete (de)	**sakko**	[sakko]
levenslange opsluiting (de)	**elinkautinen vankeustuomio**	[eliŋkautinen ʋaŋkeus·tuomio]
doodstraf (de)	**kuolemanrangaistus**	[kuoleman·raŋajstus]
elektrische stoel (de)	**sähkötuoli**	[sæhkø·tuoli]
schavot (het)	**hirsipuu**	[hirsipu:]
executeren (ww)	**teloittaa**	[telojtta:]
executie (de)	**teloitus**	[telojtus]
gevangenis (de)	**vankila**	[ʋaŋkila]
cel (de)	**selli**	[selli]
konvooi (het)	**saattovartio**	[sa:tto·ʋartio]
gevangenisbewaker (de)	**vanginvartija**	[ʋaŋin·ʋartija]
gedetineerde (de)	**vanki**	[ʋaŋki]
handboeien (mv.)	**käsiraudat**	[kæsi·raudat]
handboeien omdoen	**panna käsirautoihin**	[panna kæsi·rautojhin]
ontsnapping (de)	**karkaus**	[karkaus]
ontsnappen (ww)	**karata**	[karata]
verdwijnen (ww)	**kadota**	[kadota]
vrijlaten (uit de gevangenis)	**vapauttaa**	[ʋapautta:]
amnestie (de)	**armahdus**	[armahdus]
politie (de)	**poliisi**	[poli:si]
politieagent (de)	**poliisi**	[poli:si]
politiebureau (het)	**poliisiasema**	[poli:si·asema]
knuppel (de)	**kumipamppu**	[kumi·pamppu]
megafoon (de)	**megafoni**	[megafoni]
patrouilleerwagen (de)	**vartioauto**	[ʋartio·auto]
sirene (de)	**sireeni**	[sire:ni]
de sirene aansteken	**käynnistää sireeni**	[kæynnistæ: sire:ni]
geloei (het) van de sirene	**sireenin ulvonta**	[sire:nin ulʋonta]
plaats delict (de)	**tapahtumapaikka**	[tapahtuma·pajkka]
getuige (de)	**todistaja**	[todistaja]
vrijheid (de)	**vapaus**	[ʋapaus]
handlanger (de)	**rikoskumppani**	[rikos·kumppani]
ontvluchten (ww)	**paeta**	[paeta]
spoor (het)	**jälki**	[jælki]

194. Politie. Wet. Deel 2

opsporing (de)	**etsintä**	[etsintæ]
opsporen (ww)	**etsiä**	[etsiæ]

verdenking (de)	**epäily**	[epæjly]
verdacht (bn)	**epäilyttävä**	[epæjlyttæʋæ]
aanhouden (stoppen)	**pysäyttää**	[pysæyttæ:]
tegenhouden (ww)	**pidättää**	[pidættæ:]
strafzaak (de)	**asia**	[ɑsiɑ]
onderzoek (het)	**tutkinta**	[tutkintɑ]
detective (de)	**etsivä**	[etsiʋæ]
onderzoeksrechter (de)	**rikostutkija**	[rikos·tutkijɑ]
versie (de)	**hypoteesi**	[hypote:si]
motief (het)	**motiivi**	[moti:ʋi]
verhoor (het)	**kuulustelu**	[ku:lustelu]
ondervragen (door de politie)	**kuulustella**	[ku:lustellɑ]
ondervragen (omstanders ~)	**kuulustella**	[ku:lustellɑ]
controle (de)	**tarkastus**	[tɑrkɑstus]
razzia (de)	**ratsia**	[rɑtsiɑ]
huiszoeking (de)	**etsintä**	[etsintæ]
achtervolging (de)	**takaa-ajo**	[tɑkɑ:ɑjo]
achtervolgen (ww)	**ajaa takaa**	[ɑjɑ: tɑkɑ:]
opsporen (ww)	**jäljittää**	[jæljittæ:]
arrest (het)	**vangitseminen**	[ʋɑŋitseminen]
arresteren (ww)	**vangita**	[ʋɑŋitɑ]
vangen, aanhouden (een dief, enz.)	**ottaa kiinni**	[ottɑ: ki:nni]
aanhouding (de)	**vangitseminen**	[ʋɑŋitseminen]
document (het)	**asiakirja**	[ɑsiɑ·kirjɑ]
bewijs (het)	**todiste**	[todiste]
bewijzen (ww)	**todistaa**	[todistɑ:]
voetspoor (het)	**jalanjälki**	[jɑlɑn·jælki]
vingerafdrukken (mv.)	**sormenjäljet**	[sormen·jæljet]
bewijs (het)	**todiste**	[todiste]
alibi (het)	**alibi**	[ɑlibi]
onschuldig (bn)	**syytön**	[sy:tøn]
onrecht (het)	**epäoikeudenmukaisuus**	[epæojkeuden·mukɑjsu:s]
onrechtvaardig (bn)	**epäoikeudenmukainen**	[epæojkeuden·mukɑjnen]
crimineel (bn)	**rikollinen**	[rikollinen]
confisqueren (in beslag nemen)	**takavarikoida**	[tɑkɑʋɑrikojdɑ]
drug (de)	**huume**	[hu:me]
wapen (het)	**ase**	[ɑse]
ontwapenen (ww)	**riisua aseista**	[ri:suɑ ɑsejstɑ]
bevelen (ww)	**käskeä**	[kæskeæ]
verdwijnen (ww)	**kadota**	[kɑdotɑ]
wet (de)	**laki**	[lɑki]
wettelijk (bn)	**laillinen**	[lɑjllinen]
onwettelijk (bn)	**laiton**	[lɑjton]
verantwoordelijkheid (de)	**vastuu**	[ʋɑstu:]
verantwoordelijk (bn)	**vastuunalainen**	[ʋɑstu:nɑlɑjnen]

NATUUR

De Aarde. Deel 1

195. De kosmische ruimte

kosmos (de)	**avaruus**	[aʋaru:s]
kosmisch (bn)	**avaruus-**	[aʋaru:s]
kosmische ruimte (de)	**avaruus**	[aʋaru:s]
wereld (de)	**maailma**	[ma:jlma]
heelal (het)	**maailmankaikkeus**	[ma:ilman·kajkkeus]
sterrenstelsel (het)	**galaksi**	[galaksi]
ster (de)	**tähti**	[tæhti]
sterrenbeeld (het)	**tähtikuvio**	[tæhti·kuʋio]
planeet (de)	**planeetta**	[plane:tta]
satelliet (de)	**satelliitti**	[satelli:tti]
meteoriet (de)	**meteoriitti**	[meteori:tti]
komeet (de)	**pyrstötähti**	[pyrstø·tæhti]
asteroïde (de)	**asteroidi**	[asterojdi]
baan (de)	**kiertorata**	[kierto·rata]
draaien (om de zon, enz.)	**kiertää**	[kærtæ:]
atmosfeer (de)	**ilmakehä**	[ilmakeɦæ]
Zon (de)	**Aurinko**	[auriŋko]
zonnestelsel (het)	**Aurinkokunta**	[auriŋko·kunta]
zonsverduistering (de)	**auringonpimennys**	[auriŋon·pimeŋys]
Aarde (de)	**Maa**	[ma:]
Maan (de)	**Kuu**	[ku:]
Mars (de)	**Mars**	[mars]
Venus (de)	**Venus**	[ʋenus]
Jupiter (de)	**Jupiter**	[jupiter]
Saturnus (de)	**Saturnus**	[saturnus]
Mercurius (de)	**Merkurius**	[merkurius]
Uranus (de)	**Uranus**	[uranus]
Neptunus (de)	**Neptunus**	[neptunus]
Pluto (de)	**Pluto**	[pluto]
Melkweg (de)	**Linnunrata**	[linnun·rata]
Grote Beer (de)	**Otava**	[otaʋa]
Poolster (de)	**Pohjantähti**	[pohjan·tæhti]
marsmannetje (het)	**marsilainen**	[marsilajnen]
buitenaards wezen (het)	**avaruusolio**	[aʋaru:soljo]

bovenaards (het)	**avaruusolento**	[aʋaru:s·olento]
vliegende schotel (de)	**lentävä lautanen**	[lentæʋæ lautanen]
ruimtevaartuig (het)	**avaruusalus**	[aʋaru:s·alus]
ruimtestation (het)	**avaruusasema**	[aʋaru:s·asema]
start (de)	**startti**	[startti]
motor (de)	**moottori**	[mo:ttori]
straalpijp (de)	**suutin**	[su:tin]
brandstof (de)	**polttoaine**	[poltto·ajne]
cabine (de)	**ohjaamo**	[ohja:mo]
antenne (de)	**antenni**	[antenni]
patrijspoort (de)	**valoventtiili**	[ʋaloʋentti:li]
zonnebatterij (de)	**aurinkokennosto**	[auriŋko·keŋosto]
ruimtepak (het)	**avaruuspuku**	[aʋaru:s·puku]
gewichtloosheid (de)	**painottomuus**	[pajnottomu:s]
zuurstof (de)	**happi**	[happi]
koppeling (de)	**telakointi**	[telakojnti]
koppeling maken	**tehdä telakointi**	[tehdæ telakojnti]
observatorium (het)	**observatorio**	[obserʋatorio]
telescoop (de)	**teleskooppi**	[telesko:ppi]
waarnemen (ww)	**tarkkailla**	[tarkkajlla]
exploreren (ww)	**tutkia**	[tutkia]

196. De Aarde

Aarde (de)	**Maa**	[ma:]
aardbol (de)	**maapallo**	[ma:pallo]
planeet (de)	**planeetta**	[plane:tta]
atmosfeer (de)	**ilmakehä**	[ilmakeɦæ]
aardrijkskunde (de)	**maantiede**	[ma:n·tiede]
natuur (de)	**luonto**	[luonto]
wereldbol (de)	**karttapallo**	[kartta·pallo]
kaart (de)	**kartta**	[kartta]
atlas (de)	**atlas**	[atlas]
Europa (het)	**Eurooppa**	[euro:ppa]
Azië (het)	**Aasia**	[a:sia]
Afrika (het)	**Afrikka**	[afrikka]
Australië (het)	**Australia**	[australia]
Amerika (het)	**Amerikka**	[amerikka]
Noord-Amerika (het)	**Pohjois-Amerikka**	[pohjois·amerikka]
Zuid-Amerika (het)	**Etelä-Amerikka**	[etelæ·amerikka]
Antarctica (het)	**Etelämanner**	[etelæmanner]
Arctis (de)	**Arktis**	[arktis]

197. Windrichtingen

noorden (het)	**pohjola**	[pohjola]
naar het noorden	**pohjoiseen**	[pohjoise:n]
in het noorden	**pohjoisessa**	[pohjoisessa]
noordelijk (bn)	**pohjois-, pohjoinen**	[pohjois], [pohjoinen]
zuiden (het)	**etelä**	[etelæ]
naar het zuiden	**etelään**	[etelæ:n]
in het zuiden	**etelässä**	[etelæssæ]
zuidelijk (bn)	**etelä-, eteläinen**	[etelæ], [etelæjnen]
westen (het)	**länsi**	[lænsi]
naar het westen	**länteen**	[lænte:n]
in het westen	**lännessä**	[lænnessæ]
westelijk (bn)	**länsi-, läntinen**	[lænsi], [læntinen]
oosten (het)	**itä**	[itæ]
naar het oosten	**itään**	[itæ:n]
in het oosten	**idässä**	[idæssæ]
oostelijk (bn)	**itä-, itäinen**	[itæ], [itæjnen]

198. Zee. Oceaan

zee (de)	**meri**	[meri]
oceaan (de)	**valtameri**	[ʋalta·meri]
golf (baai)	**lahti**	[lahti]
straat (de)	**salmi**	[salmi]
grond (vaste grond)	**maa**	[ma:]
continent (het)	**manner**	[manner]
eiland (het)	**saari**	[sa:ri]
schiereiland (het)	**niemimaa**	[niemi·ma:]
archipel (de)	**saaristo**	[sa:risto]
baai, bocht (de)	**lahti, poukama**	[lahti], [poukama]
haven (de)	**satama**	[satama]
lagune (de)	**laguuni**	[lagu:ni]
kaap (de)	**niemi**	[niemi]
atol (de)	**atolli**	[atolli]
rif (het)	**riutta**	[riutta]
koraal (het)	**koralli**	[koralli]
koraalrif (het)	**koralliriutta**	[koralli·riutta]
diep (bn)	**syvä**	[syʋæ]
diepte (de)	**syvyys**	[syʋy:s]
diepzee (de)	**syvänne**	[syʋænne]
trog (bijv. Marianentrog)	**hauta**	[hauta]
stroming (de)	**virta**	[ʋirta]
omspoelen (ww)	**huuhdella**	[hu:hdella]
oever (de)	**merenranta**	[meren·ranta]

kust (de)	**rannikko**	[rannikko]
vloed (de)	**vuoksi**	[ʋuoksi]
eb (de)	**laskuvesi**	[lasku·ʋesi]
ondiepte (ondiep water)	**matalikko**	[matalikko]
bodem (de)	**pohja**	[pohja]
golf (hoge ~)	**aalto**	[ɑ:lto]
golfkam (de)	**aallonharja**	[ɑ:llon·harja]
schuim (het)	**vaahto**	[ʋɑ:hto]
storm (de)	**myrsky**	[myrsky]
orkaan (de)	**hirmumyrsky**	[hirmu·myrsky]
tsunami (de)	**tsunami**	[tsunami]
windstilte (de)	**tyyni**	[ty:yni]
kalm (bijv. ~e zee)	**rauhallinen**	[rauɦallinen]
pool (de)	**napa**	[napa]
polair (bn)	**napa-, polaarinen**	[napa], [pola:rinen]
breedtegraad (de)	**leveyspiiri**	[leʋeys·pi:ri]
lengtegraad (de)	**pituus**	[pitu:s]
parallel (de)	**leveyspiiri**	[leʋeys·pi:ri]
evenaar (de)	**päiväntasaaja**	[pæjʋæn·tasa:ja]
hemel (de)	**taivas**	[tajʋas]
horizon (de)	**horisontti**	[horisontti]
lucht (de)	**ilma**	[ilma]
vuurtoren (de)	**majakka**	[majakka]
duiken (ww)	**sukeltaa**	[sukelta:]
zinken (ov. een boot)	**upota**	[upota]
schatten (mv.)	**aarteet**	[a:rte:t]

199. Namen van zeeën en oceanen

Atlantische Oceaan (de)	**Atlantin valtameri**	[atlantin ʋalta meri]
Indische Oceaan (de)	**Intian valtameri**	[intian ʋalta·meri]
Stille Oceaan (de)	**Tyynimeri**	[ty:ni·meri]
Noordelijke IJszee (de)	**Pohjoinen jäämeri**	[pohjoinen jæ:meri]
Zwarte Zee (de)	**Mustameri**	[musta·meri]
Rode Zee (de)	**Punainenmeri**	[punajnen·meri]
Gele Zee (de)	**Keltainenmeri**	[keltajnen·meri]
Witte Zee (de)	**Vienanmeri**	[ʋjenan·meri]
Kaspische Zee (de)	**Kaspianmeri**	[kaspian·meri]
Dode Zee (de)	**Kuollutmeri**	[kuollut·meri]
Middellandse Zee (de)	**Välimeri**	[ʋæli·meri]
Egeïsche Zee (de)	**Egeanmeri**	[egean·meri]
Adriatische Zee (de)	**Adrianmeri**	[adrian·meri]
Arabische Zee (de)	**Arabianmeri**	[arabian·meri]
Japanse Zee (de)	**Japaninmeri**	[japanin·meri]

Beringzee (de)	**Beringinmeri**	[beriŋin·meri]
Zuid-Chinese Zee (de)	**Etelä-Kiinan meri**	[etelæ·ki:nan meri]
Koraalzee (de)	**Korallimeri**	[koralli·meri]
Tasmanzee (de)	**Tasmaninmeri**	[tasmanin·meri]
Caribische Zee (de)	**Karibianmeri**	[karibian·meri]
Barentszzee (de)	**Barentsinmeri**	[barentsin·meri]
Karische Zee (de)	**Karanmeri**	[karan·meri]
Noordzee (de)	**Pohjanmeri**	[pohjan·meri]
Baltische Zee (de)	**Itämeri**	[itæ·meri]
Noorse Zee (de)	**Norjanmeri**	[norjan·meri]

200. Bergen

berg (de)	**vuori**	[ʋuori]
bergketen (de)	**vuorijono**	[ʋuori·jono]
gebergte (het)	**vuorenharjanne**	[ʋuoren·harjanne]
bergtop (de)	**huippu**	[hujppu]
bergpiek (de)	**vuorenhuippu**	[ʋuoren·hujppu]
voet (ov. de berg)	**juuri**	[ju:ri]
helling (de)	**rinne**	[rinne]
vulkaan (de)	**tulivuori**	[tuli·ʋuori]
actieve vulkaan (de)	**toimiva tulivuori**	[tojmiʋa tuli·ʋuori]
uitgedoofde vulkaan (de)	**sammunut tulivuori**	[sammunut tuli·ʋuori]
uitbarsting (de)	**purkaus**	[purkaus]
krater (de)	**kraatteri**	[kra:teri]
magma (het)	**magma**	[magma]
lava (de)	**laava**	[la:ʋa]
gloeiend (~e lava)	**sulaa, hehkuva**	[sula:], [hehkuʋa]
kloof (canyon)	**kanjoni**	[kanjoni]
bergkloof (de)	**rotko**	[rotko]
spleet (de)	**halkeama**	[halkeama]
afgrond (de)	**kuilu**	[kujlu]
bergpas (de)	**sola**	[sola]
plateau (het)	**ylätasanko**	[ylæ·tasaŋko]
klip (de)	**kalju**	[kalju]
heuvel (de)	**mäki**	[mæki]
gletsjer (de)	**jäätikkö**	[jæ:tikkø]
waterval (de)	**vesiputous**	[ʋesi·putous]
geiser (de)	**geisir**	[gejsir]
meer (het)	**järvi**	[jærʋi]
vlakte (de)	**tasanko**	[tasaŋko]
landschap (het)	**maisema**	[majsema]
echo (de)	**kaiku**	[kajku]
alpinist (de)	**vuorikiipeilijä**	[ʋuori·ki:pejlijæ]

bergbeklimmer (de)	**vuorikiipeilijä**	[ʋuori·ki:pejlijæ]
trotseren (berg ~)	**valloittaa**	[ʋallojtta:]
beklimming (de)	**nousu**	[nousu]

201. Bergen namen

Alpen (de)	**Alpit**	[ɑlpit]
Mont Blanc (de)	**Mont Blanc**	[monblɑŋ]
Pyreneeën (de)	**Pyreneet**	[pyrine:t]
Karpaten (de)	**Karpaatit**	[kɑrpɑ:tit]
Oeralgebergte (het)	**Ural**	[urɑl]
Kaukasus (de)	**Kaukasus**	[kɑukɑsus]
Elbroes (de)	**Elbrus**	[elbrus]
Altaj (de)	**Altai**	[ɑltɑj]
Tiensjan (de)	**Tienšan**	[tien·ʃɑn]
Pamir (de)	**Pamir**	[pɑmir]
Himalaya (de)	**Himalaja**	[himɑlɑjɑ]
Everest (de)	**Mount Everest**	[mɑunt eʋerest]
Andes (de)	**Andit**	[ɑndit]
Kilimanjaro (de)	**Kilimanjaro**	[kilimɑnjɑro]

202. Rivieren

rivier (de)	**joki**	[joki]
bron (~ van een rivier)	**lähde**	[læhde]
rivierbedding (de)	**uoma**	[uomɑ]
rivierbekken (het)	**joen vesistö**	[joen ʋesistø]
uitmonden in ...	**laskea**	[lɑskeɑ]
zijrivier (de)	**sivujoki**	[siʋu·joki]
oever (de)	**ranta**	[rɑntɑ]
stroming (de)	**virta**	[ʋirtɑ]
stroomafwaarts (bw)	**myötävirtaan**	[myøtæʋirtɑ:n]
stroomopwaarts (bw)	**ylävirtaan**	[ylæ·ʋirtɑ:n]
overstroming (de)	**tulva**	[tulʋɑ]
overstroming (de)	**kevättulva**	[keʋæt·tulʋɑ]
buiten zijn oevers treden	**tulvia**	[tulʋiɑ]
overstromen (ww)	**upottaa**	[upottɑ:]
zandbank (de)	**matalikko**	[mɑtɑlikko]
stroomversnelling (de)	**koski**	[koski]
dam (de)	**pato**	[pɑto]
kanaal (het)	**kanava**	[kɑnɑʋɑ]
spaarbekken (het)	**vedensäiliö**	[ʋeden·sæjliø]
sluis (de)	**sulku**	[sulku]
waterlichaam (het)	**vesistö**	[ʋesistø]

moeras (het)	**suo**	[suo]
broek (het)	**hete**	[hete]
draaikolk (de)	**vesipyörre**	[ʋesi·pyørre]
stroom (de)	**puro**	[puro]
drink- (abn)	**juoma-**	[yoma]
zoet (~ water)	**makea**	[makea]
ijs (het)	**jää**	[jæ:]
bevriezen (rivier, enz.)	**jäätyä**	[jæ:tyæ]

203. Namen van rivieren

Seine (de)	**Seine**	[sen]
Loire (de)	**Loire**	[lua:r]
Theems (de)	**Thames**	[tæms]
Rijn (de)	**Rein**	[rejn]
Donau (de)	**Tonava**	[tonaʋa]
Wolga (de)	**Volga**	[ʋolga]
Don (de)	**Don**	[don]
Lena (de)	**Lena**	[lena]
Gele Rivier (de)	**Keltainenjoki**	[keltajnen·joki]
Blauwe Rivier (de)	**Jangtse**	[jaŋtse]
Mekong (de)	**Mekong**	[mekoŋ]
Ganges (de)	**Ganges**	[gaŋes]
Nijl (de)	**Niili**	[ni:li]
Kongo (de)	**Kongo**	[koŋo]
Okavango (de)	**Okavango**	[okaʋaŋo]
Zambezi (de)	**Sambesi**	[sambesi]
Limpopo (de)	**Limpopo**	[limpopo]
Mississippi (de)	**Mississippi**	[mississippi]

204. Bos

bos (het)	**metsä**	[metsæ]
bos- (abn)	**metsä-**	[metsæ]
oerwoud (dicht bos)	**tiheikkö**	[tiɦejkkø]
bosje (klein bos)	**lehto**	[lehto]
open plek (de)	**aho**	[aɦo]
struikgewas (het)	**tiheikkö**	[tiɦejkkø]
struiken (mv.)	**pensasaro**	[pensas·aro]
paadje (het)	**polku**	[polku]
ravijn (het)	**rotko**	[rotko]
boom (de)	**puu**	[pu:]
blad (het)	**lehti**	[lehti]

gebladerte (het)	**lehvistö**	[lehʋistø]
vallende bladeren (mv.)	**lehdenlähtö**	[lehden·læhtø]
vallen (ov. de bladeren)	**karista**	[karista]
boomtop (de)	**latva**	[latʋa]
tak (de)	**oksa**	[oksa]
ent (de)	**oksa**	[oksa]
knop (de)	**silmu**	[silmu]
naald (de)	**neulanen**	[neulanen]
dennenappel (de)	**käpy**	[kæpy]
boom holte (de)	**pesäkolo**	[pesæ·kolo]
nest (het)	**pesä**	[pesæ]
hol (het)	**kolo**	[kolo]
stam (de)	**runko**	[ruŋko]
wortel (bijv. boom~s)	**juuri**	[ju:ri]
schors (de)	**kuori**	[kuori]
mos (het)	**sammal**	[sammal]
ontwortelen (een boom)	**juuria**	[ju:ria]
kappen (een boom ~)	**hakata**	[hakata]
ontbossen (ww)	**kaataa puita**	[ka:ta: pujta]
stronk (de)	**kanto**	[kanto]
kampvuur (het)	**nuotio**	[nuotio]
bosbrand (de)	**metsäpalo**	[metsæ·palo]
blussen (ww)	**sammuttaa**	[sammutta:]
boswachter (de)	**metsänvartija**	[metsæn·ʋartija]
bescherming (de)	**suojelu**	[suojelu]
beschermen (bijv. de natuur ~)	**suojella**	[suojella]
stroper (de)	**salametsästäjä**	[sala·metsæstæjæ]
val (de)	**raudat**	[raudat]
plukken (paddestoelen ~)	**sienestää**	[sienestæ:]
plukken (bessen ~)	**marjastaa**	[marjasta:]
verdwalen (de weg kwijt zijn)	**eksyä**	[eksyæ]

205. Natuurlijke hulpbronnen

natuurlijke rijkdommen (mv.)	**luonnonvarat**	[luonnon·ʋarat]
delfstoffen (mv.)	**fossiiliset resurssit**	[fossi:liset resurssit]
lagen (mv.)	**esiintymä**	[esi:ntymæ]
veld (bijv. olie~)	**kenttä**	[kenttæ]
winnen (uit erts ~)	**louhia**	[louhia]
winning (de)	**kaivostoiminta**	[kajʋos·tojminta]
erts (het)	**malmi**	[malmi]
mijn (bijv. kolenmijn)	**kaivos**	[kajʋos]
mijnschacht (de)	**kaivos**	[kajʋos]
mijnwerker (de)	**kaivosmies**	[kajʋosmies]
gas (het)	**kaasu**	[ka:su]

gasleiding (de)	**maakaasuputki**	[mɑ:kɑ:su·putki]
olie (aardolie)	**öljy**	[øljy]
olieleiding (de)	**öljyjohto**	[øljy·johto]
oliebron (de)	**öljynporausreikä**	[øljyn·porɑus·rejkæ]
boortoren (de)	**öljynporaustorni**	[øljyn·porɑus·torni]
tanker (de)	**tankkilaiva**	[tɑŋkki·lɑjʋɑ]
zand (het)	**hiekka**	[hiekkɑ]
kalksteen (de)	**kalkkikivi**	[kɑlkki·kiʋi]
grind (het)	**sora**	[sorɑ]
veen (het)	**turve**	[turʋe]
klei (de)	**savi**	[sɑʋi]
steenkool (de)	**hiili**	[hi:li]
ijzer (het)	**rauta**	[rɑutɑ]
goud (het)	**kulta**	[kultɑ]
zilver (het)	**hopea**	[hopeɑ]
nikkel (het)	**nikkeli**	[nikkeli]
koper (het)	**kupari**	[kupɑri]
zink (het)	**sinkki**	[siŋkki]
mangaan (het)	**mangaani**	[mɑŋɑ:ni]
kwik (het)	**elohopea**	[elo·hopeɑ]
lood (het)	**lyijy**	[lyjy]
mineraal (het)	**mineraali**	[minerɑ:li]
kristal (het)	**kristalli**	[kristɑlli]
marmer (het)	**marmori**	[mɑrmori]
uraan (het)	**uraani**	[urɑ:ni]

De Aarde. Deel 2

206. Weer

weer (het)	**sää**	[sæ:]
weersvoorspelling (de)	**sääennuste**	[sæ:ennuste]
temperatuur (de)	**lämpötila**	[læmpøtilɑ]
thermometer (de)	**lämpömittari**	[læmpø·mittɑri]
barometer (de)	**ilmapuntari**	[ilmɑ·puntɑri]
vochtig (bn)	**kostea**	[kosteɑ]
vochtigheid (de)	**kosteus**	[kosteus]
hitte (de)	**helle**	[helle]
heet (bn)	**kuuma**	[ku:mɑ]
het is heet	**on kuumaa**	[on ku:mɑ:]
het is warm	**on lämmintä**	[on læmmintæ]
warm (bn)	**lämmin**	[læmmin]
het is koud	**on kylmää**	[on kylmæ:]
koud (bn)	**kylmä**	[kylmæ]
zon (de)	**aurinko**	[ɑuriŋko]
schijnen (de zon)	**paistaa**	[pɑjstɑ:]
zonnig (~e dag)	**aurinkoinen**	[ɑuriŋkojnen]
opgaan (ov. de zon)	**nousta**	[noustɑ]
ondergaan (ww)	**istuutua**	[istu:tuɑ]
wolk (de)	**pilvi**	[pilʋi]
bewolkt (bn)	**pilvinen**	[pilʋinen]
regenwolk (de)	**sadepilvi**	[sɑde·pilʋi]
somber (bn)	**hämärä**	[hæmæræ]
regen (de)	**sade**	[sɑde]
het regent	**sataa vettä**	[sɑtɑ: ʋettæ]
regenachtig (bn)	**sateinen**	[sɑtejnen]
motregenen (ww)	**vihmoa**	[ʋihmoɑ]
plensbui (de)	**kaatosade**	[kɑ:to·sɑde]
stortbui (de)	**rankkasade**	[rɑŋkkɑ·sɑde]
hard (bn)	**rankka**	[rɑŋkkɑ]
plas (de)	**lätäkkö**	[lætækkø]
nat worden (ww)	**tulla märäksi**	[tullɑ mæræksi]
mist (de)	**sumu**	[sumu]
mistig (bn)	**sumuinen**	[sumujnen]
sneeuw (de)	**lumi**	[lumi]
het sneeuwt	**sataa lunta**	[sɑtɑ: luntɑ]

207. Zwaar weer. Natuurrampen

noodweer (storm)	**ukkonen**	[ukkonen]
bliksem (de)	**salama**	[salama]
flitsen (ww)	**välkkyä**	[υælkkyæ]
donder (de)	**ukkonen**	[ukkonen]
donderen (ww)	**jyristä**	[yristæ]
het dondert	**ukkonen jyrisee**	[ukkonen yrise:]
hagel (de)	**raesade**	[raesade]
het hagelt	**sataa rakeita**	[sata: rakejta]
overstromen (ww)	**upottaa**	[upotta:]
overstroming (de)	**tulva**	[tulυa]
aardbeving (de)	**maanjäristys**	[ma:n·jaristys]
aardschok (de)	**maantärähdys**	[ma:n·tæræhdys]
epicentrum (het)	**episentrumi**	[episentrumi]
uitbarsting (de)	**purkaus**	[purkaus]
lava (de)	**laava**	[la:υa]
wervelwind (de)	**pyörremyrsky**	[pyørre·myrsky]
windhoos (de)	**tornado**	[tornado]
tyfoon (de)	**taifuuni**	[tajfu:ni]
orkaan (de)	**hirmumyrsky**	[hirmu·myrsky]
storm (de)	**myrsky**	[myrsky]
tsunami (de)	**tsunami**	[tsunami]
cycloon (de)	**sykloni**	[sykloni]
onweer (het)	**koiranilma**	[kojran·ilma]
brand (de)	**palo**	[palo]
ramp (de)	**katastrofi**	[katastrofi]
meteoriet (de)	**meteoriitti**	[meteori:tti]
lawine (de)	**lumivyöry**	[lumi·υyøry]
sneeuwverschuiving (de)	**lumivyöry**	[lumi·υyøry]
sneeuwjacht (de)	**pyry**	[pyry]
sneeuwstorm (de)	**pyry**	[pyry]

208. Geluiden. Geluiden

stilte (de)	**hiljaisuus**	[hiljaisu:s]
geluid (het)	**ääni**	[æ:ni]
lawaai (het)	**melu**	[melu]
lawaai maken (ww)	**meluta**	[meluta]
lawaaierig (bn)	**meluisa**	[melujsa]
luid (~ spreken)	**äänekkäästi**	[æ:nekkæ:sti]
luid (bijv. ~e stem)	**äänekäs**	[æ:nekæs]
aanhoudend (voortdurend)	**jatkuva**	[jatkuυa]

schreeuw (de) **huuto** [hu:to]
schreeuwen (ww) **huutaa** [hu:tɑ:]
gefluister (het) **kuiskaus** [kujskɑus]
fluisteren (ww) **kuiskata** [kujskɑtɑ]

geblaf (het) **haukunta** [hɑukuntɑ]
blaffen (ww) **haukkua** [hɑukkuɑ]

gekreun (het) **vaikerointi** [ʋɑjkerojnti]
kreunen (ww) **vaikeroida** [ʋɑjkerojdɑ]
hoest (de) **yskä** [yskæ]
hoesten (ww) **yskiä** [yskiæ]

gefluit (het) **vihellys** [ʋiɦellys]
fluiten (op het fluitje blazen) **viheltää** [ʋiɦeltæ:]
geklop (het) **koputus** [koputus]
kloppen (aan een deur) **koputtaa** [koputtɑ:]

kraken (hout, ijs) **ritistä** [ritistæ]
gekraak (het) **ryske** [ryske]

sirene (de) **sireeni** [sire:ni]
fluit (stoom ~) **tehtaan pilli** [tehtɑ:n pilli]
fluiten (schip, trein) **puhaltaa** [puɦɑltɑ:]
toeter (de) **auton tuuttaus** [ɑuton tu:ttɑus]
toeteren (ww) **tuutata** [tu:tɑtɑ]

209. Winter

winter (de) **talvi** [tɑlʋi]
winter- (abn) **talvinen** [tɑlʋinen]
in de winter (bw) **talvella** [tɑlʋellɑ]

sneeuw (de) **lumi** [lumi]
het sneeuwt **sataa lunta** [sɑtɑ: luntɑ]
sneeuwval (de) **lumikuuro** [lumi·ku:ro]
sneeuwhoop (de) **lumikinos** [lumi·kinos]

sneeuwvlok (de) **lumihiutale** [lumi·hiutɑle]
sneeuwbal (de) **lumipallo** [lumi·pɑllo]
sneeuwman (de) **lumiukko** [lumi·ukko]
ijspegel (de) **jääpuikko** [jæ:pujkko]

december (de) **joulukuu** [jouluku:]
januari (de) **tammikuu** [tɑmmiku:]
februari (de) **helmikuu** [helmiku:]

vorst (de) **pakkanen** [pɑkkɑnen]
vries- (abn) **pakkas-** [pɑkkɑs]

onder nul (bw) **nollan alapuolella** [nollɑn ɑlɑpuolellɑ]
eerste vorst (de) **halla** [hɑllɑ]
rijp (de) **huurre** [hu:rre]
koude (de) **kylmyys** [kylmy:s]

het is koud	**on kylmää**	[on kylmæ:]
bontjas (de)	**turkki**	[turkki]
wanten (mv.)	**lapaset**	[lɑpɑset]
ziek worden (ww)	**sairastua**	[sɑjrɑstuɑ]
verkoudheid (de)	**vilustuminen**	[ʋilustuminen]
verkouden raken (ww)	**vilustua**	[ʋilustuɑ]
ijs (het)	**jää**	[jæ:]
ijzel (de)	**iljanne**	[iljɑnne]
bevriezen (rivier, enz.)	**jäätyä**	[jæ:tyæ]
ijsschol (de)	**jäälohkare**	[jæ:lohkɑre]
ski's (mv.)	**sukset**	[sukset]
skiër (de)	**hiihtäjä**	[hi:htæjæ]
skiën (ww)	**hiihdellä**	[hi:hdellæ]
schaatsen (ww)	**luistella**	[luistellɑ]

Fauna

210. Zoogdieren. Roofdieren

roofdier (het)	**peto**	[peto]
tijger (de)	**tiikeri**	[ti:keri]
leeuw (de)	**leijona**	[leijona]
wolf (de)	**susi**	[susi]
vos (de)	**kettu**	[kettu]
jaguar (de)	**jaguaari**	[jagua:ri]
luipaard (de)	**leopardi**	[leopardi]
jachtluipaard (de)	**gepardi**	[gepardi]
panter (de)	**pantteri**	[pantteri]
poema (de)	**puuma**	[pu:ma]
sneeuwluipaard (de)	**lumileopardi**	[lumi·leopardi]
lynx (de)	**ilves**	[ilʋes]
coyote (de)	**kojootti**	[kojo:tti]
jakhals (de)	**sakaali**	[saka:li]
hyena (de)	**hyeena**	[hye:na]

211. Wilde dieren

dier (het)	**eläin**	[elæjn]
beest (het)	**peto**	[peto]
eekhoorn (de)	**orava**	[oraʋa]
egel (de)	**siili**	[si:li]
haas (de)	**jänis**	[jænis]
konijn (het)	**kaniini**	[kani:ni]
das (de)	**mäyrä**	[mæuræ]
wasbeer (de)	**pesukarhu**	[pesu·karhu]
hamster (de)	**hamsteri**	[hamsteri]
marmot (de)	**murmeli**	[murmeli]
mol (de)	**maamyyrä**	[ma:my:ræ]
muis (de)	**hiiri**	[hi:ri]
rat (de)	**rotta**	[rotta]
vleermuis (de)	**lepakko**	[lepakko]
hermelijn (de)	**kärppä**	[kærppæ]
sabeldier (het)	**soopeli**	[so:peli]
marter (de)	**näätä**	[næ:tæ]
wezel (de)	**lumikko**	[lumikko]
nerts (de)	**minkki**	[miŋkki]

bever (de)	**majava**	[majaʋa]
otter (de)	**saukko**	[saukko]
paard (het)	**hevonen**	[heʋonen]
eland (de)	**hirvi**	[hirʋi]
hert (het)	**poro**	[poro]
kameel (de)	**kameli**	[kameli]
bizon (de)	**biisoni**	[bi:soni]
wisent (de)	**visentti**	[ʋisentti]
buffel (de)	**puhveli**	[puhʋeli]
zebra (de)	**seepra**	[se:pra]
antilope (de)	**antilooppi**	[antilo:ppi]
ree (de)	**metsäkauris**	[metsæ·kauris]
damhert (het)	**kuusipeura**	[ku:si·peura]
gems (de)	**gemssi**	[gemssi]
everzwijn (het)	**villisika**	[ʋilli·sika]
walvis (de)	**valas**	[ʋalas]
rob (de)	**hylje**	[hylje]
walrus (de)	**mursu**	[mursu]
zeebeer (de)	**merikarhu**	[meri·karhu]
dolfijn (de)	**delfiini**	[delfi:ni]
beer (de)	**karhu**	[karhu]
ijsbeer (de)	**jääkarhu**	[jæ:karhu]
panda (de)	**panda**	[panda]
aap (de)	**apina**	[apina]
chimpansee (de)	**simpanssi**	[simpanssi]
orang-oetan (de)	**oranki**	[oraŋki]
gorilla (de)	**gorilla**	[gorilla]
makaak (de)	**makaki**	[makaki]
gibbon (de)	**gibboni**	[gibboni]
olifant (de)	**norsu**	[norsu]
neushoorn (de)	**sarvikuono**	[sarʋi·kuono]
giraffe (de)	**kirahvi**	[kirahʋi]
nijlpaard (het)	**virtahepo**	[ʋirta·hepo]
kangoeroe (de)	**kenguru**	[keŋuru]
koala (de)	**pussikarhu**	[pussi·karhu]
mangoest (de)	**faaraorotta**	[fa:rao·rotta]
chinchilla (de)	**sinsilla**	[sinsilla]
stinkdier (het)	**haisunäätä**	[hajsunæ:tæ]
stekelvarken (het)	**piikkisika**	[pi:kki·sika]

212. Huisdieren

poes (de)	**kissa**	[kissa]
kater (de)	**kollikissa**	[kolli·kissa]
hond (de)	**koira**	[kojra]

paard (het)	**hevonen**	[heʋonen]
hengst (de)	**ori**	[ori]
merrie (de)	**tamma**	[tɑmmɑ]
koe (de)	**lehmä**	[lehmæ]
bul, stier (de)	**sonni**	[sonni]
os (de)	**härkä**	[hærkæ]
schaap (het)	**lammas**	[lɑmmɑs]
ram (de)	**pässi**	[pæssi]
geit (de)	**vuohi**	[ʋuoɦi]
bok (de)	**pukki**	[pukki]
ezel (de)	**aasi**	[ɑ:si]
muilezel (de)	**muuli**	[mu:li]
varken (het)	**sika**	[sikɑ]
biggetje (het)	**porsas**	[porsɑs]
konijn (het)	**kaniini**	[kɑni:ni]
kip (de)	**kana**	[kɑnɑ]
haan (de)	**kukko**	[kukko]
eend (de)	**ankka**	[ɑŋkkɑ]
woerd (de)	**urosankka**	[uros·ɑŋkkɑ]
gans (de)	**hanhi**	[hɑnhi]
kalkoen haan (de)	**uroskalkkuna**	[uros·kɑlkkunɑ]
kalkoen (de)	**kalkkuna**	[kɑlkkunɑ]
huisdieren (mv.)	**kotieläimet**	[koti·elæjmet]
tam (bijv. hamster)	**kesy**	[kesy]
temmen (tam maken)	**kesyttää**	[kesyttæ:]
fokken (bijv. paarden ~)	**kasvattaa**	[kɑsʋɑttɑ:]
boerderij (de)	**farmi**	[fɑrmi]
gevogelte (het)	**siipikarja**	[si:pi·kɑrjɑ]
rundvee (het)	**karja**	[kɑrjɑ]
kudde (de)	**lauma**	[lɑumɑ]
paardenstal (de)	**hevostalli**	[heʋos·tɑlli]
zwijnenstal (de)	**sikala**	[sikɑlɑ]
koeienstal (de)	**navetta**	[nɑʋettɑ]
konijnenhok (het)	**kanikoppi**	[kɑni·koppi]
kippenhok (het)	**kanala**	[kɑnɑlɑ]

213. Honden. Hondenrassen

hond (de)	**koira**	[kojrɑ]
herdershond (de)	**paimenkoira**	[pɑjmeŋ·kojrɑ]
Duitse herdershond (de)	**saksanpaimenkoira**	[sɑksɑn·pɑjmeŋ·kojrɑ]
poedel (de)	**villakoira**	[ʋillɑ·kojrɑ]
teckel (de)	**mäyräkoira**	[mæuræ·kojrɑ]
buldog (de)	**bulldoggi**	[bulldoggi]

boxer (de)	**bokseri**	[bokseri]
mastiff (de)	**mastiffi**	[mastiffi]
rottweiler (de)	**rottweiler**	[rottuajler]
doberman (de)	**dobermanni**	[dobermanni]
basset (de)	**basset**	[basset]
bobtail (de)	**bobtail, lampuri**	[bobtejl], [læmpuri]
dalmatiër (de)	**dalmatiankoira**	[dalmatiani·kojra]
cockerspaniël (de)	**cockerspanieli**	[kokker·spanieli]
Newfoundlander (de)	**newfoundlandinkoira**	[njufaundlandiŋ·kojra]
sint-bernard (de)	**bernhardinkoira**	[bernhardin·kojra]
husky (de)	**siperianhusky**	[siperian·husky]
chowchow (de)	**kiinanpystykorva**	[ki:nanpysty·koruɑ]
spits (de)	**kääpiöpystykorva**	[kæ:piøpysty·koruɑ]
mopshond (de)	**mopsi**	[mopsi]

214. Dierengeluiden

geblaf (het)	**haukunta**	[haukunta]
blaffen (ww)	**haukkua**	[haukkua]
miauwen (ww)	**naukua**	[naukua]
spinnen (katten)	**kehrätä**	[kehrætæ]
loeien (ov. een koe)	**ammua**	[ammua]
brullen (stier)	**mylviä**	[myluiæ]
grommen (ov. de honden)	**möristä**	[møristæ]
gehuil (het)	**ulvonta**	[uluonta]
huilen (wolf, enz.)	**ulvoa**	[uluoa]
janken (ov. een hond)	**inistä**	[inistæ]
mekkeren (schapen)	**määkiä**	[mæ:kiæ]
knorren (varkens)	**röhkiä**	[røhkiæ]
gillen (bijv. varken)	**vinkua**	[uiŋkua]
kwaken (kikvorsen)	**kurnuttaa**	[kurnutta:]
zoemen (hommel, enz.)	**surista**	[surista]
tjirpen (sprinkhanen)	**sirittää**	[sirittæ:]

215. Jonge dieren

jong (het)	**pentu**	[pentu]
poesje (het)	**kissanpentu**	[kissan·pentu]
muisje (het)	**hiirenpoika**	[hi:ren·pojka]
puppy (de)	**koiranpentu**	[kojran·pentu]
jonge haas (de)	**jäniksenpoika**	[jæniksen·pojka]
konijntje (het)	**kaniininpoikanen**	[kani:nin·pojkanen]
wolfje (het)	**sudenpentu**	[suden·pentu]
vosje (het)	**ketunpentu**	[ketun·pentu]

beertje (het)	**karhunpentu**	[karhun·pentu]
leeuwenjong (het)	**leijonanpentu**	[leijonan·pentu]
tijgertje (het)	**tiikerinpentu**	[ti:kerin·pentu]
olifantenjong (het)	**norsunpoikanen**	[norsun·pojkanen]
biggetje (het)	**porsas**	[porsas]
kalf (het)	**vasikka**	[ʋasikka]
geitje (het)	**kili**	[kili]
lam (het)	**karitsa**	[karitsa]
reekalf (het)	**poronvasa**	[poron·ʋasa]
jonge kameel (de)	**kamelin varsa**	[kamelin ʋarsa]
slangenjong (het)	**käärmeenpoikanen**	[kæ:rme:n·pojkanen]
kikkertje (het)	**sammakonpoikanen**	[sammakon·pojkanen]
vogeltje (het)	**linnunpoika**	[linnun·pojka]
kuiken (het)	**kananpoika**	[kanan·pojka]
eendje (het)	**ankanpoikanen**	[aŋkan·pojkanen]

216. Vogels

vogel (de)	**lintu**	[lintu]
duif (de)	**kyyhky**	[ky:hky]
mus (de)	**varpunen**	[ʋarpunen]
koolmees (de)	**tiainen**	[tiajnen]
ekster (de)	**harakka**	[harakka]
raaf (de)	**korppi**	[korppi]
kraai (de)	**varis**	[ʋaris]
kauw (de)	**naakka**	[na:kka]
roek (de)	**mustavaris**	[musta·ʋaris]
eend (de)	**ankka**	[aŋkka]
gans (de)	**hanhi**	[hanhi]
fazant (de)	**fasaani**	[fasa:ni]
arend (de)	**kotka**	[kotka]
havik (de)	**haukka**	[haukka]
valk (de)	**jalohaukka**	[jalo·haukka]
gier (de)	**korppikotka**	[korppi·kotka]
condor (de)	**kondori**	[kondori]
zwaan (de)	**joutsen**	[joutsen]
kraanvogel (de)	**kurki**	[kurki]
ooievaar (de)	**haikara**	[hajkara]
papegaai (de)	**papukaija**	[papukaija]
kolibrie (de)	**kolibri**	[kolibri]
pauw (de)	**riikinkukko**	[ri:kiŋ·kukko]
struisvogel (de)	**strutsi**	[strutsi]
reiger (de)	**haikara**	[hajkara]
flamingo (de)	**flamingo**	[flamiŋo]
pelikaan (de)	**pelikaani**	[pelika:ni]

nachtegaal (de)	**satakieli**	[sata·kieli]
zwaluw (de)	**pääskynen**	[pæ:skynen]
lijster (de)	**rastas**	[rastas]
zanglijster (de)	**laulurastas**	[laulu·rastas]
merel (de)	**mustarastas**	[musta·rastas]
gierzwaluw (de)	**tervapääsky**	[terυa·pæ:sky]
leeuwerik (de)	**leivonen**	[lejυonen]
kwartel (de)	**viiriäinen**	[υi:riæjnen]
specht (de)	**tikka**	[tikka]
koekoek (de)	**käki**	[kæki]
uil (de)	**pöllö**	[pøllø]
oehoe (de)	**huuhkaja**	[hu:hkaja]
auerhoen (het)	**metso**	[metso]
korhoen (het)	**teeri**	[te:ri]
patrijs (de)	**peltopyy**	[pelto·py:]
spreeuw (de)	**kottarainen**	[kottarajnen]
kanarie (de)	**kanarialintu**	[kanaria·lintu]
hazelhoen (het)	**pyy**	[py:]
vink (de)	**peippo**	[pejppo]
goudvink (de)	**punatulkku**	[puna·tulkku]
meeuw (de)	**lokki**	[lokki]
albatros (de)	**albatrossi**	[albatrossi]
pinguïn (de)	**pingviini**	[piŋυi:ni]

217. Vogels. Zingen en geluiden

fluiten, zingen (ww)	**laulaa**	[laula:]
schreeuwen (dieren, vogels)	**huutaa**	[hu:ta:]
kraaien (ov. een haan)	**kiekua**	[kiekua]
kukeleku	**kukkokiekuu**	[kukkokieku:]
klokken (hen)	**kotkottaa**	[kotkotta:]
krassen (kraai)	**raakkua**	[ra:kkua]
kwaken (eend)	**vaakkua**	[υa:kkua]
piepen (kuiken)	**piipittää**	[pi:pittæ:]
tjilpen (bijv. een mus)	**sirkuttaa**	[sirkutta:]

218. Vis. Zeedieren

brasem (de)	**lahna**	[lahna]
karper (de)	**karppi**	[karppi]
baars (de)	**ahven**	[ahυen]
meerval (de)	**monni**	[monni]
snoek (de)	**hauki**	[hauki]
zalm (de)	**lohi**	[lofii]
steur (de)	**sampi**	[sampi]

haring (de)	**silli**	[silli]
atlantische zalm (de)	**merilohi**	[meri·lohi]
makreel (de)	**makrilli**	[makrilli]
platvis (de)	**kampela**	[kampela]
snoekbaars (de)	**kuha**	[kuha]
kabeljauw (de)	**turska**	[turska]
tonijn (de)	**tonnikala**	[tonnikala]
forel (de)	**taimen**	[tajmen]
paling (de)	**ankerias**	[aŋkerias]
sidderrog (de)	**rausku**	[rausku]
murene (de)	**mureena**	[mure:na]
piranha (de)	**punapiraija**	[puna·piraija]
haai (de)	**hai**	[haj]
dolfijn (de)	**delfiini**	[delfi:ni]
walvis (de)	**valas**	[ʋalas]
krab (de)	**taskurapu**	[tasku·rapu]
kwal (de)	**meduusa**	[medu:sa]
octopus (de)	**meritursas**	[meri·tursas]
zeester (de)	**meritähti**	[meri·tæhti]
zee-egel (de)	**merisiili**	[meri·si:li]
zeepaardje (het)	**merihevonen**	[meri·heʋonen]
oester (de)	**osteri**	[osteri]
garnaal (de)	**katkarapu**	[katkarapu]
kreeft (de)	**hummeri**	[hummeri]
langoest (de)	**langusti**	[laŋusti]

219. Amfibieën. Reptielen

slang (de)	**käärme**	[kæ:rme]
giftig (slang)	**myrkky-, myrkyllinen**	[myrkky], [myrkyllinen]
adder (de)	**kyy**	[ky:]
cobra (de)	**silmälasikäärme**	[silmælasi·kæ:rme]
python (de)	**pyton**	[pyton]
boa (de)	**jättiläiskäärme**	[jættilæjs·kæ:rme]
ringslang (de)	**turhakäärme**	[turha·kæ:rme]
ratelslang (de)	**kalkkarokäärme**	[kalkkaro·kæ:rme]
anaconda (de)	**anakonda**	[anakonda]
hagedis (de)	**lisko**	[lisko]
leguaan (de)	**iguaani**	[igua:ni]
varaan (de)	**varaani**	[ʋara:ni]
salamander (de)	**salamanteri**	[salamanteri]
kameleon (de)	**kameleontti**	[kameleontti]
schorpioen (de)	**skorpioni**	[skorpioni]
schildpad (de)	**kilpikonna**	[kilpi·konna]
kikker (de)	**sammakko**	[sammakko]

pad (de)	**konna**	[konna]
krokodil (de)	**krokotiili**	[krokoti:li]

220. Insecten

insect (het)	**hyönteinen**	[hyøntejnen]
vlinder (de)	**perhonen**	[perhonen]
mier (de)	**muurahainen**	[mu:rahajnen]
vlieg (de)	**kärpänen**	[kærpænen]
mug (de)	**hyttynen**	[hyttynen]
kever (de)	**kovakuoriainen**	[koυa·kuoriajnen]
wesp (de)	**ampiainen**	[ampiajnen]
bij (de)	**mehiläinen**	[mehilæjnen]
hommel (de)	**kimalainen**	[kimalajnen]
horzel (de)	**kiiliäinen**	[ki:liæjnen]
spin (de)	**hämähäkki**	[hæmæhækki]
spinnenweb (het)	**hämähäkinseitti**	[hæmæhækin·sejtti]
libel (de)	**sudenkorento**	[sudeŋ·korento]
sprinkhaan (de)	**hepokatti**	[hepokatti]
nachtvlinder (de)	**yöperhonen**	[yø·perhonen]
kakkerlak (de)	**torakka**	[torakka]
teek (de)	**punkki**	[puŋkki]
vlo (de)	**kirppu**	[kirppu]
kriebelmug (de)	**mäkärä**	[mækæræ]
treksprinkhaan (de)	**kulkusirkka**	[kulku·sirkka]
slak (de)	**etana**	[etana]
krekel (de)	**sirkka**	[sirkka]
glimworm (de)	**kiiltomato**	[ki:lto·mato]
lieveheersbeestje (het)	**leppäkerttu**	[leppæ·kerttu]
meikever (de)	**turilas**	[turilas]
bloedzuiger (de)	**juotikas**	[juotikas]
rups (de)	**toukka**	[toukka]
aardworm (de)	**kastemato**	[kaste·mato]
larve (de)	**toukka**	[toukka]

221. Dieren. Lichaamsdelen

snavel (de)	**nokka**	[nokka]
vleugels (mv.)	**siivet**	[si:υet]
poot (ov. een vogel)	**käpälä**	[kæpælæ]
verenkleed (het)	**höyhenpeite**	[høyhen·pejte]
veer (de)	**höyhen**	[høyhen]
kuifje (het)	**töyhtö**	[tøyhtø]
kieuwen (mv.)	**kidukset**	[kidukset]
kuit, dril (de)	**kutea**	[kutea]

larve (de)	**toukka**	[toukka]
vin (de)	**evä**	[eʋæ]
schubben (mv.)	**suomut**	[suomut]
slagtand (de)	**torahammas**	[tora·hammas]
poot (bijv. ~ van een kat)	**tassu, käpälä**	[tassu], [kæpælæ]
muil (de)	**kuono**	[kuono]
bek (mond van dieren)	**kita**	[kita]
staart (de)	**häntä**	[hæntæ]
snorharen (mv.)	**viikset**	[ʋi:kset]
hoef (de)	**kavio**	[kaʋio]
hoorn (de)	**sarvi**	[sarʋi]
schild (schildpad, enz.)	**panssari**	[panssari]
schelp (de)	**kotilo**	[kotilo]
eierschaal (de)	**kuori**	[kuori]
vacht (de)	**karva**	[karʋa]
huid (de)	**vuota**	[ʋuota]

222. Acties van de dieren

vliegen (ww)	**lentää**	[lentæ:]
cirkelen (vogel)	**kaarrella**	[ka:rrella]
wegvliegen (ww)	**lentää pois**	[lentæ: pojs]
klapwieken (ww)	**räpyttää**	[ræpyttæ:]
pikken (vogels)	**nokkia**	[nokkia]
broeden (de eend zit te ~)	**hautoa munat**	[hautoa munat]
uitbroeden (ww)	**kuoriutua**	[kuoriutua]
een nest bouwen	**rakentaa pesä**	[rakenta: pesæ]
kruipen (ww)	**ryömiä**	[ryømiæ]
steken (bij)	**pistää**	[pistæ:]
bijten (de hond, enz.)	**purra**	[purra]
snuffelen (ov. de dieren)	**nuuskia**	[nu:skia]
blaffen (ww)	**haukkua**	[haukkua]
sissen (slang)	**sihistä**	[siɦistæ]
doen schrikken (ww)	**pelottaa**	[pelotta:]
aanvallen (ww)	**hyökätä**	[hyøkætæ]
knagen (ww)	**jyrsiä**	[yrsiæ]
schrammen (ww)	**raapia**	[ra:pia]
zich verbergen (ww)	**piileskellä**	[pi:leskellæ]
spelen (ww)	**leikkiä**	[lejkkiæ]
jagen (ww)	**metsästää**	[metsæstæ:]
winterslapen	**horrostaa**	[horrosta:]
uitsterven (dinosauriërs, enz.)	**kuolla sukupuuttoon**	[kuolla sukupu:tto:n]

223. Dieren. Leefomgevingen

leefgebied (het)	**elinympäristö**	[elin·ympæristø]
migratie (de)	**muuttoliike**	[mu:ttoli:ke]
berg (de)	**vuori**	[ʋuori]
rif (het)	**riutta**	[riutta]
klip (de)	**kalju**	[kalju]
bos (het)	**metsä**	[metsæ]
jungle (de)	**viidakko**	[ʋi:dakko]
savanne (de)	**savanni**	[saʋanni]
toendra (de)	**tundra**	[tundra]
steppe (de)	**aro**	[aro]
woestijn (de)	**aavikko**	[a:ʋikko]
oase (de)	**keidas**	[kejdas]
zee (de)	**meri**	[meri]
meer (het)	**järvi**	[jærʋi]
oceaan (de)	**valtameri**	[ʋalta·meri]
moeras (het)	**suo**	[suo]
zoetwater- (abn)	**makeavetinen**	[makea·ʋetinen]
vijver (de)	**lampi, lammikko**	[lampi], [lammikko]
rivier (de)	**joki**	[joki]
berenhol (het)	**karhunpesä**	[karhun·pesæ]
nest (het)	**pesä**	[pesæ]
boom holte (de)	**pesäkolo**	[pesæ·kolo]
hol (het)	**kolo**	[kolo]
mierenhoop (de)	**muurahaiskeko**	[mu:rahajs·keko]

224. Dierverzorging

dierentuin (de)	**eläintarha**	[elæjn·tarha]
natuurreservaat (het)	**rauhoitusalue**	[rauhojtus·alue]
fokkerij (de)	**pentutehtailu**	[pentu·tehtailu]
openluchtkooi (de)	**suuri häkki**	[su:ri hækki]
kooi (de)	**häkki**	[hækki]
hondenhok (het)	**koppi**	[koppi]
duiventil (de)	**kyyhkyslakka**	[ky:hkys·lakka]
aquarium (het)	**akvaario**	[akʋa:rio]
dolfinarium (het)	**delfinaario**	[delfina:rio]
fokken (bijv. honden ~)	**kasvattaa**	[kasʋatta:]
nakomelingen (mv.)	**jälkeläiset**	[jælkelæjset]
temmen (tam maken)	**kesyttää**	[kesyttæ:]
dresseren (ww)	**kouluttaa**	[koulutta:]
voeding (de)	**ruoka**	[ruoka]
voederen (ww)	**ruokkia**	[ruokkia]

dierenwinkel (de)	**eläinkauppa**	[elæjŋ·kauppa]
muilkorf (de)	**kuonokoppa**	[kuono·koppa]
halsband (de)	**kaulapanta**	[kaula·panta]
naam (ov. een dier)	**nimi**	[nimi]
stamboom (honden met ~)	**sukutaulu**	[suku·taulu]

225. Dieren. Diversen

meute (wolven)	**lauma**	[lauma]
zwerm (vogels)	**parvi**	[parʋi]
school (vissen)	**kalaparvi**	[kala·parʋi]
kudde (wilde paarden)	**lauma**	[lauma]
mannetje (het)	**uros**	[uros]
vrouwtje (het)	**naaras**	[na:ras]
hongerig (bn)	**nälkäinen**	[nælkæjnen]
wild (bn)	**villi**	[ʋilli]
gevaarlijk (bn)	**vaarallinen**	[ʋa:rallinen]

226. Paarden

paard (het)	**hevonen**	[heʋonen]
ras (het)	**rotu**	[rotu]
veulen (het)	**varsa**	[ʋarsa]
merrie (de)	**tamma**	[tamma]
mustang (de)	**mustangi**	[mustaŋi]
pony (de)	**poni**	[poni]
koudbloed (de)	**kuormahevonen**	[kuorma·heʋonen]
manen (mv.)	**harja**	[harja]
staart (de)	**häntä**	[hæntæ]
hoef (de)	**kavio**	[kaʋio]
hoefijzer (het)	**hevosenkenkä**	[heʋoseŋ·keŋkæ]
beslaan (ww)	**kengittää**	[keŋittæ:]
paardensmid (de)	**seppä**	[seppæ]
zadel (het)	**satula**	[satula]
stijgbeugel (de)	**jalustin**	[jalustin]
breidel (de)	**suitset**	[suitset]
leidsels (mv.)	**ohjakset**	[ohjakset]
zweep (de)	**ruoska**	[ruoska]
ruiter (de)	**ratsastaja**	[ratsastaja]
zadelen (ww)	**satuloida**	[satulojda]
een paard bestijgen	**nousta satulaan**	[nousta satula:n]
galop (de)	**laukka**	[laukka]
galopperen (ww)	**ajaa laukkaa**	[aja: laukka:]

draf (de)	**ravi**	[raʋi]
in draf (bw)	**ravia**	[raʋia]
renpaard (het)	**ratsu, kilpahevonen**	[ratsu], [kilpa·ɦeʋonen]
paardenrace (de)	**ratsastuskilpailut**	[ratsastus·kilpajlut]
paardenstal (de)	**hevostalli**	[heʋos·talli]
voederen (ww)	**ruokkia**	[ruokkia]
hooi (het)	**heinä**	[hejnæ]
water geven (ww)	**juottaa**	[juotta:]
wassen (paard ~)	**puhdistaa**	[puhdista:]
paardenkar (de)	**hevoskärryt**	[heʋos·kærryt]
grazen (gras eten)	**olla laitumella**	[olla lajtumella]
hinniken (ww)	**hirnua**	[hirnua]
een trap geven	**potkaista**	[potkajsta]

Flora

227. Bomen

boom (de)	**puu**	[pu:]
loof- (abn)	**lehti-**	[lehti]
dennen- (abn)	**havu-**	[haʋʋ]
groenblijvend (bn)	**ikivihreä**	[ikiʋihrea]
appelboom (de)	**omenapuu**	[omena·pu:]
perenboom (de)	**päärynäpuu**	[pæ:rynæ·pu:]
zoete kers (de)	**linnunkirsikkapuu**	[linnun·kirsikkapu:]
zure kers (de)	**hapankirsikkapuu**	[hapan·kirsikkapu:]
pruimelaar (de)	**luumupuu**	[lu:mu·pu:]
berk (de)	**koivu**	[kojʋu]
eik (de)	**tammi**	[tammi]
linde (de)	**lehmus**	[lehmus]
esp (de)	**haapa**	[ha:pa]
esdoorn (de)	**vaahtera**	[ʋa:htera]
spar (de)	**kuusipuu**	[ku:si·pu:]
den (de)	**mänty**	[mænty]
lariks (de)	**lehtikuusi**	[lehti·ku:si]
zilverspar (de)	**jalokuusi**	[jaloku:si]
ceder (de)	**setri**	[setri]
populier (de)	**poppeli**	[poppeli]
lijsterbes (de)	**pihlaja**	[pihlaja]
wilg (de)	**paju**	[paju]
els (de)	**leppä**	[leppæ]
beuk (de)	**pyökki**	[pyøkki]
iep (de)	**jalava**	[jalaʋa]
es (de)	**saarni**	[sa:rni]
kastanje (de)	**kastanja**	[kastanja]
magnolia (de)	**magnolia**	[magnolia]
palm (de)	**palmu**	[palmu]
cipres (de)	**sypressi**	[sypressi]
mangrove (de)	**mangrove**	[maŋroʋe]
baobab (apenbroodboom)	**apinanleipäpuu**	[apinan·lejpæpu:]
eucalyptus (de)	**eukalyptus**	[eukalyptus]
mammoetboom (de)	**punapuu**	[puna·pu:]

228. Heesters

struik (de)	**pensas**	[pensas]
heester (de)	**pensaikko**	[pensajkko]

wijnstok (de)	**viinirypäleet**	[ʋi:ni·rypæle:t]
wijngaard (de)	**viinitarha**	[ʋi:ni·tarha]
frambozenstruik (de)	**vadelma**	[ʋadelma]
zwarte bes (de)	**mustaherukka**	[musta·ɦerukka]
rode bessenstruik (de)	**punaherukka**	[puna·ɦerukka]
kruisbessenstruik (de)	**karviainen**	[karʋiajnen]
acacia (de)	**akasia**	[akasia]
zuurbes (de)	**happomarja**	[happomarja]
jasmijn (de)	**jasmiini**	[jasmi:ni]
jeneverbes (de)	**kataja**	[kataja]
rozenstruik (de)	**ruusupensas**	[ru:su·pensas]
hondsroos (de)	**villiruusu**	[ʋilli·ru:su]

229. Champignons

paddenstoel (de)	**sieni**	[sieni]
eetbare paddenstoel (de)	**ruokasieni**	[ruoka·sieni]
giftige paddenstoel (de)	**myrkkysieni**	[myrkky·sieni]
hoed (de)	**lakki**	[lakki]
steel (de)	**jalka**	[jalka]
eekhoorntjesbrood (het)	**herkkutatti**	[herkkutatti]
rosse populierboleet (de)	**punikkitatti**	[punikki·tatti]
berkenboleet (de)	**lehmäntatti**	[lehmæn·tatti]
cantharel (de)	**keltavahvero**	[kelta·ʋahʋero]
russula (de)	**hapero**	[hapero]
morielje (de)	**huhtasieni**	[huhtasieni]
vliegenzwam (de)	**kärpässieni**	[kærpæssieni]
groene knolamaniet (de)	**kavalakärpässieni**	[kaʋala·kærpæssieni]

230. Vruchten. Bessen

vrucht (de)	**hedelmä**	[hedelmæ]
vruchten (mv.)	**hedelmät**	[hedelmæt]
appel (de)	**omena**	[omena]
peer (de)	**päärynä**	[pæ:rynæ]
pruim (de)	**luumu**	[lu:mu]
aardbei (de)	**mansikka**	[mansikka]
zure kers (de)	**hapankirsikka**	[hapan·kirsikka]
zoete kers (de)	**linnunkirsikka**	[linnun·kirsikka]
druif (de)	**viinirypäleet**	[ʋi:ni·rypæle:t]
framboos (de)	**vadelma**	[ʋadelma]
zwarte bes (de)	**mustaherukka**	[musta·ɦerukka]
rode bes (de)	**punaherukka**	[puna·ɦerukka]
kruisbes (de)	**karviainen**	[karʋiajnen]
veenbes (de)	**karpalo**	[karpalo]

sinaasappel (de)	**appelsiini**	[appelsi:ni]
mandarijn (de)	**mandariini**	[mandari:ni]
ananas (de)	**ananas**	[ananas]
banaan (de)	**banaani**	[bana:ni]
dadel (de)	**taateli**	[ta:teli]
citroen (de)	**sitruuna**	[sitru:na]
abrikoos (de)	**aprikoosi**	[apriko:si]
perzik (de)	**persikka**	[persikka]
kiwi (de)	**kiivi**	[ki:ʋi]
grapefruit (de)	**greippi**	[grejppi]
bes (de)	**marja**	[marja]
bessen (mv.)	**marjat**	[marjat]
vossenbes (de)	**puolukka**	[puolukka]
bosaardbei (de)	**ahomansikka**	[aho·mansikka]
blauwe bosbes (de)	**mustikka**	[mustikka]

231. Bloemen. Planten

bloem (de)	**kukka**	[kukka]
boeket (het)	**kukkakimppu**	[kukka·kimppu]
roos (de)	**ruusu**	[ru:su]
tulp (de)	**tulppani**	[tulppani]
anjer (de)	**neilikka**	[nejlikka]
gladiool (de)	**miekkalilja**	[miekkalilja]
korenbloem (de)	**kaunokki**	[kaunokki]
klokje (het)	**kissankello**	[kissan·kello]
paardenbloem (de)	**voikukka**	[ʋoj·kukka]
kamille (de)	**päivänkakkara**	[pæjʋæn·kakkara]
aloë (de)	**aaloe**	[a:loe]
cactus (de)	**kaktus**	[kaktus]
ficus (de)	**fiikus**	[fi:kus]
lelie (de)	**lilja**	[lilja]
geranium (de)	**kurjenpolvi**	[kurjen·polʋi]
hyacint (de)	**hyasintti**	[hyasintti]
mimosa (de)	**mimosa**	[mimosa]
narcis (de)	**narsissi**	[narsissi]
Oost-Indische kers (de)	**koristekrassi**	[koriste·krassi]
orchidee (de)	**orkidea**	[orkidea]
pioenroos (de)	**pioni**	[pioni]
viooltje (het)	**orvokki**	[orʋokki]
driekleurig viooltje (het)	**keto-orvokki**	[keto·orʋokki]
vergeet-mij-nietje (het)	**lemmikki**	[lemmikki]
madeliefje (het)	**kaunokainen**	[kaunokajnen]
papaver (de)	**unikko**	[unikko]
hennep (de)	**hamppu**	[hamppu]

munt (de)	**minttu**	[minttu]
lelietje-van-dalen (het)	**kielo**	[kielo]
sneeuwklokje (het)	**lumikello**	[lumi·kello]
brandnetel (de)	**nokkonen**	[nokkonen]
veldzuring (de)	**suolaheinä**	[suolɑ·ɦejnæ]
waterlelie (de)	**lumme**	[lumme]
varen (de)	**saniainen**	[sɑniɑjnen]
korstmos (het)	**jäkälä**	[jækælæ]
oranjerie (de)	**talvipuutarha**	[tɑlʋi·pu:tɑrhɑ]
gazon (het)	**nurmikko**	[nurmikko]
bloemperk (het)	**kukkapenkki**	[kukkɑ·peŋkki]
plant (de)	**kasvi**	[kɑsʋi]
gras (het)	**ruoho**	[ruoɦo]
grasspriet (de)	**heinänkorsi**	[hejnæŋ·korsi]
blad (het)	**lehti**	[lehti]
bloemblad (het)	**terälehti**	[teræ·lehti]
stengel (de)	**varsi**	[ʋɑrsi]
knol (de)	**mukula**	[mukulɑ]
scheut (de)	**itu**	[itu]
doorn (de)	**piikki**	[pi:kki]
bloeien (ww)	**kukkia**	[kukkiɑ]
verwelken (ww)	**kuihtua**	[kujhtuɑ]
geur (de)	**tuoksu**	[tuoksu]
snijden (bijv. bloemen ~)	**leikata**	[lejkɑtɑ]
plukken (bloemen ~)	**repiä**	[repiæ]

232. Granen, graankorrels

graan (het)	**vilja**	[ʋiljɑ]
graangewassen (mv.)	**viljat**	[ʋiljɑt]
aar (de)	**tähkä**	[tæhkæ]
tarwe (de)	**vehnä**	[ʋehnæ]
rogge (de)	**ruis**	[rujs]
haver (de)	**kaura**	[kɑurɑ]
gierst (de)	**hirssi**	[hirssi]
gerst (de)	**ohra**	[ohrɑ]
maïs (de)	**maissi**	[mɑjssi]
rijst (de)	**riisi**	[ri:si]
boekweit (de)	**tattari**	[tɑttɑri]
erwt (de)	**herne**	[herne]
nierboon (de)	**pavut**	[pɑʋut]
soja (de)	**soija**	[soijɑ]
linze (de)	**linssi**	[linssi]
bonen (mv.)	**pavut**	[pɑʋut]

233. Groenten. Groene groenten

groenten (mv.)	**vihannekset**	[ʋihannekset]
verse kruiden (mv.)	**lehtikasvikset**	[lehti·kasʋikset]
tomaat (de)	**tomaatti**	[toma:tti]
augurk (de)	**kurkku**	[kurkku]
wortel (de)	**porkkana**	[porkkana]
aardappel (de)	**peruna**	[peruna]
ui (de)	**sipuli**	[sipuli]
knoflook (de)	**valkosipuli**	[ʋalko·sipuli]
kool (de)	**kaali**	[ka:li]
bloemkool (de)	**kukkakaali**	[kukka·ka:li]
spruitkool (de)	**brysselinkaali**	[brysseliŋ·ka:li]
broccoli (de)	**parsakaali**	[parsa·ka:li]
rode biet (de)	**punajuuri**	[puna·ju:ri]
aubergine (de)	**munakoiso**	[muna·kojso]
courgette (de)	**kesäkurpitsa**	[kesæ·kurpitsa]
pompoen (de)	**kurpitsa**	[kurpitsa]
knolraap (de)	**nauris**	[nauris]
peterselie (de)	**persilja**	[persilja]
dille (de)	**tilli**	[tilli]
sla (de)	**lehtisalaatti**	[lehti·sala:tti]
selderij (de)	**selleri**	[selleri]
asperge (de)	**parsa**	[parsa]
spinazie (de)	**pinaatti**	[pina:tti]
erwt (de)	**herne**	[herne]
bonen (mv.)	**pavut**	[paʋut]
maïs (de)	**maissi**	[majssi]
nierboon (de)	**pavut**	[paʋut]
peper (de)	**paprika**	[paprika]
radijs (de)	**retiisi**	[reti:si]
artisjok (de)	**artisokka**	[artisokka]

REGIONALE AARDRIJKSKUNDE

Landen. Nationaliteiten

234. West-Europa

Europa (het)	**Eurooppa**	[euro:ppa]
Europese Unie (de)	**Euroopan unioni**	[euro:pan unioni]
Europeaan (de)	**eurooppalainen**	[euro:ppalajnen]
Europees (bn)	**eurooppalainen**	[euro:ppalajnen]
Oostenrijk (het)	**Itävalta**	[itæʋalta]
Oostenrijker (de)	**itävaltainen**	[itæʋaltajnen]
Oostenrijkse (de)	**itävaltainen**	[itæʋaltajnen]
Oostenrijks (bn)	**itävaltainen**	[itæʋaltajnen]
Groot-Brittannië (het)	**Iso-Britannia**	[iso·britannia]
Engeland (het)	**Englanti**	[eŋlanti]
Engelsman (de)	**englantilainen**	[eŋlantilajnen]
Engelse (de)	**englantilainen**	[eŋlantilajnen]
Engels (bn)	**englantilainen**	[eŋlantilajnen]
België (het)	**Belgia**	[belgia]
Belg (de)	**belgialainen**	[belgialajnen]
Belgische (de)	**belgialainen**	[belgialajnen]
Belgisch (bn)	**belgialainen**	[belgialajnen]
Duitsland (het)	**Saksa**	[saksa]
Duitser (de)	**saksalainen**	[saksalajnen]
Duitse (de)	**saksalainen**	[saksalajnen]
Duits (bn)	**saksalainen**	[saksalajnen]
Nederland (het)	**Alankomaat**	[alaŋkoma:t]
Holland (het)	**Hollanti**	[hollanti]
Nederlander (de)	**hollantilainen**	[hollantilajnen]
Nederlandse (de)	**hollantilainen**	[hollantilajnen]
Nederlands (bn)	**hollantilainen**	[hollantilajnen]
Griekenland (het)	**Kreikka**	[krejkka]
Griek (de)	**kreikkalainen**	[krejkkalajnen]
Griekse (de)	**kreikkalainen**	[krejkkalajnen]
Grieks (bn)	**kreikkalainen**	[krejkkalajnen]
Denemarken (het)	**Tanska**	[tanska]
Deen (de)	**tanskalainen**	[tanskalajnen]
Deense (de)	**tanskalainen**	[tanskalajnen]
Deens (bn)	**tanskalainen**	[tanskalajnen]
Ierland (het)	**Irlanti**	[irlanti]
Ier (de)	**irlantilainen**	[irlantilajnen]

Ierse (de)	**irlantilainen**	[irlantilajnen]
Iers (bn)	**irlantilainen**	[irlantilajnen]
IJsland (het)	**Islanti**	[islanti]
IJslander (de)	**islantilainen**	[islantilajnen]
IJslandse (de)	**islantilainen**	[islantilajnen]
IJslands (bn)	**islantilainen**	[islantilajnen]
Spanje (het)	**Espanja**	[espanja]
Spanjaard (de)	**espanjalainen**	[espanjalajnen]
Spaanse (de)	**espanjalainen**	[espanjalajnen]
Spaans (bn)	**espanjalainen**	[espanjalajnen]
Italië (het)	**Italia**	[italia]
Italiaan (de)	**italialainen**	[italialajnen]
Italiaanse (de)	**italialainen**	[italialajnen]
Italiaans (bn)	**italialainen**	[italialajnen]
Cyprus (het)	**Kypros**	[kypros]
Cyprioot (de)	**kyproslainen**	[kyproslajnen]
Cypriotische (de)	**kyproslainen**	[kyproslajnen]
Cypriotisch (bn)	**kyproslainen**	[kyproslajnen]
Malta (het)	**Malta**	[malta]
Maltees (de)	**maltalainen**	[maltalajnen]
Maltese (de)	**maltalainen**	[maltalajnen]
Maltees (bn)	**maltalainen**	[maltalajnen]
Noorwegen (het)	**Norja**	[norja]
Noor (de)	**norjalainen**	[norjalajnen]
Noorse (de)	**norjalainen**	[norjalajnen]
Noors (bn)	**norjalainen**	[norjalajnen]
Portugal (het)	**Portugali**	[portugali]
Portugees (de)	**portugalilainen**	[portugalilajnen]
Portugese (de)	**portugalilainen**	[portugalilajnen]
Portugees (bn)	**portugalilainen**	[portugalilajnen]
Finland (het)	**Suomi**	[suomi]
Fin (de)	**suomalainen**	[suomalajnen]
Finse (de)	**suomalainen**	[suomalajnen]
Fins (bn)	**suomalainen**	[suomalajnen]
Frankrijk (het)	**Ranska**	[ranska]
Fransman (de)	**ranskalainen**	[ranskalajnen]
Française (de)	**ranskalainen**	[ranskalajnen]
Frans (bn)	**ranskalainen**	[ranskalajnen]
Zweden (het)	**Ruotsi**	[ruotsi]
Zweed (de)	**ruotsalainen**	[ruotsalajnen]
Zweedse (de)	**ruotsalainen**	[ruotsalajnen]
Zweeds (bn)	**ruotsalainen**	[ruotsalajnen]
Zwitserland (het)	**Sveitsi**	[sʋejtsi]
Zwitser (de)	**sveitsiläinen**	[sʋejtsilæjnen]
Zwitserse (de)	**sveitsiläinen**	[sʋejtsilæjnen]

Zwitsers (bn)	**sveitsiläinen**	[sʋejtsilæjnen]
Schotland (het)	**Skotlanti**	[skotlɑnti]
Schot (de)	**skotlantilainen**	[skotlɑntilɑjnen]
Schotse (de)	**skotlantilainen**	[skotlɑntilɑjnen]
Schots (bn)	**skotlantilainen**	[skotlɑntilɑjnen]
Vaticaanstad (de)	**Vatikaanivaltio**	[ʋɑtikɑ:ni·ʋɑltio]
Liechtenstein (het)	**Liechtenstein**	[lihtenʃtɑjn]
Luxemburg (het)	**Luxemburg**	[lyksemburg]
Monaco (het)	**Monaco**	[monɑko]

235. Centraal- en Oost-Europa

Albanië (het)	**Albania**	[ɑlbɑniɑ]
Albanees (de)	**albanialainen**	[ɑlbɑniɑlɑjnen]
Albanese (de)	**albanialainen**	[ɑlbɑniɑlɑjnen]
Albanees (bn)	**albanialainen**	[ɑlbɑniɑlɑjnen]
Bulgarije (het)	**Bulgaria**	[bulgɑriɑ]
Bulgaar (de)	**bulgarialainen**	[bulgɑriɑlɑjnen]
Bulgaarse (de)	**bulgarialainen**	[bulgɑriɑlɑjnen]
Bulgaars (bn)	**bulgarialainen**	[bulgɑriɑlɑjnen]
Hongarije (het)	**Unkari**	[uŋkɑri]
Hongaar (de)	**unkarilainen**	[uŋkɑrilɑjnen]
Hongaarse (de)	**unkarilainen**	[uŋkɑrilɑjnen]
Hongaars (bn)	**unkarilainen**	[uŋkɑrilɑjnen]
Letland (het)	**Latvia**	[lɑtʋiɑ]
Let (de)	**latvialainen**	[lɑtʋiɑlɑjnen]
Letse (de)	**latvialainen**	[lɑtʋiɑlɑjnen]
Lets (bn)	**latvialainen**	[lɑtʋiɑlɑjnen]
Litouwen (het)	**Liettua**	[liettuɑ]
Litouwer (de)	**liettualainen**	[liettuɑlɑjnen]
Litouwse (de)	**liettualainen**	[liettuɑlɑjnen]
Litouws (bn)	**liettualainen**	[liettuɑlɑjnen]
Polen (het)	**Puola**	[puolɑ]
Pool (de)	**puolalainen**	[puolɑlɑjnen]
Poolse (de)	**puolalainen**	[puolɑlɑjnen]
Pools (bn)	**puolalainen**	[puolɑlɑjnen]
Roemenië (het)	**Romania**	[romɑniɑ]
Roemeen (de)	**romanialainen**	[romɑniɑlɑjnen]
Roemeense (de)	**romanialainen**	[romɑniɑlɑjnen]
Roemeens (bn)	**romanialainen**	[romɑniɑlɑjnen]
Servië (het)	**Serbia**	[serbiɑ]
Serviër (de)	**serbialainen**	[serbiɑlɑjnen]
Servische (de)	**serbialainen**	[serbiɑlɑjnen]
Servisch (bn)	**serbialainen**	[serbiɑlɑjnen]
Slowakije (het)	**Slovakia**	[sloʋɑkiɑ]
Slowaak (de)	**slovakki**	[sloʋɑkki]

Slowaakse (de)	**slovakki**	[slouakki]
Slowaakse (bn)	**slovakialainen**	[slouakialajnen]
Kroatië (het)	**Kroatia**	[kroatia]
Kroaat (de)	**kroatialainen**	[kroatialajnen]
Kroatische (de)	**kroatialainen**	[kroatialajnen]
Kroatisch (bn)	**kroatialainen**	[kroatialajnen]
Tsjechië (het)	**Tšekki**	[ʧekki]
Tsjech (de)	**tšekkiläinen**	[ʧekkilæjnen]
Tsjechische (de)	**tšekkiläinen**	[ʧekkilæjnen]
Tsjechisch (bn)	**tšekkiläinen**	[ʧekkilæjnen]
Estland (het)	**Viro**	[uiro]
Est (de)	**virolainen**	[uirolajnen]
Estse (de)	**virolainen**	[uirolajnen]
Ests (bn)	**virolainen**	[uirolajnen]
Bosnië en Herzegovina (het)	**Bosnia ja Hertsegovina**	[bosnia ja hertsegouina]
Macedonië (het)	**Makedonia**	[makedonia]
Slovenië (het)	**Slovenia**	[slouenia]
Montenegro (het)	**Montenegro**	[monte·negro]

236. Voormalige USSR landen

Azerbeidzjan (het)	**Azerbaidžan**	[azerbajʤan]
Azerbeidzjaan (de)	**azerbaidžanilainen**	[azerbajʤanialajnen]
Azerbeidjaanse (de)	**azerbaidžanilainen**	[azerbajʤanialajnen]
Azerbeidjaans (bn)	**azerbaidžanilainen**	[azerbajʤanialajnen]
Armenië (het)	**Armenia**	[armeniæ]
Armeen (de)	**armenialainen**	[armenialajnen]
Armeense (de)	**armenialainen**	[armenialajnen]
Armeens (bn)	**armenialainen**	[armenialajnen]
Wit-Rusland (het)	**Valko-Venäjä**	[ualko·uenæjæ]
Wit-Rus (de)	**valkovenäläinen**	[ualko·uenælæjnen]
Wit-Russische (de)	**valkovenäläinen**	[ualko·uenælæjnen]
Wit-Russisch (bn)	**valkovenäläinen**	[ualko·uenælæjnen]
Georgië (het)	**Georgia**	[georgia]
Georgiër (de)	**georgialainen**	[georgialajnen]
Georgische (de)	**georgialainen**	[georgialajnen]
Georgisch (bn)	**georgialainen**	[georgialajnen]
Kazakstan (het)	**Kazakstan**	[kazakstan]
Kazak (de)	**kazakki**	[kazakki]
Kazakse (de)	**kazakki**	[kazakki]
Kazakse (bn)	**kazakki**	[kazakki]
Kirgizië (het)	**Kirgisia**	[kirgisia]
Kirgiziër (de)	**kirgiisi**	[kirgi:si]
Kirgizische (de)	**kirgiisi**	[kirgi:si]
Kirgizische (bn)	**kirgiisi**	[kirgi:si]

Moldavië (het)	**Moldova**	[moldoʋa]
Moldaviër (de)	**moldovalainen**	[moldoʋalajnen]
Moldavische (de)	**moldovalainen**	[moldoʋalajnen]
Moldavisch (bn)	**moldovalainen**	[moldoʋalajnen]
Rusland (het)	**Venäjä**	[ʋenæjæ]
Rus (de)	**venäläinen**	[ʋenælæjnen]
Russin (de)	**venäläinen**	[ʋenælæjnen]
Russisch (bn)	**venäläinen**	[ʋenælæjnen]
Tadzjikistan (het)	**Tadžhikistan**	[taʤikistan]
Tadzjiek (de)	**tadžikki**	[taʤikki]
Tadzjiekse (de)	**tadžikki**	[taʤikki]
Tadzjieks (bn)	**tadžikki**	[taʤikki]
Turkmenistan (het)	**Turkmenistan**	[turkmenistan]
Turkmeen (de)	**turkmeeni**	[turkme:ni]
Turkmeense (de)	**turkmeeni**	[turkme:ni]
Turkmeens (bn)	**turkmeeni**	[turkme:ni]
Oezbekistan (het)	**Uzbekistan**	[uzbekistan]
Oezbeek (de)	**uzbekki**	[uzbekki]
Oezbeekse (de)	**uzbekki**	[uzbekki]
Oezbeeks (bn)	**uzbekki**	[uzbekki]
Oekraïne (het)	**Ukraina**	[ukrajna]
Oekraïner (de)	**ukrainalainen**	[ukrainalajnen]
Oekraïense (de)	**ukrainalainen**	[ukrainalajnen]
Oekraïens (bn)	**ukrainalainen**	[ukrainalajnen]

237. Azië

Azië (het)	**Aasia**	[a:sia]
Aziatisch (bn)	**aasialainen**	[a:sialajnen]
Vietnam (het)	**Vietnam**	[ʋjetnam]
Vietnamees (de)	**vietnamilainen**	[ʋjetnamilajnen]
Vietnamese (de)	**vietnamilainen**	[ʋjetnamilajnen]
Vietnamees (bn)	**vietnamilainen**	[ʋjetnamilajnen]
India (het)	**Intia**	[intia]
Indiër (de)	**intialainen**	[intialajnen]
Indische (de)	**intialainen**	[intialajnen]
Indisch (bn)	**intialainen**	[intialajnen]
Israël (het)	**Israel**	[israel]
Israëliër (de)	**israelilainen**	[israelilajnen]
Israëlische (de)	**israelilainen**	[israelilajnen]
Israëlisch (bn)	**israelilainen**	[israelilajnen]
Jood (etniciteit)	**juutalainen**	[ju:talajnen]
Jodin (de)	**juutalainen**	[ju:talajnen]
Joods (bn)	**juutalainen**	[ju:talajnen]
China (het)	**Kiina**	[ki:na]

Chinees (de)	**kiinalainen**	[ki:nalajnen]
Chinese (de)	**kiinalainen**	[ki:nalajnen]
Chinees (bn)	**kiinalainen**	[ki:nalajnen]
Koreaan (de)	**korealainen**	[korealajnen]
Koreaanse (de)	**korealainen**	[korealajnen]
Koreaans (bn)	**korealainen**	[korealajnen]
Libanon (het)	**Libanon**	[libanon]
Libanees (de)	**libanonilainen**	[libanonilajnen]
Libanese (de)	**libanonilainen**	[libanonilajnen]
Libanees (bn)	**libanonilainen**	[libanonilajnen]
Mongolië (het)	**Mongolia**	[moŋolia]
Mongool (de)	**mongoli**	[moŋoli]
Mongoolse (de)	**mongoli**	[moŋoli]
Mongools (bn)	**mongolilainen**	[moŋolilajnen]
Maleisië (het)	**Malesia**	[malesia]
Maleisiër (de)	**malaiji**	[malaiji]
Maleisische (de)	**malaiji**	[malaiji]
Maleisisch (bn)	**malaijilainen**	[malaijilajnen]
Pakistan (het)	**Pakistan**	[pakistan]
Pakistaan (de)	**pakistanilainen**	[pakistanilajnen]
Pakistaanse (de)	**pakistanilainen**	[pakistanilajnen]
Pakistaans (bn)	**pakistanilainen**	[pakistanilajnen]
Saoedi-Arabië (het)	**Saudi-Arabia**	[saudi·arabia]
Arabier (de)	**arabi**	[arabi]
Arabische (de)	**arabi**	[arabi]
Arabisch (bn)	**arabi-, arabialainen**	[arabi], [arabialajnen]
Thailand (het)	**Thaimaa**	[thajma:]
Thai (de)	**thaimaalainen**	[thajma:lajnen]
Thaise (de)	**thaimaalainen**	[thajma:lajnen]
Thai (bn)	**thaimaalainen**	[thajma:lajnen]
Taiwan (het)	**Taiwan**	[tajʋan]
Taiwanees (de)	**taiwanilainen**	[tajʋanilajnen]
Taiwanese (de)	**taiwanilainen**	[tajʋanilajnen]
Taiwanees (bn)	**taiwanilainen**	[tajʋanilajnen]
Turkije (het)	**Turkki**	[turkki]
Turk (de)	**turkkilainen**	[turkkilajnen]
Turkse (de)	**turkkilainen**	[turkkilajnen]
Turks (bn)	**turkkilainen**	[turkkilajnen]
Japan (het)	**Japani**	[japani]
Japanner (de)	**japanilainen**	[japanilajnen]
Japanse (de)	**japanilainen**	[japanilajnen]
Japans (bn)	**japanilainen**	[japanilajnen]
Afghanistan (het)	**Afganistan**	[afganistan]
Bangladesh (het)	**Bangladesh**	[baŋladeʃ]
Indonesië (het)	**Indonesia**	[indonesia]

Jordanië (het)	**Jordania**	[jordania]
Irak (het)	**Irak**	[irak]
Iran (het)	**Iran**	[iran]
Cambodja (het)	**Kambodža**	[kambodʒa]
Koeweit (het)	**Kuwait**	[kuʋajt]
Laos (het)	**Laos**	[laos]
Myanmar (het)	**Myanmar**	[myanmar]
Nepal (het)	**Nepal**	[nepal]
Verenigde Arabische Emiraten	**Arabiemiirikuntien liitto**	[arabi·emi:ri·kuntien li:tto]
Syrië (het)	**Syyria**	[sy:ria]
Palestijnse autonomie (de)	**Palestiinalaishallinto**	[palesti:nalajs·hallinto]
Zuid-Korea (het)	**Etelä-Korea**	[etelæ·korea]
Noord-Korea (het)	**Pohjois-Korea**	[pohjois·korea]

238. Noord-Amerika

Verenigde Staten van Amerika	**Yhdysvallat**	[yhdys·ʋallat]
Amerikaan (de)	**amerikkalainen**	[amerikkalajnen]
Amerikaanse (de)	**amerikkalainen**	[amerikkalajnen]
Amerikaans (bn)	**amerikkalainen**	[amerikkalajnen]
Canada (het)	**Kanada**	[kanada]
Canadees (de)	**kanadalainen**	[kanadalajnen]
Canadese (de)	**kanadalainen**	[kanadalajnen]
Canadees (bn)	**kanadalainen**	[kanadalajnen]
Mexico (het)	**Meksiko**	[meksiko]
Mexicaan (de)	**meksikolainen**	[meksikolajnen]
Mexicaanse (de)	**meksikolainen**	[meksikolajnen]
Mexicaans (bn)	**meksikolainen**	[meksikolajnen]

239. Midden- en Zuid-Amerika

Argentinië (het)	**Argentiina**	[argenti:na]
Argentijn (de)	**argentiinalainen**	[argenti:nalajnen]
Argentijnse (de)	**argentiinalainen**	[argenti:nalajnen]
Argentijns (bn)	**argentiinalainen**	[argenti:nalajnen]
Brazilië (het)	**Brasilia**	[brasilia]
Braziliaan (de)	**brasilialainen**	[brasilialajnen]
Braziliaanse (de)	**brasilialainen**	[brasilialajnen]
Braziliaans (bn)	**brasilialainen**	[brasilialajnen]
Colombia (het)	**Kolumbia**	[kolumbia]
Colombiaan (de)	**kolumbialainen**	[kolumbialajnen]
Colombiaanse (de)	**kolumbialainen**	[kolumbialajnen]
Colombiaans (bn)	**kolumbialainen**	[kolumbialajnen]
Cuba (het)	**Kuuba**	[ku:ba]

Cubaan (de)	**kuubalainen**	[ku:balajnen]
Cubaanse (de)	**kuubalainen**	[ku:balajnen]
Cubaans (bn)	**kuubalainen**	[ku:balajnen]
Chili (het)	**Chile**	[ʧile]
Chileen (de)	**chileläinen**	[ʧilelæjnen]
Chileense (de)	**chileläinen**	[ʧilelæjnen]
Chileens (bn)	**chileläinen**	[ʧilelæjnen]
Bolivia (het)	**Bolivia**	[boliυia]
Venezuela (het)	**Venezuela**	[υenezuela]
Paraguay (het)	**Paraguay**	[paraguaj]
Peru (het)	**Peru**	[peru]
Suriname (het)	**Suriname**	[suriname]
Uruguay (het)	**Uruguay**	[uruguaj]
Ecuador (het)	**Ecuador**	[ekuador]
Bahama's (mv.)	**Bahama**	[bahama]
Haïti (het)	**Haiti**	[haiti]
Dominicaanse Republiek (de)	**Dominikaaninen tasavalta**	[dominika:ninen tasaυalta]
Panama (het)	**Panama**	[panama]
Jamaica (het)	**Jamaika**	[jamajka]

240. Afrika

Egypte (het)	**Egypti**	[egypti]
Egyptenaar (de)	**egyptiläinen**	[egyptilæjnen]
Egyptische (de)	**egyptiläinen**	[egyptilæjnen]
Egyptisch (bn)	**egyptiläinen**	[egyptilæjnen]
Marokko (het)	**Marokko**	[marokko]
Marokkaan (de)	**marokkolainen**	[marokkolajnen]
Marokkaanse (de)	**marokkolainen**	[marokkolajnen]
Marokkaans (bn)	**marokkolainen**	[marokkolajnen]
Tunesië (het)	**Tunisia**	[tunisia]
Tunesiër (de)	**tunisialainen**	[tunisialajnen]
Tunesische (de)	**tunisialainen**	[tunisialajnen]
Tunesisch (bn)	**tunisialainen**	[tunisialajnen]
Ghana (het)	**Ghana**	[gana]
Zanzibar (het)	**Sansibar**	[sansibar]
Kenia (het)	**Kenia**	[kenia]
Libië (het)	**Libya**	[libya]
Madagaskar (het)	**Madagaskar**	[madagaskar]
Namibië (het)	**Namibia**	[namibiæ]
Senegal (het)	**Senegal**	[senegal]
Tanzania (het)	**Tansania**	[tansania]
Zuid-Afrika (het)	**Etelä-Afrikka**	[etelæ·afrikka]
Afrikaan (de)	**afrikkalainen**	[afrikkalajnen]
Afrikaanse (de)	**afrikkalainen**	[afrikkalajnen]
Afrikaans (bn)	**afrikkalainen**	[afrikkalajnen]

241. Australië. Oceanië

Australië (het)	**Australia**	[australia]
Australiër (de)	**australialainen**	[australialajnen]
Australische (de)	**australialainen**	[australialajnen]
Australisch (bn)	**australialainen**	[australialajnen]
Nieuw-Zeeland (het)	**Uusi-Seelanti**	[u:si·se:lanti]
Nieuw-Zeelander (de)	**uusiseelantilainen**	[u:si·se:lantilajnen]
Nieuw-Zeelandse (de)	**uusiseelantilainen**	[u:si·se:lantilajnen]
Nieuw-Zeelands (bn)	**uusiseelantilainen**	[u:si·se:lantilajnen]
Tasmanië (het)	**Tasmania**	[tasmania]
Frans-Polynesië	**Ranskan Polynesia**	[ranskan polynesia]

242. Steden

Amsterdam	**Amsterdam**	[amsterdam]
Ankara	**Ankara**	[aŋkara]
Athene	**Ateena**	[ate:na]
Bagdad	**Bagdad**	[bagdad]
Bangkok	**Bangkok**	[baŋkok]
Barcelona	**Barcelona**	[barselona]
Beiroet	**Beirut**	[bejrut]
Berlijn	**Berliini**	[berli:ni]
Boedapest	**Budapest**	[budapest]
Boekarest	**Bukarest**	[bukarest]
Bombay, Mumbai	**Mumbai**	[mumbaj]
Bonn	**Bonn**	[bonn]
Bordeaux	**Bordeaux**	[bordo]
Bratislava	**Bratislava**	[bratislaʋa]
Brussel	**Bryssel**	[bryssel]
Caïro	**Kairo**	[kajro]
Calcutta	**Kalkutta**	[kalkutta]
Chicago	**Chicago**	[ʧikago]
Dar Es Salaam	**Dar es Salaam**	[dar es sala:m]
Delhi	**Delhi**	[deli]
Den Haag	**Haag**	[ha:g]
Dubai	**Dubai**	[dubaj]
Dublin	**Dublin**	[dublin]
Düsseldorf	**Düsseldorf**	[dysseldorf]
Florence	**Firenze**	[firentse]
Frankfort	**Frankfurt**	[fraŋkfurt]
Genève	**Geneve**	[geneʋe]
Hamburg	**Hampuri**	[hampuri]
Hanoi	**Hanoi**	[hanoj]
Havana	**Havanna**	[haʋanna]
Helsinki	**Helsinki**	[helsiŋki]

Hiroshima	**Hiroshima**	[hiroʃima]
Hongkong	**Hongkong**	[hoŋkoŋ]
Istanbul	**Istanbul**	[istanbul]
Jeruzalem	**Jerusalem**	[jerusalem]
Kiev	**Kiova**	[kioʋa]
Kopenhagen	**Kööpenhamina**	[kø:penhamina]
Kuala Lumpur	**Kuala Lumpur**	[kuala lumpur]
Lissabon	**Lissabon**	[lissabon]
Londen	**Lontoo**	[lonto:]
Los Angeles	**Los Angeles**	[los aŋeles]
Lyon	**Lyon**	[ljon]
Madrid	**Madrid**	[madrid]
Marseille	**Marseille**	[marsejlle]
Mexico-Stad	**México**	[meksiko]
Miami	**Miami**	[majami]
Montreal	**Montreal**	[montreal]
Moskou	**Moskova**	[moskoʋa]
München	**München**	[mynhen]
Nairobi	**Nairobi**	[najrobi]
Napels	**Napoli**	[napoli]
New York	**New York**	[nju jork]
Nice	**Nizza**	[nitsa]
Oslo	**Oslo**	[oslo]
Ottawa	**Ottawa**	[ottaʋa]
Parijs	**Pariisi**	[pari:si]
Peking	**Peking**	[pekiŋ]
Praag	**Praha**	[praɦa]
Rio de Janeiro	**Rio de Janeiro**	[rio de janejro]
Rome	**Rooma**	[ro:ma]
Seoel	**Soul**	[soul]
Singapore	**Singapore**	[siŋapore]
Sint-Petersburg	**Pietari**	[pietari]
Sjanghai	**Shanghai**	[ʃaŋhaj]
Stockholm	**Tukholma**	[tukholma]
Sydney	**Sydney**	[sidnej]
Taipei	**Taipei**	[tajpej]
Tokio	**Tokio**	[tokio]
Toronto	**Toronto**	[toronto]
Venetië	**Venetsia**	[ʋenetsia]
Warschau	**Varsova**	[ʋarsoʋa]
Washington	**Washington**	[ʋaʃiŋton]
Wenen	**Wien**	[ʋien]

243. Politiek. Overheid. Deel 1

politiek (de)	**politiikka**	[politi:kka]
politiek (bn)	**poliittinen**	[poli:ttinen]

politicus (de)	**poliitikko**	[poli:tikko]
staat (land)	**valtio**	[ʋaltio]
burger (de)	**kansalainen**	[kansalajnen]
staatsburgerschap (het)	**kansalaisuus**	[kansalajsu:s]
nationaal wapen (het)	**kansallinen vaakuna**	[kansallinen ʋa:kuna]
volkslied (het)	**kansallishymni**	[kansallis·hymni]
regering (de)	**hallitus**	[hallitus]
staatshoofd (het)	**valtionpäämies**	[ʋaltion·pæ:mies]
parlement (het)	**parlamentti**	[parlamentti]
partij (de)	**puolue**	[puolue]
kapitalisme (het)	**kapitalismi**	[kapitalismi]
kapitalistisch (bn)	**kapitalistinen**	[kapitalistinen]
socialisme (het)	**sosialismi**	[sosialismi]
socialistisch (bn)	**sosialistinen**	[sosialistinen]
communisme (het)	**kommunismi**	[kommunismi]
communistisch (bn)	**kommunistinen**	[kommunistinen]
communist (de)	**kommunisti**	[kommunisti]
democratie (de)	**demokratia**	[demokratia]
democraat (de)	**demokraatti**	[demokra:tti]
democratisch (bn)	**demokraattinen**	[demokra:ttinen]
democratische partij (de)	**demokraattinen puolue**	[demokra:ttinen puolue]
liberaal (de)	**liberaali**	[libera:li]
liberaal (bn)	**liberaali**	[libera:li]
conservator (de)	**konservatiivi**	[konserʋati:ʋi]
conservatief (bn)	**konservatiivinen**	[konserʋati:ʋinen]
republiek (de)	**tasavalta**	[tasa·ʋalta]
republikein (de)	**republikaani**	[republika:ni]
Republikeinse Partij (de)	**republikaanipuolue**	[republika:ni·puolue]
verkiezing (de)	**vaalit**	[ʋa:lit]
kiezen (ww)	**valita**	[ʋalita]
kiezer (de)	**valitsijamies**	[ʋalitsijamies]
verkiezingscampagne (de)	**vaalikampanja**	[ʋa:li·kampanja]
stemming (de)	**äänestys**	[æ:nestys]
stemmen (ww)	**äänestää**	[æ:nestæ:]
stemrecht (het)	**äänioikeus**	[æ:niojkeus]
kandidaat (de)	**ehdokas**	[ehdokas]
zich kandideren	**asettua ehdokkaaksi**	[asettua ehdokka:ksi]
campagne (de)	**kampanja**	[kampanja]
oppositie- (abn)	**oppositio-**	[oppositio]
oppositie (de)	**oppositio**	[oppositio]
bezoek (het)	**vierailu**	[ʋierajlu]
officieel bezoek (het)	**virallinen vierailu**	[ʋirallinen ʋierajlu]

internationaal (bn)	**kansainvälinen**	[kansajnυælinen]
onderhandelingen (mv.)	**neuvottelut**	[neuυottelut]
onderhandelen (ww)	**käydä neuvotteluja**	[kæydæ neuυotteluja]

244. Politiek. Overheid. Deel 2

maatschappij (de)	**yhteiskunta**	[yhtejs·kunta]
grondwet (de)	**perustuslaki**	[perustus·laki]
macht (politieke ~)	**valta**	[υalta]
corruptie (de)	**korruptio**	[korruptjo]
wet (de)	**laki**	[laki]
wettelijk (bn)	**laillinen**	[lajllinen]
rechtvaardigheid (de)	**oikeudenmukaisuus**	[ojkeuden·mukajsu:s]
rechtvaardig (bn)	**oikeudenmukainen**	[ojkeuden·mukajnen]
comité (het)	**komitea**	[komitea]
wetsvoorstel (het)	**lakiehdotus**	[laki·ehdotus]
begroting (de)	**budjetti**	[budjetti]
beleid (het)	**politiikka**	[politi:kka]
hervorming (de)	**reformi**	[reformi]
radicaal (bn)	**radikaali**	[radika:li]
macht (vermogen)	**voima**	[υojma]
machtig (bn)	**voimakas**	[υojmakas]
aanhanger (de)	**puolustaja**	[puolustaja]
invloed (de)	**vaikutus**	[υajkutus]
regime (het)	**hallinto**	[hallinto]
conflict (het)	**konflikti**	[konflikti]
samenzwering (de)	**salaliitto**	[salali:tto]
provocatie (de)	**provokaatio**	[proυoka:tio]
omverwerpen (ww)	**kukistaa**	[kukista:]
omverwerping (de)	**vallankaappaus**	[υallan·ka:ppaus]
revolutie (de)	**vallankumous**	[υallan·kumous]
staatsgreep (de)	**kumous**	[kumous]
militaire coup (de)	**sotilasvallankaappaus**	[sotilas·υallan·ka:ppaus]
crisis (de)	**kriisi**	[kri:si]
economische recessie (de)	**taantuma**	[ta:ntuma]
betoger (de)	**mielenosoittaja**	[mielen·osojttaja]
betoging (de)	**mielenosoitus**	[mielen·osojtus]
krijgswet (de)	**sotatilalaki**	[sotatila·laki]
militaire basis (de)	**tukikohta**	[tuki·kohta]
stabiliteit (de)	**vakaus**	[υakaus]
stabiel (bn)	**vakaa**	[υaka:]
uitbuiting (de)	**hyväksikäyttö**	[hyυæksi·kæyttø]
uitbuiten (ww)	**käyttää hyväksi**	[kæyttæ: hyυæksi]
racisme (het)	**rasismi**	[rasismi]

racist (de)	**rasisti**	[rasisti]
fascisme (het)	**fasismi**	[fasismi]
fascist (de)	**fasisti**	[fasisti]

245. Landen. Diversen

vreemdeling (de)	**ulkomaalainen**	[ulkoma:lajnen]
buitenlands (bn)	**ulkomainen**	[ulkomajnen]
in het buitenland (bw)	**ulkomailla**	[ulkomajlla]
emigrant (de)	**maastamuuttaja**	[ma:sta·mu:ttaja]
emigratie (de)	**maastamuutto**	[ma:sta·mu:tto]
emigreren (ww)	**muuttaa maasta**	[mu:tta: ma:sta]
Westen (het)	**länsi**	[lænsi]
Oosten (het)	**itä**	[itæ]
Verre Oosten (het)	**Kaukoitä**	[kaukojtæ]
beschaving (de)	**sivilisaatio**	[siʋilisa:tio]
mensheid (de)	**ihmiskunta**	[ihmis·kunta]
wereld (de)	**maailma**	[ma:jlma]
vrede (de)	**rauha**	[rauɦa]
wereld- (abn)	**maailmanlaajuinen**	[ma:jlmanla:juinen]
vaderland (het)	**synnyinmaa**	[synnyjn·ma:]
volk (het)	**kansa**	[kansa]
bevolking (de)	**väestö**	[ʋæestø]
mensen (mv.)	**ihmiset**	[ihmiset]
natie (de)	**kansakunta**	[kansa·kunta]
generatie (de)	**sukupolvi**	[suku·polʋi]
gebied (bijv. bezette ~en)	**alue**	[alue]
regio, streek (de)	**seutu**	[seutu]
deelstaat (de)	**osavaltio**	[osa·ʋaltio]
traditie (de)	**perinne**	[perinne]
gewoonte (de)	**tapa**	[tapa]
ecologie (de)	**ekologia**	[ekologia]
Indiaan (de)	**intiaani**	[intia:ni]
zigeuner (de)	**mustalainen**	[mustalajnen]
zigeunerin (de)	**mustalainen**	[mustalajnen]
zigeuner- (abn)	**mustalainen**	[mustalajnen]
rijk (het)	**keisarikunta**	[kejsari·kunta]
kolonie (de)	**kolonia**	[kolonia]
slavernij (de)	**orjuus**	[orju:s]
invasie (de)	**maahanhyökkäys**	[ma:han·hyøkkæys]
hongersnood (de)	**nälänhätä**	[nælæn·hætæ]

246. Grote religieuze groepen. Bekentenissen

religie (de)	**uskonto**	[uskonto]
religieus (bn)	**uskonnollinen**	[uskonnollinen]

geloof (het)	**usko**	[usko]
geloven (ww)	**uskoa**	[uskoa]
gelovige (de)	**uskovainen**	[uskoʋajnen]
atheïsme (het)	**ateismi**	[ateismi]
atheïst (de)	**ateisti**	[ateisti]
christendom (het)	**Kristinusko**	[kristinusko]
christen (de)	**kristitty**	[kristitty]
christelijk (bn)	**kristillinen**	[kristillinen]
katholicisme (het)	**Katolilaisuus**	[katolilajsu:s]
katholiek (de)	**katolilainen**	[katolilajnen]
katholiek (bn)	**katolinen**	[katolinen]
protestantisme (het)	**Protestanttisuus**	[protestanttisu:s]
Protestante Kerk (de)	**Protestanttinen Kirkko**	[protestanttinen kirkko]
protestant (de)	**protestantti**	[protestantti]
orthodoxie (de)	**Ortodoksisuus**	[ortodoksisu:s]
Orthodoxe Kerk (de)	**Ortodoksinen kirkko**	[ortodoksinen kirkko]
orthodox	**ortodoksi**	[ortodoksi]
presbyterianisme (het)	**Presbyteerinen kirkko**	[presbyte:rinen kirkko]
Presbyteriaanse Kerk (de)	**Presbyteerikirkko**	[presbyte:ri·kirkko]
presbyteriaan (de)	**presbyteeri**	[presbyte:ri]
lutheranisme (het)	**Luterilainen Kirkko**	[luterilajnen kirkko]
lutheraan (de)	**luterilainen**	[luterilajnen]
baptisme (het)	**Baptismi**	[baptismi]
baptist (de)	**baptisti**	[baptisti]
Anglicaanse Kerk (de)	**Anglikaaninen Kirkko**	[aŋlika:ninen kirkko]
anglicaan (de)	**anglikaaninen**	[aŋlika:ninen]
mormonisme (het)	**Mormonismi**	[mormonismi]
mormoon (de)	**mormoni**	[mormoni]
Jodendom (het)	**Juutalaisuus**	[ju:talajsu:s]
jood (aanhanger van het Jodendom)	**juutalainen**	[ju:talajnen]
boeddhisme (het)	**Buddhalaisuus**	[buddhalajsu:s]
boeddhist (de)	**buddhalainen**	[buddhalajnen]
hindoeïsme (het)	**Hindulaisuus**	[hindulajsu:s]
hindoe (de)	**hindulainen**	[hindulajnen]
islam (de)	**Islam**	[islam]
islamiet (de)	**muslimi**	[muslimi]
islamitisch (bn)	**islamilainen**	[islamilajnen]
sjiisme (het)	**Šiialaisuus**	[ʃi:alajsu:s]
sjiiet (de)	**shiialainen**	[ʃi:alajnen]
soennisme (het)	**Sunnalaisuus**	[sunnalajsu:s]
soenniet (de)	**sunnalainen**	[sunnalajnen]

247. Religies. Priesters

priester (de)	**pappi**	[pappi]
paus (de)	**Paavi**	[pa:ʋi]
monnik (de)	**munkki**	[muŋkki]
non (de)	**nunna**	[nunna]
pastoor (de)	**pastori**	[pastori]
abt (de)	**apotti**	[apotti]
vicaris (de)	**kirkkoherra**	[kirkko·ɦerra]
bisschop (de)	**piispa**	[pi:spa]
kardinaal (de)	**kardinaali**	[kardina:li]
predikant (de)	**saarnaaja**	[sa:rna:ja]
preek (de)	**saarna; kirkoissa**	[sa:rna]; [kirkojssa]
kerkgangers (mv.)	**seurakuntalaiset**	[seurakunta·lajset]
gelovige (de)	**uskovainen**	[uskoʋajnen]
atheïst (de)	**ateisti**	[ateisti]

248. Geloof. Christendom. Islam

Adam	**Aadam**	[a:dam]
Eva	**Eeva**	[e:ʋa]
God (de)	**Jumala**	[jumala]
Heer (de)	**Luoja**	[luoja]
Almachtige (de)	**Kaikkivoipa**	[kajkki·ʋojpa]
zonde (de)	**synti**	[synti]
zondigen (ww)	**tehdä syntiä**	[tehdæ syntiæ]
zondaar (de)	**syntinen**	[syntinen]
zondares (de)	**syntinen**	[syntinen]
hel (de)	**helvetti**	[helʋetti]
paradijs (het)	**paratiisi**	[parati:si]
Jezus	**Jeesus**	[je:sus]
Jezus Christus	**Jeesus Kristus**	[je:sus kristus]
Heilige Geest (de)	**Pyhä Henki**	[pyɦæ heŋki]
Verlosser (de)	**Pelastaja**	[pelastaja]
Maagd Maria (de)	**Neitsyt Maria**	[nejtsyt maria]
duivel (de)	**Perkele**	[perkele]
duivels (bn)	**perkeleen**	[perkele:n]
Satan	**Saatana**	[sa:tana]
satanisch (bn)	**saatanallinen**	[sa:tanallinen]
engel (de)	**enkeli**	[eŋkeli]
beschermengel (de)	**suojelusenkeli**	[suojelus·eŋkeli]
engelachtig (bn)	**enkelin**	[eŋkelin]

apostel (de)	**apostoli**	[ɑpostoli]
aartsengel (de)	**arkkienkeli**	[ɑrkkieŋkeli]
antichrist (de)	**antikristus**	[ɑntikristus]
Kerk (de)	**kirkko**	[kirkko]
bijbel (de)	**Raamattu**	[rɑ:mɑttu]
bijbels (bn)	**raamatullinen**	[rɑ:mɑtullinen]
Oude Testament (het)	**Vanha testamentti**	[ʋɑnhɑ testɑmentti]
Nieuwe Testament (het)	**Uusi testamentti**	[u:si testɑmentti]
evangelie (het)	**Evankeliumi**	[eʋɑŋkeliumi]
Heilige Schrift (de)	**Pyhä Raamattu**	[pyɦæ rɑ:mɑttu]
Hemel, Hemelrijk (de)	**Taivas**	[tɑjʋɑs]
gebod (het)	**käsky**	[kæsky]
profeet (de)	**profeetta**	[profe:ttɑ]
profetie (de)	**profetia**	[profetiɑ]
Allah	**Allah**	[ɑllɑh]
Mohammed	**Muhammad**	[muɦɑmmɑd]
Koran (de)	**Koraani**	[korɑ:ni]
moskee (de)	**moskeija**	[moskejɑ]
moellah (de)	**mullah**	[mullɑh]
gebed (het)	**rukous**	[rukous]
bidden (ww)	**rukoilla**	[rukojllɑ]
pelgrimstocht (de)	**pyhiinvaellus**	[pyɦi:nʋɑellus]
pelgrim (de)	**pyhiinvaeltaja**	[pyɦi:nʋɑeltɑjɑ]
Mekka	**Mekka**	[mekkɑ]
kerk (de)	**kirkko**	[kirkko]
tempel (de)	**temppeli**	[temppeli]
kathedraal (de)	**tuomiokirkko**	[tuomio·kirkko]
gotisch (bn)	**goottilainen**	[go:ttilɑjnen]
synagoge (de)	**synagoga**	[synɑgogɑ]
moskee (de)	**moskeija**	[moskejɑ]
kapel (de)	**kappeli**	[kɑppeli]
abdij (de)	**katolinen luostari**	[kɑtolinen luostɑri]
nonnenklooster (het)	**nunnaluostari**	[nunnɑ·luostɑri]
mannenklooster (het)	**munkkiluostari**	[muŋkki·luostɑri]
klok (de)	**kello**	[kello]
klokkentoren (de)	**kellotapuli**	[kello·tɑpuli]
luiden (klokken)	**soittaa**	[sojttɑ:]
kruis (het)	**risti**	[risti]
koepel (de)	**kupoli**	[kupoli]
icoon (de)	**ikoni, pyhäinkuva**	[ikoni], [pyɦæjŋ·kuʋɑ]
ziel (de)	**sielu**	[sielu]
lot, noodlot (het)	**kohtalo**	[kohtɑlo]
kwaad (het)	**paha, pahuus**	[pɑɦɑ], [pɑɦu:s]
goed (het)	**hyvyys**	[hyʋy:s]
vampier (de)	**vampyyri**	[ʋɑmpy:ri]

heks (de)	**noita**	[nojtɑ]
demoon (de)	**demoni**	[demoni]
geest (de)	**henki**	[heŋki]
verzoeningsleer (de)	**lunastus**	[lunɑstus]
vrijkopen (ww)	**lunastaa**	[lunɑstɑ:]
mis (de)	**jumalanpalvelus**	[jumɑlɑn·pɑlʋelus]
de mis opdragen	**toimittaa jumalanpalvelus**	[tojmittɑ: jumɑlɑn·pɑlʋelus]
biecht (de)	**rippi**	[rippi]
biechten (ww)	**ripittäytyä**	[ripittæytyæ]
heilige (de)	**pyhimys**	[pyɦimys]
heilig (bn)	**pyhä**	[pyɦæ]
wijwater (het)	**vihkivesi**	[ʋihki·ʋesi]
ritueel (het)	**rituaali**	[rituɑ:li]
ritueel (bn)	**rituaalinen**	[rituɑ:linen]
offerande (de)	**uhraus**	[uhrɑus]
bijgeloof (het)	**taikausko**	[tɑjkɑ·usko]
bijgelovig (bn)	**taikauskoinen**	[tɑjkɑuskojnen]
hiernamaals (het)	**kuolemanjälkeinen elämä**	[kuolemɑnjælkejnen elæmæ]
eeuwige leven (het)	**ikuinen elämä**	[ikujnen elæmɑ]

DIVERSEN

249. Diverse nuttige woorden

achtergrond (de)	**tausta**	[tausta]
balans (de)	**tasapaino**	[tasa·pajno]
basis (de)	**pohja**	[pohja]
begin (het)	**alku**	[alku]
beurt (wie is aan de ~?)	**vuoro**	[ʋuoro]
categorie (de)	**kategoria**	[kategoria]
comfortabel (~ bed, enz.)	**mukava**	[mukaʋa]
compensatie (de)	**kompensaatio**	[kompensa:tio]
deel (gedeelte)	**osa**	[osa]
deeltje (het)	**hiukkanen**	[hiukkanen]
ding (object, voorwerp)	**esine**	[esine]
dringend (bn, urgent)	**kiireellinen**	[ki:re:llinen]
dringend (bw, met spoed)	**kiireellisesti**	[ki:re:llisesti]
effect (het)	**vaikutus**	[ʋajkutus]
eigenschap (kwaliteit)	**ominaisuus**	[ominajsu:s]
einde (het)	**loppu**	[loppu]
element (het)	**elementti**	[elementti]
feit (het)	**tosiasia**	[tosiasia]
fout (de)	**erehdys**	[erehdys]
geheim (het)	**salaisuus**	[salajsu:s]
graad (mate)	**aste**	[aste]
groei (ontwikkeling)	**kasvu**	[kasʋu]
hindernis (de)	**este**	[este]
hinderpaal (de)	**este**	[este]
hulp (de)	**apu**	[apu]
ideaal (het)	**ihanne**	[iɦanne]
inspanning (de)	**ponnistus**	[ponnistus]
keuze (een grote ~)	**valikoima**	[ʋali·kojma]
labyrint (het)	**labyrintti**	[labyrintti]
manier (de)	**keino**	[kejno]
moment (het)	**hetki**	[hetki]
nut (bruikbaarheid)	**hyödyllisyys**	[hyødyllisy:s]
onderscheid (het)	**erotus**	[erotus]
ontwikkeling (de)	**kehitys**	[keɦitys]
oplossing (de)	**ratkaisu**	[ratkajsu]
origineel (het)	**alkuperäiskappale**	[alkuperæjs·kappale]
pauze (de)	**tauko**	[tauko]
positie (de)	**asema**	[asema]
principe (het)	**periaate**	[peria:te]

probleem (het)	**ongelma**	[oŋelma]
proces (het)	**prosessi**	[prosessi]
reactie (de)	**reaktio**	[reaktio]
reden (om ~ van)	**syy**	[sy:]
risico (het)	**riski**	[riski]
samenvallen (het)	**yhteensattuma**	[yhte:n·sattuma]
serie (de)	**sarja**	[sarja]
situatie (de)	**tilanne**	[tilanne]
soort (bijv. ~ sport)	**laji**	[lajı]
standaard (bn)	**standardi-**	[standardi]
standaard (de)	**standardi**	[standardi]
stijl (de)	**tyyli**	[ty:li]
stop (korte onderbreking)	**seisaus**	[seisaus]
systeem (het)	**systeemi**	[syste:mi]
tabel (bijv. ~ van Mendelejev)	**taulukko**	[taulukko]
tempo (langzaam ~)	**tempo**	[tempo]
term (medische ~en)	**termi**	[termi]
type (soort)	**tyyppi**	[ty:ppi]
variant (de)	**variantti**	[ʋariantti]
veelvuldig (bn)	**usein toistuva**	[usejn tojstuʋa]
vergelijking (de)	**vertailu**	[ʋertajlu]
voorbeeld (het goede ~)	**esimerkki**	[esimerkki]
voortgang (de)	**edistys**	[edistys]
voorwerp (ding)	**esine**	[esine]
vorm (uiterlijke ~)	**muoto**	[muoto]
waarheid (de)	**totuus**	[totu:s]
zone (de)	**vyöhyke**	[ʋyøhyke]

250. Beperkende bijwoorden. Bijvoeglijke naamwoorden. Deel 1

accuraat (uurwerk, enz.)	**huolellinen**	[huolellinen]
achter- (abn)	**taka-**	[taka]
additioneel (bn)	**lisä-**	[lisæ]
anders (bn)	**eri**	[eri]
arm (bijv. ~e landen)	**köyhä**	[køyɦæ]
begrijpelijk (bn)	**selvä**	[selʋæ]
belangrijk (bn)	**tärkeä**	[tærkeæ]
belangrijkst (bn)	**tärkein**	[tærkejn]
beleefd (bn)	**kohtelias**	[kohtelias]
beperkt (bn)	**rajoitettu**	[rajoitettu]
betekenisvol (bn)	**merkittävä**	[merkttæʋæ]
bijziend (bn)	**likinäköinen**	[likinækøjnen]
binnen- (abn)	**sisä-, sisäinen**	[sisæ], [sisæjnen]
bitter (bn)	**karvas**	[karʋas]
blind (bn)	**sokea**	[sokea]
breed (een ~e straat)	**leveä**	[leʋeæ]

breekbaar (porselein, glas)	**hauras**	[houros]
buiten- (abn)	**ulkonainen**	[ulkonajnen]
buitenlands (bn)	**ulkomainen**	[ulkomajnen]
burgerlijk (bn)	**kansalais-**	[konsalajs]
centraal (bn)	**keskeinen**	[keskejnen]
dankbaar (bn)	**kiitollinen**	[ki:tollinen]
dicht (~e mist)	**sankka**	[soŋkko]
dicht (bijv. ~e mist)	**taaja**	[to:jo]
dicht (in de ruimte)	**läheinen**	[læɦejnen]
dicht (bn)	**lähin**	[læɦin]
dichtstbijzijnd (bn)	**lähin**	[læɦin]
diepvries (~product)	**jäädytetty**	[jæ:dytetty]
dik (bijv. muur)	**paksu**	[poksu]
dof (~ licht)	**himmeä**	[himmeæ]
dom (dwaas)	**tyhmä**	[tyhmæ]
donker (bijv. ~e kamer)	**pimeä**	[pimeæ]
dood (bn)	**kuollut**	[kuollut]
doorzichtig (bn)	**läpikuultava**	[læpiku:ltoʋo]
droevig (~ blik)	**surullinen**	[surullinen]
droog (bn)	**kuiva**	[kujʋo]
dun (persoon)	**laiha**	[lojho]
duur (bn)	**kallis**	[kollis]
eender (bn)	**samanlainen**	[somon·lojnen]
eenvoudig (bn)	**helppo**	[helppo]
eenvoudig (bn)	**yksinkertainen**	[yksiŋkertojnen]
eeuwenoude (~ beschaving)	**muinainen**	[mujnojnen]
enorm (bn)	**valtava**	[ʋoltoʋo]
geboorte- (stad, land)	**koti-, kotoinen**	[koti], [kotojnen]
gebruind (bn)	**ruskettunut**	[ruskettunut]
gelijkend (bn)	**samankaltainen**	[somoŋkoltojnen]
gelukkig (bn)	**onnellinen**	[onnellinen]
gesloten (bn)	**suljettu**	[suljettu]
getaand (bn)	**tummaihoinen**	[tummojhojnen]
gevaarlijk (bn)	**vaarallinen**	[ʋo:rollinen]
gewoon (bn)	**tavallinen**	[toʋollinen]
gezamenlijk (~ besluit)	**yhteinen**	[yhtejnen]
glad (~ oppervlak)	**sileä**	[sileæ]
glad (~ oppervlak)	**tasainen**	[tosojnen]
goed (bn)	**hyvä**	[hyʋæ]
goedkoop (bn)	**halpa**	[holpo]
gratis (bn)	**ilmainen**	[ilmojnen]
groot (bn)	**iso**	[iso]
hard (niet zacht)	**kova**	[koʋo]
heel (volledig)	**kokonainen**	[kokonojnen]
heet (bn)	**kuuma**	[ku:mo]
hongerig (bn)	**nälkäinen**	[nælkæjnen]

hoofd- (abn)	**pää-, pääasiallinen**	[pæ:], [pæ:ɑsiɑllinen]
hoogste (bn)	**korkein**	[korkejn]
huidig (courant)	**nykyinen**	[nykyjnen]
jong (bn)	**nuori**	[nuori]
juist, correct (bn)	**oikea**	[ojkeɑ]
kalm (bn)	**rauhallinen**	[rɑuɦɑllinen]
kinder- (abn)	**lasten-**	[lɑsten]
klein (bn)	**pieni**	[pæni]
koel (~ weer)	**viileä**	[ʋi:leæ]
kort (kortstondig)	**lyhytaikainen**	[lyɦytɑjkɑjnen]
kort (niet lang)	**lyhyt**	[lyɦyt]
koud (~ water, weer)	**kylmä**	[kylmæ]
kunstmatig (bn)	**keinotekoinen**	[kejnotekojnen]
laatst (bn)	**viimeinen**	[ʋi:mejnen]
lang (een ~ verhaal)	**pitkä**	[pitkæ]
langdurig (bn)	**pitkäaikainen**	[pitkæ·ɑjkɑjnen]
lastig (~ probleem)	**vaikea**	[ʋɑjkeɑ]
leeg (glas, kamer)	**tyhjä**	[tyhjæ]
lekker (bn)	**maukas**	[mɑukɑs]
licht (kleur)	**vaalea**	[ʋɑ:leɑ]
licht (niet veel weegt)	**kevyt**	[keʋyt]
linker (bn)	**vasen**	[ʋɑsen]
luid (bijv. ~e stem)	**äänekäs**	[æ:nekæs]
mager (bn)	**luiseva, laiha**	[lujseʋɑ], [lɑjhɑ]
mat (bijv. ~ verf)	**himmeä**	[himmeæ]
moe (bn)	**väsynyt**	[ʋæsynyt]
moeilijk (~ besluit)	**vaikea**	[ʋɑjkeɑ]
mogelijk (bn)	**mahdollinen**	[mɑhdollinen]
mooi (bn)	**kaunis**	[kɑunis]
mysterieus (bn)	**arvoituksellinen**	[ɑrʋojtuksellinen]
naburig (bn)	**naapuri-**	[nɑ:puri]
nalatig (bn)	**leväperäinen**	[leʋæperæjnen]
nat (~te kleding)	**märkä**	[mærkæ]
nerveus (bn)	**hermostunut**	[hermostunut]
niet groot (bn)	**pieni**	[pæni]
niet moeilijk (bn)	**helppo**	[helppo]
nieuw (bn)	**uusi**	[u:si]
nodig (bn)	**tarpeellinen**	[tɑrpe:llinen]
normaal (bn)	**normaali**	[normɑ:li]

251. Beperkende bijwoorden. Bijvoeglijke naamwoorden. Deel 2

onbegrijpelijk (bn)	**epäselvä**	[epæselʋæ]
onbelangrijk (bn)	**merkityksetön**	[merkityksetøn]
onbeweeglijk (bn)	**liikkumaton**	[li:kkumɑton]
onbewolkt (bn)	**pilvetön**	[pilʋetøn]

ondergronds (geheim)	**salainen**	[salajnen]
ondiep (bn)	**matala**	[matala]
onduidelijk (bn)	**epäselvä**	[epæseluæ]
onervaren (bn)	**kokematon**	[kokematon]
onmogelijk (bn)	**mahdoton**	[mahdoton]
onontbeerlijk (bn)	**välttämätön**	[uælttæmætøn]
onophoudelijk (bn)	**jatkuva**	[jatkuua]
ontkennend (bn)	**negatiivinen**	[negati:uinen]
open (bn)	**avoin**	[auojn]
openbaar (bn)	**yhteiskunnallinen**	[yhtejskunnallinen]
origineel (ongewoon)	**omaleimainen**	[omalejmajnen]
oud (~ huis)	**vanha**	[uanha]
overdreven (bn)	**liiallinen**	[li:allinen]
passend (bn)	**sopiva**	[sopiua]
permanent (bn)	**vakinainen**	[uakinajnen]
persoonlijk (bn)	**henkilökohtainen**	[heŋkilø·kohtajnen]
plat (bijv. ~ scherm)	**litteä**	[litteæ]
prachtig (~ paleis, enz.)	**ihana**	[iɦana]
precies (bn)	**tarkka**	[tarkka]
prettig (bn)	**miellyttävä**	[miellyttæuæ]
privé (bn)	**yksityinen**	[yksityjnen]
punctueel (bn)	**täsmällinen**	[tæsmællinen]
rauw (niet gekookt)	**raaka**	[ra:ka]
recht (weg, straat)	**suora**	[suora]
rechter (bn)	**oikea**	[ojkea]
rijp (fruit)	**kypsä**	[kypsæ]
riskant (bn)	**riskialtis**	[riskialtis]
ruim (een ~ huis)	**avara**	[auara]
rustig (bn)	**tyyni**	[ty:yni]
scherp (bijv. ~ mes)	**terävä**	[teræuæ]
schoon (niet vies)	**puhdas**	[puhdas]
slecht (bn)	**huono**	[huono]
slim (verstandig)	**älykäs**	[ælykæs]
smal (~le weg)	**kapea**	[kapeæ]
snel (vlug)	**nopea**	[nopea]
somber (bn)	**synkkä**	[syŋkkæ]
speciaal (bn)	**erikoinen**	[erikojnen]
sterk (bn)	**voimakas**	[uojmakas]
stevig (bn)	**tukeva**	[tukeua]
straatarm (bn)	**kurja**	[kurja]
strak (schoenen, enz.)	**tiukka**	[tiukka]
teder (liefderijk)	**hellä**	[hellæ]
tegenovergesteld (bn)	**vastakkainen**	[uastakkajnen]
tevreden (bn)	**tyytyväinen**	[ty:tyuæjnen]
tevreden (klant, enz.)	**tyytyväinen**	[ty:tyuæjnen]
treurig (bn)	**surullinen**	[surullinen]
tweedehands (bn)	**käytetty**	[kæutetty]
uitstekend (bn)	**mainio**	[majnio]

uitstekend (bn)	**mainio**	[majnio]
uniek (bn)	**ainutlaatuinen**	[ajnutla:tujnen]
veilig (niet gevaarlijk)	**turvallinen**	[turυallinen]
ver (in de ruimte)	**kaukainen**	[kaukajnen]
verenigbaar (bn)	**yhteensopiva**	[yhte:n·sopiυa]
vermoeiend (bn)	**väsyttävä**	[υæsyttæυæ]
verplicht (bn)	**pakollinen**	[pakollinen]
vers (~ brood)	**tuore**	[tuore]
verschillende (bn)	**erilainen**	[erilajnen]
verst (meest afgelegen)	**etäinen**	[etæjnen]
vettig (voedsel)	**rasvainen**	[rasυajnen]
vijandig (bn)	**vihamielinen**	[υiɦa·mielinen]
vloeibaar (bn)	**nestemäinen**	[nestemæjnen]
vochtig (bn)	**kostea**	[kostea]
vol (helemaal gevuld)	**täysi**	[tæysi]
volgend (~ jaar)	**seuraava**	[seura:υa]
vorig (bn)	**mennyt**	[mennyt]
voornaamste (bn)	**perus-**	[perus]
vorig (~ jaar)	**viime**	[υi:me]
vriendelijk (aardig)	**herttainen**	[herttajnen]
vriendelijk (goedhartig)	**hyvä**	[hyυæ]
vrij (bn)	**vapaa**	[υapa:]
vrolijk (bn)	**iloinen**	[ilojnen]
vruchtbaar (~ land)	**hedelmällinen**	[hedelmællinen]
vuil (niet schoon)	**likainen**	[likajnen]
waarschijnlijk (bn)	**todennäköinen**	[toden·nækøjnen]
warm (bn)	**lämmin**	[læmmin]
wettelijk (bn)	**laillinen**	[lajllinen]
zacht (bijv. ~ kussen)	**pehmeä**	[pehmeæ]
zacht (bn)	**hiljainen**	[hiljainen]
zeldzaam (bn)	**harvinainen**	[harυinajnen]
ziek (bn)	**sairas**	[sajras]
zoet (~ water)	**makea**	[makea]
zoet (bn)	**makea**	[makea]
zonnig (~e dag)	**aurinkoinen**	[auriŋkojnen]
zorgzaam (bn)	**huolehtivainen**	[huolehtiυajnen]
zout (de soep is ~)	**suolainen**	[suolajnen]
zuur (smaak)	**hapan**	[hapan]
zwaar (~ voorwerp)	**painava**	[pajnaυa]

DE 500 BELANGRIJKSTE WERKWOORDEN

252. Werkwoorden A-C

aaien (bijv. een konijn ~)	**silittää**	[silittæ:]
aanbevelen (ww)	**suositella**	[suositella]
aandringen (ww)	**vaatia**	[ʋa:tia]
aankomen (ov. de treinen)	**saapua**	[sa:pua]
aanleggen (bijv. bij de pier)	**kiinnittyä**	[ki:nnittyæ]
aanraken (met de hand)	**koskea**	[koskea]
aansteken (kampvuur, enz.)	**sytyttää**	[sytyttæ:]
aanstellen (in functie plaatsen)	**nimittää**	[nimittæ:]
aanvallen (mil.)	**hyökätä**	[hyøkætæ]
aanvoelen (gevaar ~)	**tuntea**	[tuntea]
aanvoeren (leiden)	**johtaa**	[johta:]
aanwijzen (de weg ~)	**osoittaa**	[osojtta:]
aanzetten (computer, enz.)	**avata**	[aʋata]
ademen (ww)	**hengittää**	[heŋittæ:]
adverteren (ww)	**mainostaa**	[majnosta:]
adviseren (ww)	**neuvoa**	[neuʋoa]
afdalen (on.ww.)	**laskeutua**	[laskeutua]
afgunstig zijn (ww)	**kadehtia**	[kadehtia]
afhakken (ww)	**katkaista**	[katkajsta]
afhangen van ...	**riippua**	[ri:ppua]
afluisteren (ww)	**salakuunnella**	[salaku:nnella]
afnemen (verwijderen)	**viedä pois**	[ʋiedæ pojs]
afrukken (ww)	**repeytyä**	[repeytyæ]
afslaan (naar rechts ~)	**kääntää**	[kæ:ntæ:]
afsnijden (ww)	**leikata**	[lejkata]
afzeggen (ww)	**peruuttaa**	[peru:tta:]
amputeren (ww)	**amputoida**	[amputojda]
amuseren (ww)	**huvittaa**	[huʋitta:]
antwoorden (ww)	**vastata**	[ʋastata]
applaudisseren (ww)	**taputtaa**	[taputta:]
aspireren (iets willen worden)	**pyrkiä**	[pyrkiæ]
assisteren (ww)	**avustaa**	[aʋusta:]
bang zijn (ww)	**pelätä**	[pelætæ]
barsten (plafond, enz.)	**halkeilla**	[halkejlla]
bedienen (in restaurant)	**palvella**	[palʋella]
bedreigen (bijv. met een pistool)	**uhata**	[uɦata]

bedriegen (ww)	**pettää**	[pettæ:]
beduiden (betekenen)	**tarkoittaa, merkitä**	[tarkojtta:], [merkitæ]
bedwingen (ww)	**estää**	[estæ:]
beëindigen (ww)	**lopettaa**	[lopetta:]
begeleiden (vergezellen)	**saattaa**	[sa:tta:]
begieten (water geven)	**kastella**	[kastella]
beginnen (ww)	**aloittaa**	[alojtta:]
begrijpen (ww)	**ymmärtää**	[ymmærtæ:]
behandelen (patiënt, ziekte)	**hoitaa**	[hojta:]
beheren (managen)	**johtaa**	[johta:]
beïnvloeden (ww)	**vaikuttaa**	[ʋajkutta:]
bekennen (misdadiger)	**tunnustaa**	[tunnusta:]
beledigen (met scheldwoorden)	**loukata**	[loukata]
beledigen (ww)	**loukata**	[loukata]
beloven (ww)	**luvata**	[luʋata]
beperken (de uitgaven ~)	**rajoittaa**	[rajoitta:]
bereiken (doel ~, enz.)	**saavuttaa**	[sa:ʋutta:]
bereiken (plaats van bestemming ~)	**saavuttaa**	[sa:ʋutta:]
beschermen (bijv. de natuur ~)	**suojata**	[suojata]
beschuldigen (ww)	**syyttää**	[sy:ttæ:]
beslissen (~ iets te doen)	**päättää**	[pæ:ttæ:]
besmet worden (met ...)	**saada tartunta**	[sa:da tartunta]
besmetten (ziekte overbrengen)	**tartuttaa**	[tartutta:]
bespreken (spreken over)	**käsitellä**	[kæsitellæ]
bestaan (een ~ voeren)	**elää**	[elæ:]
bestellen (eten ~)	**tilata**	[tilata]
bestraffen (een stout kind ~)	**rangaista**	[raŋajsta]
betalen (ww)	**maksaa**	[maksa:]
betekenen (beduiden)	**tarkoittaa, merkitä**	[tarkojtta:], [merkitæ]
betreuren (ww)	**katua**	[katua]
bevallen (prettig vinden)	**pitää**	[pitæ:]
bevelen (mil.)	**käskeä**	[kæskeæ]
bevredigen (ww)	**tyydyttää**	[ty:dyttæ:]
bevrijden (stad, enz.)	**vapauttaa**	[ʋapautta:]
bewaren (oude brieven, enz.)	**pitää, säilyttää**	[pitæ:], [sæjlyttæ:]
bewaren (vrede, leven)	**säilyttää**	[sæjlyttæ:]
bewijzen (ww)	**todistaa**	[todista:]
bewonderen (ww)	**ihailla**	[iɦajlla]
bezitten (ww)	**omistaa**	[omista:]
bezorgd zijn (ww)	**huolestua**	[huolestua]
bezorgd zijn (ww)	**olla huolissaan**	[olla huolissa:n]
bidden (praten met God)	**rukoilla**	[rukojlla]
bijvoegen (ww)	**lisätä**	[lisætæ]

binden (ww)	**sitoa**	[sitoa]
binnengaan (een kamer ~)	**astua sisään**	[astua sisæ:n]
blazen (ww)	**puhaltaa**	[puɦalta:]
blozen (zich schamen)	**punastua**	[punastua]
blussen (brand ~)	**sammuttaa**	[sammutta:]
boos maken (ww)	**vihastuttaa**	[ʋiɦastutta:]
boos zijn (ww)	**vihastua**	[ʋiɦastua]
breken (on.ww., van een touw)	**revetä**	[reʋetæ]
breken (speelgoed, enz.)	**rikkoa**	[rikkoa]
brengen (iets ergens ~)	**tuoda**	[tuoda]
charmeren (ww)	**hurmata**	[hurmata]
citeren (ww)	**siteerata**	[site:rata]
compenseren (ww)	**korvata**	[korʋata]
compliceren (ww)	**mutkistaa**	[mutkista:]
componeren (muziek ~)	**säveltää**	[sæʋeltæ:]
compromitteren (ww)	**vaarantaa**	[ʋa:ranta:]
concurreren (ww)	**kilpailla**	[kilpajlla]
controleren (ww)	**tarkastaa**	[tarkasta:]
coöpereren (samenwerken)	**tehdä yhteistyötä**	[tehdæ yhteistyøtæ]
coördineren (ww)	**koordinoida**	[ko:rdinojda]
corrigeren (fouten ~)	**korjata**	[korjata]
creëren (ww)	**luoda**	[luoda]

253. Werkwoorden D-K

danken (ww)	**kiittää**	[ki:ttæ:]
de was doen	**pestä**	[pestæ]
de weg wijzen	**suunnata**	[su:nnata]
deelnemen (ww)	**osallistua**	[osallistua]
delen (wisk.)	**jakaa**	[jaka:]
denken (ww)	**ajatella**	[ajatella]
doden (ww)	**murhata**	[murhata]
doen (ww)	**tehdä**	[tehdæ]
dresseren (ww)	**kouluttaa**	[koulutta:]
drinken (ww)	**juoda**	[juoda]
drogen (klederen, haar)	**kuivata**	[kujʋata]
dromen (in de slaap)	**nähdä unta**	[næhdæ unta]
dromen (over vakantie ~)	**haaveilla**	[ha:ʋejlla]
duiken (ww)	**sukeltaa**	[sukelta:]
durven (ww)	**uskaltaa**	[uskalta:]
duwen (ww)	**sysätä**	[sysætæ]
een auto besturen	**ajaa autoa**	[aja: autoa]
een bad geven	**kylvettää**	[kylʋettæ:]
een bad nemen	**peseytyä**	[peseytyæ]
een conclusie trekken	**tehdä johtopäätös**	[tehdæ johtoipæ:tøs]

foto's maken	**valokuvata**	[υalokuυata]
eisen (met klem vragen)	**vaatia**	[υa:tia]
erkennen (schuld)	**tunnustaa**	[tunnusta:]
erven (ww)	**periä**	[periæ]
eten (ww)	**syödä**	[syødæ]
excuseren (vergeven)	**antaa anteeksi**	[anta: ante:ksi]
existeren (bestaan)	**olla olemassa**	[olla olemassa]
feliciteren (ww)	**onnitella**	[onnitella]
gaan (te voet)	**mennä**	[mennæ]
gaan slapen	**mennä nukkumaan**	[mennæ nukkuma:n]
gaan zitten (ww)	**istua, istuutua**	[istua], [istu:tua]
gaan zwemmen	**uida**	[ujda]
garanderen (garantie geven)	**taata**	[ta:ta]
gebruiken (bijv. een potlood ~)	**käyttää**	[kæyttæ:]
gebruiken (woord, uitdrukking)	**käyttää**	[kæyttæ:]
geconserveerd zijn (ww)	**säilyä**	[sæjlyæ]
gedateerd zijn (ww)	**ajoittua**	[ajoittua]
gehoorzamen (ww)	**alistua**	[alistua]
gelijken (op elkaar lijken)	**näyttää**	[næyttæ:]
geloven (vinden)	**uskoa**	[uskoa]
genoeg zijn (ww)	**riittää**	[ri:ttæ:]
geven (ww)	**antaa**	[anta:]
gieten (in een beker ~)	**kaataa**	[ka:ta:]
glimlachen (ww)	**hymyillä**	[hymyjllæ]
glimmen (glanzen)	**loistaa**	[lojsta:]
gluren (ww)	**tirkistellä**	[tirkistellæ]
goed raden (ww)	**arvata**	[arυata]
gooien (een steen, enz.)	**heittää**	[hejttæ:]
grappen maken (ww)	**vitsailla**	[υitsajlla]
graven (tunnel, enz.)	**kaivaa**	[kajυa:]
haasten (iemand ~)	**kiirehtiä**	[ki:rehtiæ]
hebben (ww)	**omistaa**	[omista:]
helpen (hulp geven)	**auttaa**	[autta:]
herhalen (opnieuw zeggen)	**toistaa**	[tojsta:]
herinneren (ww)	**muistaa**	[mujsta:]
herinneren aan ... (afspraak, opdracht)	**muistuttaa**	[mujstutta:]
herkennen (identificeren)	**tuntea**	[tuntea]
herstellen (repareren)	**korjata**	[korjata]
het haar kammen	**kammata tukkansa**	[kammata tukkansa]
hopen (ww)	**toivoa**	[tojυoa]
horen (waarnemen met het oor)	**kuulla**	[ku:lla]
houden van (muziek, enz.)	**pitää**	[pitæ:]
huilen (wenen)	**itkeä**	[itkeæ]
huiveren (ww)	**vavista**	[υaυista]

huren (een boot ~)	**vuokrata**	[ʋuokrata]
huren (huis, kamer)	**vuokrata**	[ʋuokrata]
huren (personeel)	**palkata**	[palkata]
imiteren (ww)	**jäljitellä**	[jæljıtellæ]
importeren (ww)	**tuoda maahan**	[tuoda ma:han]
inenten (vaccineren)	**rokottaa**	[rokotta:]
informeren (informatie geven)	**tiedottaa**	[tiedotta:]
informeren naar ... (navraag doen)	**tiedustella**	[tiedustella]
inlassen (invoegen)	**panna**	[panna]
inpakken (in papier)	**kääriä**	[kæ:riæ]
inspireren (ww)	**innostaa**	[innosta:]
instemmen (akkoord gaan)	**suostua**	[suostua]
interesseren (ww)	**kiinnostaa**	[ki:nnosta:]
irriteren (ww)	**ärsyttää**	[ærsyttæ:]
isoleren (ww)	**eristää**	[eristæ:]
jagen (ww)	**metsästää**	[metsæstæ:]
kalmeren (kalm maken)	**rauhoittaa**	[rauɦojtta:]
kennen (kennis hebben van iemand)	**tuntea**	[tuntea]
kennismaken (met ...)	**tutustua**	[tutustua]
kiezen (ww)	**valita**	[ʋalita]
kijken (ww)	**katsoa**	[katsoa]
klaarmaken (een plan ~)	**valmistaa**	[ʋalmista:]
klaarmaken (het eten ~)	**laittaa**	[lajtta:]
klagen (ww)	**valittaa**	[ʋalitta:]
kloppen (aan een deur)	**koputtaa**	[koputta:]
kopen (ww)	**ostaa**	[osta:]
kopieën maken	**monistaa, kopioida**	[monista:], [kopiojda]
kosten (ww)	**maksaa**	[maksa:]
kunnen (ww)	**voida**	[ʋojda]
kweken (planten ~)	**kasvattaa**	[kasʋatta:]

254. Werkwoorden L-R

lachen (ww)	**nauraa**	[naura:]
laden (geweer, kanon)	**ladata**	[ladata]
laden (vrachtwagen)	**kuormata**	[kuormata]
laten vallen (ww)	**pudottaa**	[pudotta:]
lenen (geld ~)	**lainata**	[lajnata]
leren (lesgeven)	**opettaa**	[opetta:]
leven (bijv. in Frankrijk ~)	**asua**	[asua]
lezen (een boek ~)	**lukea**	[lukea]
lid worden (ww)	**liittyä**	[li:ttyæ]
liefhebben (ww)	**rakastaa**	[rakasta:]
liegen (ww)	**valehdella**	[ʋalehdella]

liggen (op de tafel ~)	**sijaita**	[sijaita]
liggen (persoon)	**maata**	[ma:ta]
lijden (pijn voelen)	**kärsiä**	[kærsiæ]
losbinden (ww)	**irrottaa**	[irotta:]
luisteren (ww)	**kuunnella**	[ku:nnella]
lunchen (ww)	**syödä lounasta**	[syødæ lounasta]
markeren (op de kaart, enz.)	**merkitä**	[merkitæ]
melden (nieuws ~)	**ilmoittaa**	[ilmojtta:]
memoriseren (ww)	**muistaa**	[mujsta:]
mengen (ww)	**sekoittaa**	[sekojtta:]
mikken op (ww)	**tähdätä**	[tæhdætæ]
minachten (ww)	**halveksia**	[haluuksia]
moeten (ww)	**täytyä**	[tæytyæ]
morsen (koffie, enz.)	**läikyttää**	[læjkyttæ:]
naderen (dichterbij komen)	**lähestyä**	[læhestyæ]
neerlaten (ww)	**laskea**	[laskea]
nemen (ww)	**ottaa**	[otta:]
nodig zijn (ww)	**tarvita**	[taruita]
noemen (ww)	**nimetä**	[nimetæ]
noteren (opschrijven)	**merkitä**	[merkitæ]
omhelzen (ww)	**syleillä**	[sylejllæ]
omkeren (steen, voorwerp)	**kääntää**	[kæ:ntæ:]
onderhandelen (ww)	**käydä neuvotteluja**	[kæydæ neuuotteluja]
ondernemen (ww)	**ryhtyä**	[ryhtyæ]
onderschatten (ww)	**aliarvioida**	[aliaruiojda]
onderscheiden (een ereteken geven)	**palkita**	[palkita]
onderstrepen (ww)	**alleviivata**	[alleui:uata]
ondertekenen (ww)	**allekirjoittaa**	[allekirjoitta:]
onderwijzen (ww)	**ohjata**	[ohjata]
onderzoeken (alle feiten, enz.)	**tarkastella**	[tarkastella]
bezorgd maken	**huolestuttaa**	[huolestutta:]
onmisbaar zijn (ww)	**tarvita**	[taruita]
ontbijten (ww)	**syödä aamiaista**	[syødæ a:miajsta]
ontdekken (bijv. nieuw land)	**löytää**	[løytæ:]
ontkennen (ww)	**kieltää**	[kjeltæ:]
ontlopen (gevaar, taak)	**välttää**	[uælttæ:]
ontnemen (ww)	**riistää**	[ri:stæ:]
ontwerpen (machine, enz.)	**suunnitella**	[su:nnitella]
oorlog voeren (ww)	**sotia**	[sotia]
op orde brengen	**panna järjestykseen**	[panna jærjestykse:n]
opbergen (in de kast, enz.)	**korjata pois**	[korjata pojs]
opduiken (ov. een duikboot)	**nousta pinnalle**	[nousta pinnalle]
openen (ww)	**avata**	[auata]
ophangen (bijv. gordijnen ~)	**ripustaa**	[ripusta:]

ophouden (ww)	**lakata**	[lakata]
oplossen (een probleem ~)	**ratkaista**	[ratkajsta]
opmerken (zien)	**huomata**	[huomata]
opmerken (zien)	**vilkaista**	[ʋilkajsta]
opscheppen (ww)	**kerskua**	[kerskua]
opschrijven (op een lijst)	**lisätä**	[lisætæ]
opschrijven (ww)	**kirjoittaa muistiin**	[kirjoitta: mujsti:n]
opstaan (uit je bed)	**nousta**	[nousta]
opstarten (project, enz.)	**käynnistää**	[kæynnistæ:]
opstijgen (vliegtuig)	**nousta ilmaan**	[nousta ilma:n]
optreden (resoluut ~)	**menetellä**	[menetellæ]
organiseren (concert, feest)	**järjestää**	[jærjestæ:]
overdoen (ww)	**tehdä uudelleen**	[tehdæ u:delle:n]
overheersen (dominant zijn)	**vallita**	[ʋallita]
overschatten (ww)	**yliarvioida**	[yliarʋiojda]
overtuigd worden (ww)	**vakuuttua**	[ʋaku:ttua]
overtuigen (ww)	**vakuuttaa**	[ʋaku:tta:]
passen (jurk, broek)	**sopia**	[sopia]
passeren (~ mooie dorpjes, enz.)	**ohittaa**	[oɦitta:]
peinzen (lang nadenken)	**vaipua ajatuksiinsa**	[ʋajpua ajatuksi:nsa]
penetreren (ww)	**tunkeutua**	[tuŋkeutua]
plaatsen (ww)	**panna**	[panna]
plaatsen (zetten)	**sijoittaa**	[sijoitta:]
plannen (ww)	**suunnitella**	[su:nnitella]
plezier hebben (ww)	**huvitella**	[huʋitella]
plukken (bloemen ~)	**repiä**	[repiæ]
prefereren (verkiezen)	**pitää enemmän**	[pitæ: enemmæn]
proberen (trachten)	**yrittää**	[yrittæ:]
proberen (trachten)	**koettaa**	[koetta:]
protesteren (ww)	**protestoida**	[protestojda]
provoceren (uitdagen)	**provosoida**	[proʋosojda]
raadplegen (dokter, enz.)	**neuvotella**	[neuʋotella]
rapporteren (ww)	**raportoida**	[raportojda]
redden (ww)	**pelastaa**	[pelasta:]
regelen (conflict)	**ratkaista**	[ratkajsta]
reinigen (schoonmaken)	**puhdistaa**	[puɦdista:]
rekenen op ...	**luottaa**	[luotta:]
rennen (ww)	**juosta**	[juosta]
reserveren (een hotelkamer ~)	**varata**	[ʋarata]
rijden (per auto, enz.)	**mennä**	[mennæ]
rillen (ov. de kou)	**vavista, vapista**	[ʋaʋista], [ʋapista]
riskeren (ww)	**riskeerata**	[riske:rata]
roepen (met je stem)	**kutsua**	[kutsua]
roepen (om hulp)	**kutsua**	[kutsua]

ruiken (bepaalde geur verspreiden)	**tuoksua**	[tuoksua]
ruiken (rozen)	**haistella**	[hajstella]
rusten (verpozen)	**levätä**	[leʋætæ]

255. Verbs S-V

samenstellen, maken (een lijst ~)	**laatia**	[la:tia]
schieten (ww)	**ampua**	[ampua]
schoonmaken (bijv. schoenen ~)	**puhdistaa**	[puhdista:]
schoonmaken (ww)	**siivota**	[si:ʋota]
schrammen (ww)	**raapia**	[ra:pia]
schreeuwen (ww)	**huutaa**	[hu:ta:]
schrijven (ww)	**kirjoittaa**	[kirjoitta:]
schudden (ww)	**ravistaa**	[raʋista:]
selecteren (ww)	**valita**	[ʋalita]
simplificeren (ww)	**yksinkertaistaa**	[yksiŋkertajsta:]
slaan (een hond ~)	**lyödä**	[lyødæ]
sluiten (ww)	**sulkea**	[sulkea]
smeken (bijv. om hulp ~)	**rukoilla**	[rukojlla]
souperen (ww)	**illastaa**	[illasta:]
spelen (bijv. filmacteur)	**näytellä**	[næytellæ]
spelen (kinderen, enz.)	**leikkiä**	[lejkkiæ]
spreken met ...	**puhua**	[puɦua]
spuwen (ww)	**sylkeä**	[sylkeæ]
stelen (ww)	**varastaa**	[ʋarasta:]
stemmen (verkiezing)	**äänestää**	[æ:nestæ:]
steunen (een goed doel, enz.)	**kannattaa**	[kannatta:]
stoppen (pauzeren)	**pysähtyä**	[pysæhtyæ]
storen (lastigvallen)	**häiritä**	[hæjritæ]
strijden (tegen een vijand)	**taistella**	[tajstella]
strijden (ww)	**taistella**	[tajstella]
strijken (met een strijkbout)	**silittää**	[silittæ:]
studeren (bijv. wiskunde ~)	**oppia**	[oppia]
sturen (zenden)	**lähettää**	[læɦettæ:]
tellen (bijv. geld ~)	**laskea**	[laskea]
terugkeren (ww)	**palata**	[palata]
terugsturen (ww)	**lähettää takaisin**	[læɦettæ: takajsin]
toebehoren aan ...	**kuulua**	[ku:lua]
toegeven (zwichten)	**antaa periksi**	[anta: periksi]
toenemen (on. ww)	**lisääntyä**	[lisæ:ntyæ]
toespreken (zich tot iemand richten)	**kääntyä puoleen**	[kæ:ntyæ puole:n]

toestaan (goedkeuren)	**sallia**	[sallia]
toestaan (ww)	**antaa lupa**	[anta: lupa]
toewijden (boek, enz.)	**omistaa**	[omista:]
tonen (uitstallen, laten zien)	**näyttää**	[næyttæ:]
trainen (ww)	**valmentaa**	[ʋalmenta:]
transformeren (ww)	**muuntaa**	[mu:nta:]
trekken (touw)	**vetää**	[ʋetæ:]
trouwen (ww)	**mennä naimisiin**	[mennæ najmisi:n]
tussenbeide komen (ww)	**puuttua**	[pu:ttua]
twijfelen (onzeker zijn)	**epäillä**	[epæjllæ]
uitdelen (pamfletten ~)	**jakaa**	[jaka:]
uitdoen (licht)	**sammuttaa**	[sammutta:]
uitdrukken (opinie, gevoel)	**ilmaista**	[ilmajsta]
uitgaan (om te dineren, enz.)	**lähteä**	[læhteæ]
uitlachen (bespotten)	**pilkata**	[pilkata]
uitnodigen (ww)	**kutsua**	[kutsua]
uitrusten (ww)	**varustaa**	[ʋarusta:]
uitsluiten (wegsturen)	**poistaa**	[pojsta:]
uitspreken (ww)	**ääntää**	[æ:ntæ:]
uittorenen (boven ...)	**kohota**	[koɦota]
uitvaren tegen (ww)	**haukkua**	[haukkua]
uitvinden (machine, enz.)	**keksiä**	[keksiæ]
uitwissen (ww)	**pyyhkiä**	[py:hkiæ]
vangen (ww)	**ottaa kiinni**	[otta: ki:nni]
vastbinden aan ...	**sitoa**	[sitoa]
vechten (ww)	**tapella**	[tapella]
veranderen (bijv. mening ~)	**muuttaa**	[mu:tta:]
verbaasd zijn (ww)	**ihmetellä**	[ihmetellæ]
verbazen (verwonderen)	**ihmetyttää**	[ihmetyttæ:]
verbergen (ww)	**piilotella**	[pi:lotella]
verbieden (ww)	**kieltää**	[kjeltæ:]
verblinden (andere chauffeurs)	**häikäistä**	[hæjkæjsta]
verbouwereerd zijn (ww)	**olla ymmällään**	[olla ymmællæ:n]
verbranden (bijv. papieren ~)	**polttaa**	[poltta:]
verdedigen (je land ~)	**puolustaa**	[puolusta:]
verdenken (ww)	**epäillä**	[epæjllæ]
verdienen (een complimentje, enz.)	**ansaita**	[ansajta]
verdragen (tandpijn, enz.)	**kärsiä, sietää**	[kærsiæ], [sietæ:]
verdrinken (in het water omkomen)	**hukkua**	[hukkua]
verdubbelen (ww)	**kahdentaa**	[kahdenta:]
verdwijnen (ww)	**kadota**	[kadota]
verenigen (ww)	**yhdistää**	[yhdistæ:]
vergelijken (ww)	**verrata**	[ʋerrata]

vergeten (achterlaten)	**jättää**	[jættæ:]
vergeten (ww)	**unohtaa**	[unohtɑ:]
vergeven (ww)	**antaa anteeksi**	[ɑntɑ: ɑnte:ksi]
vergroten (groter maken)	**lisätä**	[lisætæ]
verklaren (uitleggen)	**selittää**	[selittæ:]
verklaren (volhouden)	**väittää**	[ʋæjttæ:]
verklikken (ww)	**antaa ilmi**	[ɑntɑ: ilmi]
verkopen (per stuk ~)	**myydä**	[my:dæ]
verlaten (echtgenoot, enz.)	**jättää**	[jættæ:]
verlichten (gebouw, straat)	**valaista**	[ʋɑlɑjstɑ]
verlichten (gemakkelijker maken)	**helpottaa**	[helpottɑ:]
verliefd worden (ww)	**rakastua**	[rɑkɑstuɑ]
verliezen (bagage, enz.)	**kadottaa**	[kɑdottɑ:]
vermelden (praten over)	**mainita**	[mɑjnitɑ]
vermenigvuldigen (wisk.)	**kertoa**	[kertoɑ]
verminderen (ww)	**vähentää**	[ʋæɦentæ:]
vermoeid raken (ww)	**väsyä**	[ʋæsyæ]
vermoeien (ww)	**väsyttää**	[ʋæsyttæ:]

256. Verbs V-Z

vernietigen (documenten, enz.)	**hävittää**	[hæʋittæ:]
veronderstellen (ww)	**olettaa**	[olettɑ:]
verontwaardigd zijn (ww)	**olla suutuksissa**	[ollɑ su:tuksissɑ]
veroordelen (in een rechtszaak)	**tuomita**	[tuomitɑ]
veroorzaken ... (oorzaak zijn van ...)	**aiheuttaa ...**	[ɑjheuttɑ:]
verplaatsen (ww)	**siirtää**	[si:rtæ:]
verpletteren (een insect, enz.)	**musertaa**	[musertɑ:]
verplichten (ww)	**pakottaa**	[pɑkottɑ:]
verschijnen (bijv. boek)	**ilmestyä**	[ilmestyæ]
verschijnen (in zicht komen)	**ilmestyä**	[ilmestyæ]
verschillen (~ van iets anders)	**erota**	[erotɑ]
versieren (decoreren)	**koristaa**	[koristɑ:]
verspreiden (pamfletten, enz.)	**levittää**	[leʋittæ:]
verspreiden (reuk, enz.)	**levittää**	[leʋittæ:]
versterken (positie ~)	**vahvistaa**	[ʋɑhʋistɑ:]
verstommen (ww)	**vaieta**	[ʋɑjetɑ]
vertalen (ww)	**kääntää**	[kæ:ntæ:]
vertellen (verhaal ~)	**kertoa**	[kertoɑ]
vertrekken (bijv. naar Mexico ~)	**lähteä**	[læhteæ]

vertrouwen (ww)	**luottaa**	[luotta:]
vervolgen (ww)	**jatkaa**	[jatka:]
verwachten (ww)	**odottaa**	[odotta:]
verwarmen (ww)	**lämmittää**	[læmmittæ:]
verwarren (met elkaar ~)	**sekoittaa**	[sekojtta:]
verwelkomen (ww)	**tervehtiä**	[terʋehtiæ]
verwezenlijken (ww)	**toteuttaa**	[toteutta:]
verwijderen (een obstakel)	**poistaa**	[pojsta:]
verwijderen (een vlek ~)	**poistaa**	[pojsta:]
verwijten (ww)	**moittia**	[mojttia]
verwisselen (ww)	**vaihtaa**	[ʋajhta:]
verzoeken (ww)	**pyytää**	[py:tæ:]
verzuimen (school, enz.)	**olla poissa**	[olla pojssa]
vies worden (ww)	**tahraantua**	[tahra:ntua]
vinden (denken)	**luulla**	[lu:lla]
vinden (ww)	**löytää**	[løytæ:]
vissen (ww)	**kalastaa**	[kalasta:]
vleien (ww)	**imarrella**	[imarrella]
vliegen (vogel, vliegtuig)	**lentää**	[lentæ:]
voederen (een dier voer geven)	**syöttää**	[syøttæ:]
volgen (ww)	**seurata**	[seurata]
voorstellen (introduceren)	**esitellä**	[esitellæ]
voorstellen (Mag ik jullie ~)	**tutustuttaa**	[tutustutta:]
voorstellen (ww)	**ehdottaa**	[ehdotta:]
voorzien (verwachten)	**odottaa**	[odotta:]
vorderen (vooruitgaan)	**edetä**	[edetæ]
vormen (samenstellen)	**muodostaa**	[muodosta:]
vullen (glas, fles)	**täyttää**	[tæyttæ:]
waarnemen (ww)	**tarkkailla**	[tarkkajlla]
waarschuwen (ww)	**varoittaa**	[ʋarojtta:]
wachten (ww)	**odottaa**	[odotta:]
wassen (ww)	**pestä**	[pestæ]
weerspreken (ww)	**vastustaa**	[ʋastusta:]
wegdraaien (ww)	**kääntyä poispäin**	[kæ:ntyæ pojspæjn]
wegdragen (ww)	**viedä pois**	[ʋiedæ pojs]
wegen (gewicht hebben)	**painaa**	[pajna:]
wegjagen (ww)	**ajaa pois**	[aja: pojs]
weglaten (woord, zin)	**jättää**	[jættæ:]
wegvaren (uit de haven vertrekken)	**lähteä**	[læhteæ]
weigeren (iemand ~)	**kieltää**	[kjeltæ:]
wekken (ww)	**herättää**	[herættæ:]
wensen (ww)	**haluta**	[haluta]
werken (ww)	**työskennellä**	[tyøskennellæ]
weten (ww)	**tietää**	[tietæ:]

willen (verlangen)	**haluta**	[haluta]
wisselen (omruilen, iets ~)	**vaihtaa**	[ʋajhta:]
worden (bijv. oud ~)	**tulla**	[tulla]
worstelen (sport)	**painia**	[pajnia]
wreken (ww)	**kostaa**	[kosta:]
zaaien (zaad strooien)	**kylvää**	[kylʋæ:]
zeggen (ww)	**sanoa**	[sanoa]
zich baseerd op	**perustua**	[perustua]
zich bevrijden van ... (afhelpen)	**päästä**	[pæ:stæ]
zich concentreren (ww)	**keskittyä**	[keskittyæ]
zich ergeren (ww)	**ärtyä**	[ærtyæ]
zich gedragen (ww)	**käyttäytyä**	[kæyttæytyæ]
zich haasten (ww)	**pitää kiirettä**	[pitæ: ki:rettæ]
zich herinneren (ww)	**muistaa, muistella**	[mujsta:], [mujstella]
zich herstellen (ww)	**parantua**	[parantua]
zich indenken (ww)	**kuvitella**	[kuʋitella]
zich interesseren voor ...	**kiinnostua**	[ki:nnostua]
zich scheren (ww)	**ajaa parta**	[aja: parta]
zich trainen (ww)	**valmentautua**	[ʋalmentautua]
zich verdedigen (ww)	**puolustautua**	[puolustautua]
zich vergissen (ww)	**erehtyä**	[erehtyæ]
zich verontschuldigen	**pyytää anteeksi**	[py:tæ: ante:ksi]
zich vervelen (ww)	**pitkästyä**	[pitkæstyæ]
zijn (ww)	**olla**	[olla]
zinspelen (ww)	**vihjata**	[ʋihjata]
zitten (ww)	**istua**	[istua]
zoeken (ww)	**etsiä**	[etsiæ]
zondigen (ww)	**tehdä syntiä**	[tehdæ syntiæ]
zuchten (ww)	**huokaista**	[huokajsta]
zwaaien (met de hand)	**hosua**	[hosua]
zwemmen (ww)	**uida**	[ujda]
zwijgen (ww)	**olla vaiti**	[olla ʋajti]

www.ingramcontent.com/pod-product-compliance
Lightning Source LLC
Chambersburg PA
CBHW071330090426
42738CB00012B/2842

* 9 7 8 1 7 8 4 9 2 2 9 1 7 *